一本书读懂中华优秀传统文化

孙继民 ◎ 主编

中国社会科学出版社

图书在版编目（CIP）数据

一本书读懂中华优秀传统文化／孙继民主编．—北京：中国社会科学出版社，2017.11（2021.11重印）

ISBN 978 - 7 - 5161 - 9098 - 2

Ⅰ.①一… Ⅱ.①孙… Ⅲ.①中华文化—通俗读物 Ⅳ.①K203 - 49

中国版本图书馆 CIP 数据核字（2016）第 241736 号

出 版 人	赵剑英
责任编辑	宋燕鹏
责任校对	张勤才
责任印制	李寡寡

出	版	中国社会科学出版社
社	址	北京鼓楼西大街甲 158 号
邮	编	100720
网	址	http：//www.csspw.cn
发 行 部		010 - 84083685
门 市 部		010 - 84029450
经	销	新华书店及其他书店
印	刷	北京明恒达印务有限公司
装	订	廊坊市广阳区广增装订厂
版	次	2017 年 11 月第 1 版
印	次	2021 年 11 月第 3 次印刷
开	本	710×1000 1/16
印	张	13.25
插	页	2
字	数	204 千字
定	价	48.00 元

凡购买中国社会科学出版社图书，如有质量问题请与本社营销中心联系调换
电话：010 - 84083683
版权所有　侵权必究

目 录

第一章 概述 ……………………………………………………… (1)
  第一节 中华传统文化的形成环境 ………………………… (1)
  第二节 中华传统文化的发展脉络 ………………………… (4)
  第三节 中华传统文化的基本特征 ………………………… (11)
  第四节 中华优秀传统文化的精神价值 …………………… (14)

第二章 物质文化 ……………………………………………… (17)
  第一节 精耕细作的农业 …………………………………… (17)
  第二节 精益求精的手工业 ………………………………… (25)
  第三节 繁荣发达的商业与交通 …………………………… (35)
  第四节 享誉世界的发明与建筑 …………………………… (40)

第三章 伦理文化 ……………………………………………… (48)
  第一节 人伦根基的五常之道 ……………………………… (48)
  第二节 修身明德的个体伦理 ……………………………… (55)
  第三节 齐家睦族的家庭伦理 ……………………………… (65)
  第四节 治国经世的政治伦理 ……………………………… (71)

第四章 民俗文化 ……………………………………………… (75)
  第一节 绚丽多彩的节俗 …………………………………… (75)
  第二节 颊齿生香的饮食 …………………………………… (84)
  第三节 异彩纷呈的服饰 …………………………………… (92)

第四节 丰富多姿的体育 ………………………………… (98)

第五章　制度文化 ……………………………………………… (104)
第一节 追求统一的政治传统 …………………………… (104)
第二节 因俗而治的民族政策 …………………………… (110)
第三节 独树一帜的中华法系 …………………………… (118)
第四节 德才并重的选拔制度 …………………………… (124)
第五节 惩防兼顾的监察制度 …………………………… (130)

第六章　精神文化 ……………………………………………… (136)
第一节 灿烂辉煌的科学文化 …………………………… (136)
第二节 和谐包容的哲学思想 …………………………… (148)
第三节 丰厚博大的历史典籍 …………………………… (157)
第四节 兼容并包的宗教文化 …………………………… (167)
第五节 推陈出新的文学成就 …………………………… (173)
第六节 匠心独运的艺术创造 …………………………… (187)

附录　中华传统文化推荐阅读书目 ……………………………… (202)

后记 ……………………………………………………………… (209)

第一章

概　述

习近平同志在2013年对中华传统文化进行了多次阐述，指出："中华民族具有5000多年连绵不断的文明历史，创造了博大精深的中华文化，为人类文明进步作出了不可磨灭的贡献。""中华优秀传统文化是中华民族的突出优势，是我们最深厚的文化软实力。"本书以习近平同志讲话精神为指导，以广义的文化概念为角度，从物质文化、伦理文化、民俗文化、制度文化、精神文化5个层面，力图通俗而准确地介绍中华优秀传统文化。

第一节　中华传统文化的形成环境

环境是人类赖以生存和发展的物质基础，也是人类意识形成和发展的基础，因此说人是环境的产物，环境塑造了人。任何人类文明的发展，都与外在环境有着密不可分的关系。这些外在环境具体来说主要有三个方面：一是自然环境，二是经济环境，三是社会环境。中国的自然环境、经济环境和社会环境交织在一起，深刻地影响了中国文化，使中国文化形成了自己独特的风格和特征。

自然环境　自然环境，又称自然地理环境，是指人类某一活动区域内的地形、地貌、气候、土壤、水文、动植物、矿产分布等自然因素的总和。我们常说的"一方水土养一方人"，就是指自然环境对人的影响。世界四大文明古国都发端于大河流域，这些地区灌溉便利，土壤肥沃，气候适宜，十分适合人类生存和繁衍。早期的文明就是在这些自然条件比较优越的地方发展起来的，以至于有人形象地称四大文明古国为"大河文明"。

中国疆域辽阔，地势西高东低，大致呈阶梯状分布。第一阶梯是海拔极高的青藏高原。第二阶梯是高原、山脉和盆地相间的地貌，主要有内蒙古高原、云贵高原、黄土高原，以及柴达木盆地、准噶尔盆地、四川盆地等。第三阶梯是广阔的平原，间有丘陵和低山。主要有东北平原、华北平原、江淮平原等。由此再往东就是浩瀚的大海。中国陆地上的五种基本地形，高原、平原、盆地、丘陵、山地皆备，河流、湖泊密布，完备的地形、地貌在世界上也是不多见的。从气候类型上看，中国自南向北分为热带、亚热带、暖温带、中温带、寒温带和青藏高原区，形成多种多样的气候类型。东部属季风气候，西北部属温带大陆性气候，青藏高原属高寒气候。各地降水差别很大，自东南向西北，由湿润向半干旱、干旱明显递变。

这样的自然环境对中国传统文化的影响表现在：第一，复杂多变的自然条件，形成中国文化的多样性。复杂多样的地形、地貌、气候等自然条件，构成了不同的经济区域，生活在其中的人们，家居、服饰、饮食、语言、风俗、信仰乃至思维方式，都各有特点，形成了丰富多彩的地域文化，如三秦文化、巴蜀文化、吴越文化、岭南文化、荆楚文化、燕赵文化、齐鲁文化，等等。中国传统文化内容的多样性，具有鲜明的地域差异，可以说与中国独特的自然地理环境有直接的关系。第二，大陆海岸型半封闭式的自然环境，决定了中国文化呈现出大陆文化特征，即自成体系、相对稳定、连续发展、天人合一，以及大一统格局。中国东临大海，北接广袤草原和戈壁沙漠，西南是青藏高原，四周都有天然屏障，在科技落后、交通不发达的古代，形成了一种与外部世界半隔绝的状态。相对封闭的地理环境形成中国文化独立发展的特色。难以逾越的地理屏障，产生一种向中原发展的内聚力，致使各民族走上认同、融合之路，容易形成政治上的大一统格局。由于中国大部分地区属于温带，有较好的生产和生活条件，使得人们生活上基本能够自给自足，与自然环境构成较为和谐的关系，易于形成天人合一的理念。

地理上的隔绝是相对而言的。在漫长的古代，中国与外部世界的联系从未中断过。陆上丝绸之路，横越高山戈壁沙漠，沟通起了中西方。两汉之际，佛教通过西域陆路和南方海路，从两个方向传入中国，经过与儒、道等本土文化长期磨合，成为中国传统文化的重要组成部分。明代郑和下西洋，将中国人的足迹留在了东南亚及非洲东海岸。中国本土文化不断吸收异域文化的成分，才促使中国文化不断自我更新，充满活力，并将其影响辐射到日本、朝鲜及东南亚诸国，以中国为轴心，形成了东亚文化圈。

经济环境 经济环境是在自然环境的基础上人为形成的，是指人类开发利用自然资源后形成的经济体系。中国的自然地理环境孕育了以农耕经济为主体的经济形态。中国作为一个传统农业国，农民占全国人口的绝大多数。历代封建统治者都强调崇本抑末，将农业视为本，而将商业视为末。传统农业家庭，男耕女织，日出而作，日落而息，过着自给自足的生活。中国传统文化就是建立在这样的农业经济基础之上。农民祖祖辈辈耕种在熟悉的土地上，春耕夏耘，秋收冬藏。常年在风吹雨淋中辛勤劳作，养成了中国人吃苦耐劳、艰苦奋斗的精神。由于农耕生活比较稳定，一切按部就班，不像游牧、渔猎经济特别容易受气候的影响。这也使中国传统文化主要构成的农业文化有别于游牧文化和商业文化。在此基础上形成了中华民族在思维方式上重实际而黜玄想，讲究经世致用，以及勤劳朴实、安土重迁、乐天知命、爱好和平、安分守己的民族性格。

但中国的自然经济又不是西欧式庄园制的封闭体系，在地主土地所有制下，土地允许买卖，农民也有一定身份自由。农业与手工业、商业、畜牧业等并存，组成多元经济结构。作为农业补充的商业、手工业在一些时期还相当发达。这种以农为本的多元经济形态，既是我们常说的中国经济早熟性的表现，也为中国文化兼容并包的性格提供了物质基础。

社会环境 社会环境是人类社会本身所形成的一种环境，包括人口、社会、国家、民族、语言、文化和民俗等方面的地域分布特征和组织结构关系。这里主要探讨社会政治环境对中国传统文化的影响。中国古代社会有完备的以宗法血缘为纽带的家庭制度和家族制度。由于宗法制度在中国古代社会长期存在而且影响巨大，形成了由家庭和家族构建的社会基本单位。最初的国家组织则是随着宗法制度的形成而形成的。自宗法制度确立后，中国历代王朝，都是一家一姓的政权，形成"家天下"或"家国同构"的政治结构。

这样一种古代社会政治环境，对中国传统文化产生了诸多影响。第一，社会政治结构的宗法型特征，促使中国文化向伦理型的文化发展。伦理型文化的特点在于强调人们之间的亲情关系，要求人们以亲情为基础，不断扩充自己的仁爱之心。孟子讲："亲亲而仁民，仁民而爱物。"这是儒家伦理思想的总纲之一。"亲亲"表现的是对亲人的天伦之爱；"仁民"表现的是对百姓的人类之爱；"爱物"表现的是对万物的宇宙之爱。对"于亲""于民""于物"三者之间的伦理态度，存在一个由亲及疏，由近及远的等差和层次。"老吾老以及人之老，幼吾幼以及人之幼。"由爱自己的老人和孩子，延伸到关心别人的老人和孩子，再扩展到爱护动物、植物，乃至自然环境。第二，宗法传统的政治结构，使得中国人在心理上和文化上普遍认同中华民族的整体利益和整体观念，因而产生巨大的民族凝聚力和向心力。当然也有其负面的作用，即迷信权威，服从权力的弊端，限制了民主自由的发展。

第二节　中华传统文化的发展脉络

中华传统文化源远流长，历经了漫长的发展和演变，这里力图对其发展脉络勾勒出一个简要明晰的轮廓。

远古文明　中国河北张家口地区的泥河湾遗址发现大量古人类活动的遗迹，最早距今200万年，被认为是东方人类发祥地之一。此外，云南元谋人、陕西蓝田人、北京周口店的北京人、安徽和县人、湖北郧县人等遗址的发现，无可争辩地证明中国是人类发源的重要地区。同时中国也是新石器起源最早的国家之一，早在一万年以前，太行山东麓的先民，就使用磨制石器，进入了新石器时代。这一时期农耕文明开始初步形成。随后，在中国各地，从黄土高原，到云贵高原，从中原的黄河，南至南岭，北至大青山，东至西辽河，西至陇东，均发现了众多新石器时代的文化遗址。仰韶文化、龙山文化、良渚文化、红山文化成为中国新石器文化的标志性类型，广泛分布于全国各地。众多考古发现证明了黄河、长江、珠江、辽河流域都是中华民族和文化的发源地，说明中华文明起源的多元性。农业和畜牧业分工后，出现了制陶、纺织、酿酒等活动。早在5500多年前，中华民族的祖先就发明了丝纺织技术，成为世界丝织品的发祥地。中国还是世界上唯一的茶叶的原产地，全世界所有的茶树，都是从中国引种的。原始手工业的出现，促进了生产工具的制造，使远古时代的中国向文明时代迈进。

青铜时代的夏商周 夏朝是中国历史上第一个世袭制朝代，由禹的儿子启建立。启废除了原始部落的禅让制，开创中国近4000年世袭王位之先河，从此公天下变成了家天下。以王为中心的国家机构体制也随之建立起来。这是中国历史上一场重大的社会变革。商朝开始有了国家政治机构的框架，建立官制、法律、土地、赋税等制度，并拥有强大的军队。周朝在政治上进一步建立和完善了中央政治制度、封建制度、宗法制度、井田制度、礼乐制度、国野制度。夏商周时期所确立的政治制度、经济制度对后世产生了深远影响。

中国有文字可考的历史是从商朝开始的。上古时期的文字主要写在甲骨、青铜器和竹木简上。商代开始出现典籍或文书档案，这是中国最早的文献记载。甲骨文刻在龟甲或兽骨上，是商王进行占卜的记录，称为卜辞。甲骨文已经是一种比较成熟的文字。金文，铸造或刻写在青铜器上，或称为钟鼎文。这一时期的文字为后世汉字的发展奠定了基础。

所谓青铜时代，是指以使用青铜器为标志的人类物质文化发展阶段。夏商周时期物质文化的标志性器物就是青铜器。尤其是商周时期的青铜器，规模大，品种多，工艺精美。后母戊鼎（原作司母戊鼎）、四羊方尊、三星堆青铜立人像等为代表作品。这些青铜器除了日常生活实用外，主要是作为礼器，以所用青铜器的大小及多少代表贵族的身份等级。天子九鼎，诸侯七鼎，大夫五鼎，士三鼎，规格不能逾越。商周时期也是中国铁器肇兴的时代，在3400多年前河北省藁城台西商代文化遗址中发现了冶铁的矿石、矿渣和铁刃铜钺，证明当时的中国已经发明了铁器制造技术。这是迄今世界上最早发明冶铁并使用铁器的例证。

中国被誉为礼仪之邦，礼乐制度最早可追溯到周代。周朝建立后，相传周公制礼作乐，制定了各种典章制度，也称礼乐制度。礼乐制度分"礼"和"乐"两个部分。"礼"是通过礼节仪式对不同等级人的身份进行划分和社会规范。"乐"主要是基于礼的等级制度，配合礼仪活动而制作的舞乐。西周的礼乐制度与封建制度、宗法制度一起，构成整个中国古代的社会制度，对后世的政治、思想和艺术都产生了巨大而深远的影响。此外，夏代的历法是通过观测月亮圆缺规律来制定的，在世界上独树一帜，深刻影响到东亚文化圈的传统节日文化。

百家争鸣的春秋战国　春秋战国时期，诸侯之间不断征伐混战，周天子权威失坠沦为傀儡，失去了天下共主的地位，出现了所谓"礼崩乐坏"的局面，社会进入了一个大动荡大变革时期。各诸侯国为图谋发展，纷纷招贤纳士，使得作为知识分子的"士"阶层迅速崛起。他们到处宣传自己的主张，开宗立派，互相批驳诘难。在春秋末期和战国时期出现了诸子百家并起、各种学派不断涌现的局面，史称百家争鸣。孔子代表的儒家，老子代表的道家，墨子代表的墨家，是春秋时期最重要的学派，特别是儒、墨时称显学。战国时期，又出现了阴阳、法、兵、农、纵横、名诸家。百家争鸣是中国历史上第一次思想解放运动，对当时和后世思想都影响极为深远，奠定了中国思想文化发展的基础。

春秋战国时期，随着学术下移，教育文化事业发展起来。孔子兴办私学，弟子三千，贤者七十二，甚至包括农家子弟。除了思想领域外，史学、文学、天文、历法、医学、地理、艺术等诸多方面也都取得了辉煌的成就。春秋战国时期是中国文化发展的第一座高峰，成为中国以后文化发展的源头活水，确定了中国传统文化的大致走向，以至有人称之为中国传统文化的"轴心时代"。

大一统的秦汉王朝　秦始皇结束了自春秋起500年来诸侯混战的局面，建立了中国历史上第一个中央集权制国家。首创皇帝制度、三公九卿的中央官制和郡县制，强化中央对地方的控制，打破了过去的世卿世禄制度，对维护国家统一，奠定了统治基础。此外，通过推行统一文字、货币、度量衡、车轨等政策，进一步强化了国家的统一。秦王朝奠定的中国古代政治体制的基本模式，到汉武帝时正式确定下来，成为中国古代社会延续两千多年的主要制度文化。因此有"百代犹得秦政法"的说法。汉朝基本沿袭了秦朝的政治制度，但汉朝鉴于秦王朝由于暴政仅二世而亡的教训，在统治思想方面摒弃了法家思想，经历了从黄老思想向儒家思想的转变。汉武帝采纳了董仲舒"罢黜百家，独尊儒术"的主张，确立了儒学的独尊地位。此后，儒学成为封建统治阶级的正统思想，但统治者往往是"阳儒阴法"，表面是儒家"仁政"，实质则是用法家的"法治"。虽然如此，儒家思想还是影响到人们生活的方方面面，其伦理道德观念深入人心，成为中国文化的主体精神。另外，东汉时期道教开始形成并广泛传播，佛教也大约在这一时期传入我国内地，逐渐对中国文化产生了深远和广泛的影响。

秦汉时期，国家统一，经济发展，国内各民族之间联系密切，中外交往空前活跃，文化发达，在科学技术、史学、文学、艺术诸方面，都创造了突出的成就，特别是以汉赋、乐府诗为主要创作形式，建安文学是中国文学史上的一座高峰。此外，伟大的丝绸之路，肇兴于汉代，张骞出使西域开辟了东西方文化交流的通道，把中国丝绸、茶叶等商品传到了西方。

融合与会通的魏晋南北朝　魏晋南北朝时期，国家陷入分裂，诸多少数民族内迁，战争不断，社会动荡。这一时期是中国历史上著名的乱世，开始出现民族大融合。政治上了虽是暗夜，文化上却迸发出巨大的活力，主要表现为多元化，儒学地位动摇，玄学开始出现。由于南北朝分立对峙，南北文化呈现不同的特点。南方重义理思辨，北方仍重章句训诂，保留汉朝旧风。佛、道两教在南北方统治阶级的支持下，发展迅猛，广泛深入民间。伴随佛教而来的西域、印度文化，在语言、艺术、天文、医学等许多方面，对中国文化产生了积极影响。除了异域文化外，少数民族文化与中原传统文化相互融合，也成为这一时期文化方面的一个主要特点。

统一鼎盛的隋唐　隋朝使中国重获统一，在制度文化建设中，值得一提的是科举制度的创立和发展。隋朝开启的科举制度改变了门阀士族垄断官职的局面，对于后世的政治统治和教育模式都具有关键作用。唐代的盛世局面，使中国封建社会进入了鼎盛时期。这一时期的文化特征表现为，勇于吸纳异域和少数民族文化，富于包容精神，呈现出大气磅礴、恢宏昂扬的崭新气象。隋唐政治上的大一统也促进了儒学的统一。孔颖达的《五经正义》兼采南北学，使南北经学之争宣告终结。儒家经学虽然得到统一，但唐代儒学在佛道两教的冲击下，仍然显得衰微不振。韩愈和李翱师徒二人一方面不遗余力排抑佛教，另一方面积极吸收佛教理论力图建立儒学道统。一种新儒学正在酝酿产生之中。

唐代是中国宗教多元兼容发展的时代。李唐的统治者遥尊道教鼻祖老子李耳为远祖，所以尊崇道教，但也扶持佛教发展，因此佛教发展迅猛，佛教中国化的进程在唐代最终完成，形成了具有本土特色的几大宗派，奠定了中国佛教以后发展的基本面貌。唐代最傲人的文化成就，无疑还是唐诗，当时诗赋是科举考试进士科的主要内容，造成了当时社会上几乎全民赋诗的局面。唐诗成为继汉赋之后中国文学史上又一座高峰。

黄金时代的两宋　宋代力矫唐末五代武人跋扈、藩镇割据之弊，加强中央集权，削夺武人权力。重文轻武在宋朝达到了极致，"满朝朱紫贵，尽是读书人"。虽然武功不兴，饱受辽、西夏、金的欺凌，但经济高度发展，文化氛围十分自由，在文化发展的各方面都达到了中国历史上的巅峰。在中国古代历史上，宋朝在经济、文化、教育和科学创新等方面，都是高度繁荣的时代。据研究，当时中国 GDP 占世界比重 60%，为中国历史上各朝代第一。宋朝的经济繁荣程度可谓前所未有，在农业、印刷业、造纸业、丝织业、制瓷业等方面均有重大发展。尤其是航海业、造船业成绩突出，海外贸易发达。两宋的科技成就，不仅是中国古代科学技术史上的一个高峰，而且在当时世界范围内也居于领先地位。国学大师陈寅恪先生指出："华夏民族之文化，历数千载之演进，而造极于赵宋之世。"美国学者罗兹·墨菲称宋朝是中国的"黄金时代"，他在《亚洲史》中这样评价宋朝："在许多方面，宋朝在中国都是个最令人激动的时代，它统辖着一个前所未见的发展、创新和文化繁盛期。……从很多方面来看，宋朝算得上一个政治清明、繁荣和创新的黄金时代。"英国著名科技史专家李约瑟先生在《中国科学技术史》中说:"中国的科技发展到宋朝,已呈巅峰状态,在许多方面实际上已经超过了18世纪中叶工业革命前的英国或欧洲的水平。"

宋代在精神文化领域也取得了极高的成就。由韩愈、李翱在唐朝开启酝酿的新儒学,经过宋代思想家的努力,终于开花结果。两宋思想家援引佛道思想,佐证儒家学说,促进了儒、道、佛三家彼此交汇和深入发展,创造出中国封建社会后期最为精致、最为完备的理论体系,代表了宋人的理论水平和思想高度。这种新儒学多被称为宋学,从其学说内涵的角度,又被称为理学、道学。开创者为周敦颐,主要代表人物有邵雍、程颐、程颢、陆九渊、张载等,朱熹则为集大成者。宋学根据其学说特点,又分为两大派,即以二程、朱熹为代表的理学,以及以陆九渊为代表的心学。宋代在史学、绘画、音乐、书法等方面同样十分繁荣。以文学为例,唐宋八大家中,有六位出现在宋代,其散文代表了中国古代散文的最高成就。宋词更是代表一代文学之盛,与唐诗并称"双绝"。

守成与开新的元明清 元明清是中国封建社会的后期,中央集权高度强化。明太祖朱元璋废除丞相,自此秦、汉以降实行1600余年的宰相制度就此废除,相权与君权合而为一,皇帝大权独揽。清朝的政治体制基本上沿袭明朝制度,使君主专制主义中央集权达到顶峰。在物质文明建设上,明代是当时世界上手工业与经济最繁荣的国家之一,无论是冶铁、造船、建筑,还是丝绸、纺织、瓷器、印刷等方面,都在世界上遥遥领先。而清代由于不重视科学技术和生产技术,其成就与同时代的西方国家相比落后很多。

这一时期最重要的哲学家、思想家是明代的王阳明。他精通儒、释、道三教,是陆王心学的集大成者,其学说被称为"阳明学",不仅对中国哲学,还对日本及东亚的思想文化产生了很大影响。除了"阳明学"外,元明清理学已经发展到顶峰,在思想上的表现主要是以守成为主,会通调和成为思想界的主流倾向,缺少独创性的思想。清代的文字狱加剧了思想上的"万马齐喑"。明朝的灭亡,在士大夫阶层造成极大思想震动。鉴于晚明以来理学的空谈流弊,明末清初的思想家开始追求经世致用的学问，出现了实用主义学风，发展出讲求实事求是的考据学。考据学又称为"朴学"，主张客观实证，具有科学精神，治学方法远宗两汉经学，故又称为"汉学"，与"宋学"相对。清代考据学集历代考据学问之大成，带来了清代学术的兴盛，可谓清代学术的返本开新，梁启超称其为中国的"文艺复兴时代"。

明清两代开始进入中国传统文化的总结时期，其表现是大型丛书的编订。如《永乐大典》是迄今为止世界上最大的一部百科全书；《康熙字典》是20世纪之前世界上字数最多的字典；《四库全书》是世界上篇幅最大的丛书。此外，元明清文化还有一大特征，便是市民文学的兴盛，适应市民阶层的戏曲和小说是当时最有代表性的文学样式。

转型期的近代文化　中国文化从汉武帝"独尊儒术"起，奠定了儒学在中国传统文化中的核心地位，虽然在后来两千多年漫长的封建社会中，儒学的内涵、形式、地位等都有不同程度的改变，但并没有发生根本性的变化，始终保持着高度连续性。其间虽然不停地改朝换代，甚至发生两次少数民族入主中原，建立一统王朝的巨变，但最终却都被中原文化所同化，中国文化依旧是中国文化。

1840年鸦片战争，西方列强用坚船利炮打开了中国的大门，这是与以往任何一次都不同的战争。有识之士认识到，这次不仅是被西方先进的武器打败，更是被其背后先进的社会制度和价值观念所打败。西方先进文化对中国传统文化的挑战，引起了中国传统文化和传统价值观的危机。顾炎武讲有"亡国"和"亡天下"的分别。亡国只是改朝换代，亡天下则是亡文化。只要文化不亡，民族依然会有振兴的可能，文化亡了，则民族基因没了，民族便复兴无望。因此顾炎武特别强调保卫文化的意义，他说保国是"肉食者谋之"的事，而保天下则是"天下兴亡，匹夫有责"。正是在这个意义上，李鸿章称之为"三千年未有之大变局"。

面对这样的大变局，一部分先知先觉的中国人开始睁眼看世界，主张学习西方。中国传统文化不得不进入转型期。向西方学习的历程有三个阶段：一是以洋务运动为代表的向西方物质文化学习的过程；二是以维新变法为代表的向西方制度文化学习的过程；三是以新文化运动为代表的向西方精神文化学习的过程。这里的西方精神文化，一是以胡适等人为代表的西方的"民主""科学"等精神，二是以李大钊等人为代表的马克思主义精神。在西方文化大举涌入的情况下，中国传统文化如何实现成功转型，是个一直困扰中国知识界的问题。对于中国传统文化何去何从，主要不外三种理论，即"中体西用论""本位文化论"和"全盘西化论"。尽管转型期还远未结束，然而自近代以来，中国人的行为模式、思维方式、伦理道德和价值体系，都已经发生了很大的变化。在当今世界一体化，资讯极为发达的网络时代，中国传统文化面临更加复杂的问题，因此，中国文化的转型发展必将还要历经一个相当长的历史时期。

第三节　中华传统文化的基本特征

中国传统文化从不同的角度可以总结出许多特征，这里只就其被广泛认同，非常突出的四个特征加以阐释。

悠久统一　中国是世界上历史最悠久的国家之一，在几个世界文明发源地中，有的文明早已夭折，有的则被其他文明所取代。世界四大文明古国中，古埃及、古巴比伦、古印度三大文明在发展过程中都发生了断裂，唯独中国文化一直延续下来，未曾中断。英国历史学家汤因比指出，在近6000年的人类历史上，出现过26个文明形态，其中只有中国的文化体系是长期延续发展而从未中断过的文化。我们常说中华文明是上下五千年，其可考的历史也有4000年，如果"三皇五帝"时代能被将来的考古发现所证实，中华文明的历史还将大大提前。

除了历史悠久，历代中国人都坚持统一，反对分裂，悠久而统一始终是中华文化重要的特征之一。从秦朝开始，中国统一了文字，汉族和相当多的少数民族，都使用统一的汉字，数千年来文字体系始终未发生变化。汉代以后，儒家思想被奉为统治思想。思想文化的统一，是中国古代文化连续性的表现，也是造成中国传统文化延绵数千年不绝的重要原因。自秦朝建立起，统一始终是中国历史发展的主流，分裂都是暂时的,"大一统"思想根深蒂固,代代相传。同时中国传统文化从来不是一个封闭系统,在不断吸收外来文化中,自身不断更新,保持了旺盛的生机和活力。

伦理为本 重视伦理纲常和道德教化是中国传统文化的重要特征,以伦理为本位,是中国社会的最大特色。中国传统文化以培育有道德、有修养的理想人格为目标,以处理好人与人之间的关系为出发点。伦理道德全面影响着个人和家庭的生活,被看作是调和人际关系的准绳和维系整个社会秩序的基础。伦理道德对传统中国社会影响之深远,是其他民族所不能比拟的。儒家思想情恰恰具有这一文化特征。

重人伦是儒家教育思想的核心内容,也是数千年中国社会的主流价值观。中国传统教育首先是做人的教育,其次才是知识传授,这是与西方学问最大的不同。只有学会处理好人伦关系,学会做人,才能够治国、平天下。在儒家思想中,是一切道德规范的核心,由孝道又延伸出忠君、敬长、尊上等伦理观念。道德伦理建设首先要从最基本的人伦关系建设入手,方能为道德大厦的建立奠定基础。

这种伦理文化使中华民族凝聚力增强,比较重视人际之间的温情,洋溢着浓厚的人情味,使中国成为举世闻名的礼仪之邦;同时也养成了中华民族的整体观念、爱国主义情怀,强烈的经世济民观和现实主义精神。

崇尚和平 中国传统文化富于和平精神,中国人崇尚和平为中国数千年来历史所证实。儒家"和为贵"的价值原则,强调确立一切事情,无论大小,都要以"和"为出发点和归宿,认为致"太和",就可以万国安宁,民族繁荣昌盛。儒家把和平看作是社会发展与国家安定的首要条件,当作中华民族处理各种关系包括国际关系时的指导原则。道家老子主张"无为""不争""贵柔""守雌";庄子主张万物齐一,强调统治者要无为而治,让万物自己去生息,提出"虽有甲兵无所陈之"的社会理想,是独具特色的和平思想。墨家主张"尚同""兼爱""非攻",认为战争是凶险之事,主张消除战乱,制止战争,实现和平,办法是倡导"爱无差等"的"兼爱"。墨子的名言"强不执弱,富不侮贫",在江泽民同志(原国家主席)出访时被引用,在世界范围内广为传播。墨子还奔走于诸侯国之间，阻止了多次战争。佛教主张众生平等，反对杀生，慈悲精神是佛教和平思想的基石。这些思想有效地培育了中国文化的和平精神。

英国著名哲学家罗素指出："（中国人）统治别人的欲望明显要比白人弱得多，如果世界上有'骄傲到不肯打仗'的民族，那么这个民族就是中国。中国人天生的态度就是宽容和友好，以礼待人并希望得到回报。"罗素认为中国人的性格不好战事，而有志于和平。明朝末年来华的著名传教士利玛窦在对中国的记述中说，中国拥有装备精良，可轻而易举地征服邻近国家的陆军和海军，但无论国王还是他的人民，竟然都从未想到去进行一场侵略战争。他们完全满足于自己所拥有的东西，并不热望征服。利玛窦揭示了中国人不热望征服的和平性格。孙中山先生则总结说："盖吾中华民族和平守法，根于天性，非出于自卫之不得已，决不肯轻启战争。"

兼容并包 一种富有活力的文化一定是具有包容性的文化，通过吸纳消化外来文化，使本土文化获得新的发展动力。中国文化就是这样的文化，它以其多元开放的文化理念，不断吸收和融合其他各家各派的思想，形成兼收并蓄的文化传统，而且中国文化有着很强的同化力和涵摄力，能够消化吸收外来文化，而不被外来文化所同化。韦政通先生指出："中国自殷商起，直到近代，接触的文化虽然多，但始终是以自创的文化为主体，去吸收其他文化，这个主体，似乎从没有丧失过。所以虽经过数千年吸收、合并的艰巨过程，却始终有着一贯的统绪。这是其他文化中所没有的现象，而为中国所独有。"

需要注意的是，中国古代所接触碰撞的外来文化，大都是相对落后的文化，所以最终被中国文化所吸纳融合。佛教文化虽然是思维水平很高的文化，但佛教的基本精神与我们的主流文化并不相悖，而且与道家文化精神非常相近，因此很容易与中国文化相融合。但近代以来所接触的西方文化却与中国文化有较大差异，且有许多优越之处。鸦片战争之后中国经历的一系列失败，使我们对自己的传统文化逐渐丧失信心。近年来中国经济的快速崛起，不仅使我们恢复了对传统文化的自信心，甚至产生了优越感。如何摆脱在自卑与自大之间的摇摆，发挥中国文化海纳百川的包容力，成功地吸收西方优秀文化，正是我们在中国传统文化转型期的重要课题。

第四节 中华优秀传统文化的精神价值

习近平同志指出："中华文化积淀着中华民族最深沉的精神追求，是中华民族生生不息、发展壮大的丰厚滋养"。这一论述深刻揭示了中华传统文化的精神价值，是我们学习和传承中华传统文化，创造中华民族新的文化辉煌的重要指针。中华优秀传统文化的精神价值，至少有以下四个方面不容忽视：

中国人须臾不离的精神营养 中华传统文化内容博大精深，为我们提供了宝贵的精神财富，诸如天下为公、民胞物与的社会理想；自强不息、刚健有为的进取精神；崇德向善、仁爱重义的道德情操；厚德载物、海纳百川的宽容品格；鞠躬尽瘁、死而后已的责任担当；天下兴亡、匹夫有责的忧患意识；淡泊明志、君子慎独的自警意趣；超越功利、崇尚节俭的生活态度，等等。传统文化中这些精神养料，是千百年来鼓舞中国人不断加强自身修养，培养高尚人格，积极建功立业的重要精神力量。

当前，在社会财富大大增加，生活水平不断提高的同时，而人们的精神世界和心灵家园却日益荒芜。信仰危机、道德沦丧、精神颓废、诚信缺失成为一道道社会伤疤。这是我们不可能回避的一个突出问题。而中国传统文化中重人际和谐、重道德修养、崇礼义廉耻、求理想人格、尚和而不同等文化情怀，对于根治上述种种问题具有不可替代的重要价值。当前风行的国学热恰恰也表明了这一点。人们试图通过对优秀传统文化的重新认识，来重建社会的道德良知，呼唤社会的正义力量，塑造健康健全人格。中华优秀传统文化是中华民族的精神养料。它不仅给人们提供了不竭的精神动力，同时也滋养着民族的生命力、创造力，营造了民族的认同感、归属感。一代又一代中华儿女，无不深深地打上中华传统文化的烙印，成为中国人之所以成为中国人的本质所在。

中华民族复兴的不竭动力　中华文化历史悠久，长期走在世界前列，在漫长的历史中出现了无数次的文化发展高峰。习近平同志指出："中华优秀传统文化是中华民族的突出优势，是我们最深厚的文化软实力。"这充分体现了五千年文明古国所具有的高度文化自觉和文化自信。文化作为历史文明的积淀和社会发展方向的精神引领，解决的是人类"从哪里来、到哪里去"的基本问题。中华优秀传统文化中有思想上的大智，科学上的大真，伦理上的大善，艺术上的大美，这些都是我们每一个中华儿女的根本命脉，也是滋养民族生命力、激发民族创造力、铸造民族凝聚力的重要思想源泉，具有超越时空、历久而弥新的精神力量。因此，中华优秀传统文化是维系国家统一的精神纽带，是实现中华民族复兴的伟大力量。

中国特色社会主义的沃土　习近平同志指出："中国特色社会主义植根于中华文化沃土、反映中国人民意愿、适应中国和时代发展进步要求，有着深厚历史渊源和广泛现实基础。"这一论断鲜明地指出了中国特色社会主义之"根"、历史之"源"、现实之"基"，就在于中华优秀传统文化。我们应当将中华优秀传统文化，积极融入中国特色社会主义具体实践中，融入社会主义核心价值体系建设中。从中华传统文化的角度去理解中国特色社会主义，就能理解得更加深刻、具体和亲近感。在建设中国特色社会主义的伟大实践中弘扬中华优秀传统文化，就能推动各方面建设工作更贴近群众、贴近实际和贴近生活，就能赋予社会主义事业在中国的实践具有更多的中国特色。因此，科学社会主义的普遍原理不只是与各国的具体实践相结合，还要和各国的具体文化传统相结合，才能真正有了"根"和"魂"，也才能真正实现马克思主义中国化质的飞跃，使中国特色社会主义伟大事业拥有生生不息的生命力。

中华优秀传统文化的世界意义　中华优秀传统文化不仅可以在新的历史条件下为我所用，而且还具有深远的世界意义。在当今世界，人类面临着一系列矛盾冲突，如人自身的身心冲突，人与社会的冲突，人与自然的冲突，以及人类不同文明之间的冲突。这些冲突引发了人类在精神、道德、生态、社会和价值观等方面的危机。然而，人们在西方文化中并没有找到满意的答案，于是人们把目光逐渐转向东方，力图从东方文化中找到解决危机和困惑的方法。中华传统文化作为东方文化的杰出代表，在对待这些问题上与西方文化有着不同的理念。和谐是中国人最高的价值追求，天人合一是中华传统文化最高的信仰。中华传统文化强调以和谐的态度来处理人与自然、人与人、人与社会，以及人自身的关系，实现人自身、人与外界的和谐发展。因此，中华优秀传统文化的智慧有助于化解人类在现代社会所遇到的问题。一些西方的有识之士也越来越认识到中国优秀传统文化的价值，指出，"人类思想宝库需要为中国留下一席之地"，"未来在很多方面西方要向中华文明取经"。

第 二 章

物 质 文 化

第一节 精耕细作的农业

在世界文明史上，中华民族虽不是最早进入文明社会，但创造了唯一延续至今的人类文明。高度发达的传统农业是保证中华文明连绵不断的一个重要物质基础。农业按其发展形态可以分为原始农业、传统农业和现代农业。使用木石农具，刀耕火种，撂荒耕作，是原始农业的主要特征。原始农业阶段基本与考古学上的新石器时代相始终。传统农业使用畜力或人工，操作金属工具，尤其以铁犁牛耕为其典型形态。自夏商时期，中国的农业生产在黄河流域就逐渐过渡到传统农业阶段。传统农业在中国一直延续到 20 世纪，随着工业化的不断深入，以及新的生物技术的采用，传统农业逐步演进到现代农业阶段。以精耕细作为特点的中国传统农业，在世界工业化浪潮出现以前达到了顶峰。不仅表现在农业生产工具、农业生产技术的成熟完善，大型农田水利的兴修维护上，还表现在新的农作物品种不断引进，以及农业生产技术的不断总结提高上。

一 南稻北麦的农业格局

高度发达的传统农业源自中国本土。在距今一万年前后，中国广阔的地域上生活着的大大小小族群，为了应对气候剧烈变化，逐渐从采集和渔猎活动中产生了原始种植业和畜牧业。人类开始通过种植植物、饲养动物获取生活资料，出现了原始农业。商周时期原始农业就已经过渡到传统农业阶段。传统农业发展到魏晋南北朝时期，北方旱作农业的精耕细作体系已经成熟。隋唐宋元时期南方水田稻作农业的精耕细作也日臻完善。在巨大的人口压力下明清农业并未止步不前，先后引进了玉米、甘薯等新作物品种。

农业的产生　中国是世界农业起源的中心之一。大约在公元前6500年至公元前5000年，中国北方就已经开始栽培谷物。黄河中下游地区是旱地农业起源的核心区。考古证明，生活在黄河中下游地区的人们，培育了粟和黍，以及高粱、大豆、大麻等作物；先后驯化饲养了猪、狗、黄牛、山羊、绵羊、鸡，其中以猪最多。长江中下游地区是世界稻作农业起源地之一，人们最早培育了粳稻。全世界少数几个农业起源中心，中国独有其二。

关于农业的起源，中国古籍中有许多神话传说。有的文献记载烈山氏之子柱发明了农业，也有文献说周人的始祖弃发明了农业，流传最广的是神农尝百草、制耒耜发明了农业。在没有文字的远古，记录人类早期活动的口述史料，经过世世代代的口耳相传，无数人无数次地加工，最初的史实逐渐被浓缩、剪接和神话化。进入文明时代，知识分子也会按着自己的观念予以改造和辑录。古史传说中的史实和神话杂糅在一起。中国古史传说在谁是农业发明者这个问题上虽不一致，但中国人祖先自己发明了农业这一点则是共同的。中国原始农业的产生，是生活在这片土地上人们长期共同经验的积累，并不是某一个人的功劳。

传统农业的初步发展　先秦时期是原始农业向传统农业的过渡期，也是精耕细作农业技术体系的初步发展期。黄河中下游绝大部分地区覆盖着原生的或次生的黄土，土层疏松，开发难度相对较小。这里属于暖温带季风气候，降水虽然不丰沛，但集中在夏秋季节，雨热同期，利于作物生长。良好的自然条件，传统农业取得较快发展，使黄河中下游地区成为我国先秦时期的政治、经济中心。

夏商周为中国的青铜器时代。青铜是铜和锡的合金。商代中原地区农业生产中已经使用相当多的青铜农具。青铜农具轻便锋利，硬度也高，其在农业生产中的使用提高了劳动效率。但中原地区产铜少，青铜较贵重，农业生产中青铜农具尚不能完全取代木、石、骨、蚌农具。战国时期，铁质农具广泛用于农业生产，并且出现了牛耕。牛耕和铁质农具的使用，使大规模农业开发成为可能。

商周时期，在部分平原地区存在着以卿、大夫一类贵族占有土地和占有或不完全占有直接生产者的井田制。井田是被由小到大的排水沟和道路分割成"井"字状的农田。分割农田的沟洫是一个完整的排水系统，畎、遂、沟、洫、浍逐级由窄而宽，由浅而深，最后汇于河川。农田沟洫是当时农业技术体系的核心和基础。农作物生长在田垄上，为条播和中耕创造了必要条件。

北方旱地精耕细作技术体系的成熟　秦汉魏晋南北朝时期是我国传统农业发展的第二个阶段，黄河流域的农业全面发展，北方旱地精耕细作技术体系完全成熟。秦汉时期，统一的中央集权制国家建立，社会稳定，农业经济高速发展，人口迅速增加，在籍人口数量接近6000万，出现了中国历史上农业生产的第一次高潮。自东汉末年黄巾军大起义至北魏孝文帝改革，除西晋短暂的统一外，黄河流域战乱不断，农业生产受到极大破坏，人口数量急剧减少。鲜卑族建立的北魏政权至孝文帝时，经济上实行均田制，黄河流域的农业经济才得到恢复，为隋朝统一全国打下了基础。

牛耕技术在西汉进一步推广，犁的形制进一步完善，铁犁牛耕在农业生产中的主导地位确立。与牛耕相适应，由畜力牵引的耱和耙，以及耧车等旱地农业生产工具相继发明使用，北方旱地耕播农具形成系列。农田水利建设的重点由排涝转向灌溉。粟依然是粮食作物中最重要的品种，其次是大豆。黍的地位下降，麻甚至完全退出了粮食作物行列，成为专门的纤维作物。麦类尤其是冬麦种植有了较大发展，在水源充足的北方部分地区也引种了水稻。汉代以后人口迅猛增长，耕地难以迅速扩大，为了获取生活物资，农业生产转向投入更多人工的精耕细作，北方旱地的精耕细作技术体系逐渐成熟。

南方水田的开发和精耕细作技术的成熟　隋唐宋元是我国传统农业发展的第三个阶段，长江中下游地区得到充分开发，南方水田的精耕细作技术体系形成并成熟。

长江流域在原始农业阶段已出现稻作农业，传统农业起步阶段长江流域的巴蜀、楚、吴越地区，都有较发达的农业生产。战国以后，铁农具和牛耕技术的推广普及，黄河流域农业迅速发展，长江流域大部分地区开发滞后。唐代适合水田作业，操作灵活的曲辕犁在江南出现。唐宋时期育秧技术得到普遍推广。宋代适宜秧移栽整地要求的水田耙、耖农具出现在江南，元代出现了适用于水田中耕的耘荡，稻作农业的精耕细作技术体系成熟。

南方地势低洼地区土地开发与水争田，太湖流域圩田发达，至宋代河网化的塘浦圩田已成体系。沿海滩涂与海争田，浙江沿海修建捍海石塘。丘陵地区开发，向山要田，在山坡逐级筑坝平土，修建了梯田。南宋时期，江南地区的土地开发，已经深入江西、福建山区。

传统农业的进一步发展　明清时期中国传统农业在巨大的人口压力下，向精细化方向继续发展。经过元末明初的战乱，明洪武二十四年（1391）全国人口已有7000余万，崇祯三年（1630）明朝人口峰值达1.92亿。清康熙十八年（1679）人口有1.6亿，乾隆四十一年（1776）人口多达3.11亿。明清时期人口迅速增加，出现了全国性的耕地紧张。明代对洞庭湖的围垦，清代的垦山运动声势浩大。清代的边疆开发，使传统农牧界限被人为向北推移。长城以北许多半农半牧区被开发为农田。东北、新疆开发，更吸引了大量的内地无地民众投身其中。

利用精耕细作的传统，提高土地利用率和单位面积产量，也是解决人多地少矛盾的一条途径。清代中叶以后，北方的山东、直隶、陕西关中等地已经普遍推行三年两熟或三年四熟制。太湖地区地势较高的耕地，实行稻麦水旱倒茬，稻麦两熟制。源自岭南的双季稻传到长江流域，广泛施行田间套种也提高了复种指数。多熟制的发展，成为发掘土地潜力的重要途径。

明清时期传统农业的发展，还体现在新作物的引进，经济作物种植规模扩大上。甘薯、玉米、花生、马铃薯、烟草自明代中期开始先后从海外传入，改变了中国的农业作物结构。在北方玉米、甘薯代替了一部分粟类作物。宋元时期传入中国内地的棉花，明初被大力推广，棉纺织迅速发展；桑蚕业日益萎缩，丝织品成为奢侈品，而麻织的衣物几乎被棉织品取代。

二　不断进步的农业技术

传统农业的逐步成熟，离不开农业生产工具、栽培技术的不断改进完善。农业的发展，离不开政府的推动，劝农、重农是历朝官府始终坚持的农业政策。生产经验的积累、技术的提高，需要农学家的积极参与，数量庞大的农书忠实地记录了中国传统农业生产技术的发展轨迹。

生产工具的改进和完善　传说神农"斲木为耜，揉木为耒"，发明了耒耜。耒是尖头木棒在末端加扎一个横木，操作时两人并肩持耒刺土，耒尖入土后，再用力把耒身向后压，将土块翻起。两人合作劳动就是耦耕。耜是在耒下绑扎一片骨质或石质的铲，成为复合农具。把耒尖改成铲状，就不必双人操作，效率大为提高。商周时期出土的青铜铲、锸，实际上是耜，是当时松土、播种、除草、挖掘沟洫的重要工具。我们现在使用的铁锹就是由耜演化而来。

犁出现较晚，考古发现新石器晚期有石犁，但犁架的形制不详。商代出现了与后世形制相近的V形青铜犁铧。战国时期，出现了铁犁牛耕。汉代黄河流域普及犁耕，出现了用于碎土的铁犁壁装置。汉代犁的形制基本成熟，由犁辕、犁箭、犁床、犁梢等部件构成。汉犁分两种：一种是长直辕犁，二牛牵引，适用大块田地；一种是短直辕犁，操作比较灵活，一牛牵引，适于小块田地。唐代晚期犁的形制发生了一次突破，在短直辕犁的基础上，出现曲辕犁。弯曲的犁辕末端设有能转动的犁槃，用绳索套在牛肩上，牵引时犁可自由摆动和改变方向，更适合在较小的田地上使用。宋元时期，犁身缩短，结构更加轻便，耕犁完全成熟。

汉武帝时，搜粟都尉赵过发明了耧犁。二人三牛，日种一顷，效率极高。汉代耧犁就是后来北方使用的播种农具耧车。有独脚、二脚、三脚甚至四脚数种，以二脚耧车最为常见。

耕作栽培技术　秦汉时期是传统农业发展史上的第一个高潮期，高度发达的农业生产支持了汉代的强盛与辉煌。汉武帝时南征北伐对国力消耗巨大，晚年提出"方今之务，在于力农"，征和四年（前89）任命赵过为搜粟都尉，大力推行代田法。代田法就是沟垄相间，种子播于沟中，待出苗后，逐渐用垄土壅苗，以起到抗旱保墒，防风抗倒伏的作用。沟和垄逐年轮换，达到土地轮番使用和休息。代田法是犁耕和锄耕相结合的耕作技术，用犁开沟做垄，苗生叶后，除草壅苗，至盛夏将垄锄平，为垄沟互换作准备。代田法是汉代政府组织的技术普及与推广，在赵过指导下进行实验，取得实效后逐步推广。代田法的实施使凋敝的农业生产得到恢复。

代田法适用于大田作业，西汉末年氾胜之在关中提倡适用于小块土地的区田法。区田有两种，一是沟状区田，一是窝状区田。深翻做区，作物种在区里。区在地平面以下，便于接受浇灌和施肥，防止水分蒸发和肥分的流失，利于保墒保肥。区田法主要是人力翻耕土地，将作物种在沟状和窝状的小区内，便于深耕细作加强管理。代田法和区田法的某些技术因素为后世继承，形成了完善的旱地精耕细作技术体系。

农学家与农书　中国几千年的农业生产实践，积累了丰富的经验，形成数量庞大的农业文献。先秦时期诸子百家中就有重视农业生产的农家。《吕氏春秋·士容论》中《任地》《辩土》《审时》等篇，是保存至今最早的农业技术文献。秦汉时期的农业文献均已经散佚，仅有《氾胜之书》《四民月令》依靠后世典籍的征引而保存下来部分内容。

贾思勰的《齐民要术》是现存的最完整的综合性农书。贾思勰，北魏齐郡益都（今山东寿光西南）人，曾为高阳郡（今河北高阳）太守，后家居从事写作。《齐民要术》大约成书于公元533—544年间。贾思勰亲自从事农业生产实践，虚心向有经验的老农请教。他的《齐民要术》不仅汇集了历史文献中有关农业技术的记载，搜集了体现生产经验的农谚，更是对秦汉以来我国黄河流域农业科学技术的一个系统总结。书中提到的"耕—耙—耱"为中心的旱地耕作技术体系，以及轮作倒茬、沤制绿肥、良种选育等项技术，表明中国北方旱地精耕细作体系已经成熟。

宋元明清农书数量迅猛增加。既有元代司农司编写印刷的《农桑辑要》、清乾隆初年"内廷词臣"编写的《授时通考》等官书，也有元代王祯《农书》、明代徐光启《农政全书》等个人撰述。大量农书的问世，促进了农业技术的推广和传播。

三 因地制宜的农田水利

水利是农业的命脉。大禹治水反映了农业与水利的密切关系。大禹治水，一是疏通被壅塞的河道，让洪水尽快流入大海；二是在田间挖掘沟渠将积水排入江河。大禹治水疏通河道的工作，被后世神话化了。在田间挖掘沟渠排水，就是商周农田建设中沟洫制的开端。传统农业几个主要经济区的形成，都有赖于水利建设的开展。

春秋战国时期的灌溉工程 农作物生长发育必须有适宜的水分供应，受自然环境制约，我国主要农业经济区的自然降水往往不能满足农作物的需要。春秋战国时期，随着铁质工具的使用，土地开发规模扩大，农田水利建设也拉开了帷幕。

春秋中期，楚庄王十六年至二十三年（前598—前591）孙叔敖在淮南的寿春（今安徽寿县），修建了大型蓄水灌溉工程——芍陂。西汉以后，历代重修，安丰塘即其残存部分。战国初期，魏文侯时（前446—前396）西门豹为邺县令，"凿十二渠，引河水灌民田"。百余年后，史起为邺令，对漳水渠重加修建，至汉代仍在使用。三国时曹魏天井堰就是在漳水渠基础上重修的。芍陂和漳水渠是黄淮海平原地区农田水利建设的先声。

战国后期，秦国蜀郡太守李冰，总结前人治水经验，主持修建了都江堰。都江堰的关键工程是凿离堆，引岷江水入宝瓶口，使岷江分为两股。东流（内江）可以灌溉农田，同时也减少了西流（外江）江水的泛滥。为控制流入宝瓶口的进水量，在分水堤的尾部靠近宝瓶口的地方，修建分洪用的平水槽和"飞沙堰"溢洪道，内江水量过大时通过溢洪道流回外江。溢洪道前修有弯道，江水形成环流，洪水中夹带的泥石越过堰顶流入外江，防止淤塞内江和宝瓶口水道。都江堰水利工程后世不断完善，至今仍发挥着巨大作用。都江堰的修建，促进成都平原经济区的形成。

战国末期秦国强盛，威逼东方诸国。秦王政元年（前246），弱小的韩国派水工郑国赴秦，策动其大兴水利工程，以图"疲秦"。秦国中计，在施工过程中，发觉了郑国的阴谋。但秦国并没有停止施工，经过十年左右的努力，终于建成了规模宏大的引泾灌渠，并以郑国的名字命名为"郑国渠"。郑国渠建成后，旱地农业变为灌溉农业，农作物产量大幅度提高，渭北平原成为"千里沃野"。郑国渠的兴修，揭开了西汉关中地区水利建设的序幕。汉唐均建都关中，水利建设全面展开。

太湖流域的塘浦圩田　秦汉时期黄河流域农业经济快速发展，开发难度较大的长江中下游地区明显滞后。刀耕火耨是长江流域普遍存在的耕作方式。东汉末年以来，北方人口南迁，长江中下游的农业生产有了较大发展。但在安史之乱以前，黄河流域农业生产水平，依然远远高于长江中下游地区。安史之乱以及唐末五代的战乱，北方农业生产受损严重，而安定的长江中下游地区持续发展，宋朝前期长江流域已经领先于北方。长江中下游的农业开发与水利建设同步进行，以太湖流域最为典型。

太湖地区四周高仰，中部低洼，形成以太湖为中心的碟形洼地。洼地病涝，需筑堤作圩，防洪除涝。高田区深浚塘浦，引水灌溉。七里十里有一纵浦，五里七里有一横塘。塘浦宽约二三十丈，深一丈至三丈，利用开挖塘浦取出的土料，于纵浦横塘之间筑堤做圩，构成棋盘式圩田。塘浦通江达海处，设闸堰控制，防御江洪和海潮。高田与低田交界处设堰闸，雨时控制高地径流汇集低田，旱时就地蓄水，或导引江湖以供高田灌溉。高田区与低田区的塘浦，既脉络贯通，又有所节制。太湖流域的塘浦圩田建设，高田无旱灾，低田无水患，成为中国传统农业最发达的地区。

坎儿井　我国新疆内陆地区气候干燥，降雨稀少，蒸发量大，地表径流少。天山、昆仑山高山积雪，融雪渗入地下，成为主要水源。针对自然环境，当地民众创造了由井和地下暗渠组成的坎儿井水利工程，即山麓顺地势自高而低布开若干竖井，有效汇集地下水，井深随地面坡降而改变。井底开挖隧道（即暗渠），将各井相连通，暗渠可达数十公里，最后水被引出暗渠，积蓄于池塘中，通过明渠输往田间。

汉代、唐代、元代的文献中都有坎儿井的记载。坎儿井的大发展是在清朝后期。林则徐贬谪新疆以及左宗棠平定阿古柏叛乱后，都大力建设坎儿井，发展当地的灌溉农业。

第二节　精益求精的手工业

在世界手工业文化史上，铜器、铁器为各国文明所共有，而瓷器、丝绸生产技术在中国最早出现并走向成熟。中国古代先民以其勤劳和智慧，创造了精益求精、著称于世的先进手工业技术，并在《天工开物》等科技著作中作了记录和总结。中国古代先进的手工业生产技术是华夏文明的重要组成部分，在世界物质文化史上、中外交流史上产生了重要影响。

一　朴拙厚重的冶金铸造

中华民族先民在新石器时代晚期就已经掌握了青铜冶炼技术，在夏商时期获得空前发展。春秋战国时期出现了铁器并得到逐渐推广，社会步入铁器时代。青铜器和铁器的使用促进了生产力和物质文化水平的两次飞跃。

青铜铸造　人类对金属的认识和利用，始于偶然发现并利用天然纯铜（红铜），后来学会从孔雀石（铜矿石）中冶炼出红铜，从锡石中冶炼出锡。在此基础上，进一步发明了用红铜加锡熔炼为青铜合金的技术，这种青铜不但硬度高，而且更适于铸造精细器物，所以广泛应用于铸造生产工具、武器、礼器和生活用具中。

中国青铜冶炼铸造起源于5000多年前，在黄河流域的仰韶、大汶口等文化遗址中都相继发现了一些青铜器。"禹铸九鼎"，是我国有关铸造的最早文字记载。可以确定，中国在夏代已进入青铜文明时代，仅略晚于西亚。商周时期青铜铸造发展迅速，规模较大、技术成熟，出现了不少著名的青铜器，以商代的后母戊鼎、四羊方尊等为代表，集中体现了这一时期的青铜冶铸成就。后母戊鼎是商王武丁的儿子为祭祀母亲戊而铸造的礼器，气势恢宏，纹饰美观庄重，工艺精巧。鼎通高133厘米、口长110厘米、口宽78厘米，重达832.84公斤。铸作如此大型器物，在造模、制范、合范灌注等过程中，需要解决一系列复杂的技术问题，而且要配备大型熔炉，充分表明商代后期的青铜铸造具有规模宏大、组织严密、分工细致的特点，显示出商代青铜铸造业的生产规模与杰出的技术成就。四羊方尊是商代后期的酒器，器形浑厚，花纹细腻华丽，是高超的雕塑艺术与铸造技术完美结合的一件精品。

春秋战国时期，青铜铸造发展到鼎盛时期，技艺高超，产生了一些传世精品，如越王勾践剑、战国曾侯乙编钟等。随着冶铁技术的发明和兴起，青铜器逐渐让位于铁器，而铜镜、铜币、铜钟、铜佛等在其后两千多年仍然长盛不衰。隋唐以后饮誉中外的铜合金铸造精品有：唐代长安（今陕西西安）的景云钟，宋代真定（今河北正定）的铜佛、峨眉山普贤骑象铜佛，明代北京的永乐大钟、宣德炉等。

冶铁铸造 商代青铜器冶炼技术的发展为冶铁技术的提高奠定了基础。1972年在河北藁城台西商代遗址出土的铁刃铜钺，是目前发现的我国年代最早的铁器，距今约3400多年。从目前的考古发现来看，中国至迟在春秋晚期已熟练掌握了冶铁技术，并且是生铁铸件和块炼铁锻件同时出现。战国时期钢铁生产已达到相当高的水平，出现以块炼铁为原料的渗碳钢制品。同时冶炼业已普遍推广，其生产规模也不断扩大。如山东临淄齐国故都冶铁遗址占地面积有40余万平方米，足可见其规模之一斑。河北易县燕下都城址内有冶铁遗址三处，总占地面积也达30万平方米。这一时期还出现了许多著名的冶铁手工业中心，如宛（今河南南阳）、邓（今河南孟县东南）和河北的邯郸等。铁器已推广应用到社会的各个方面。河北省石家庄市赵国遗址出土的农具中，铁农具占65%；辽宁抚顺莲花堡燕国遗址出土的农具中，铁农具占85%以上。铁农具在农业生产中已占主导地位。铁制兵器、工具和生活用具种类繁多，数量大增，质量良好。铁器已成为战国时期生产和生活中的主要工具，为推动社会生产力迅速发展发挥着重要作用。

西汉时期，国家专营的冶铁作坊技艺精进，使生铁量产成为可能。

在高炉的鼓风设备上，工匠对传统的皮制鼓风机"橐"进行了改进，把几个橐连在一起称为排橐或排，大大增强了燃烧的火力，能够把炉温迅速提高到炼铁所需要的 1200 多摄氏度。东汉南阳太守杜诗，在总结前人经验的基础上，发明了强大的水力鼓风机——水排，极大提高了铸造农具生产效率。水排是在湍急的水流之滨竖起的巨大木轮，依靠水流的冲击力来带动木轮转动，再由传动机构带动橐排转动，从而将强大的风吹入高炉。中国的水排比欧洲水力鼓风机早了 1000 多年。

铸铁柔化术是中国古代钢铁业的另一重大发明。铸铁炼制出来之后，因为较脆、缺乏韧性而不适合锻造精良的铁器。适合锻造铁器的铸铁，因热处理的温度和方法不同，可分为白心可锻铸铁和黑心可锻铸铁两种。白心可锻铸铁具有比较高的硬度和强度，黑心可锻铸铁具有较好的耐冲击性。西方冶金史著作都认为，这两种极其重要、且有实用价值的铸铁都是欧美发明的，其中白心可锻铸铁是法国人在 1722 年发明的，所以又称"欧洲式可锻铸铁"，黑心可锻铸铁则是美国人在 1826 年发明的，又称"美国式可锻铸铁"。然而，根据史书记载和考古发现提供的证明，中国发明制造黑心和白心可锻铸铁的技术，比西方早了近两千年。这种技术的关键是将普通铸铁长时间高温加热，使其中的化合碳发生变化，当碳的含量介于铸铁和钢之间时，其性质也随之变化，具有较强的延展性并保持了一定的硬度。这种技术叫铸铁柔化术。河南洛阳出土的铁铲，湖北大冶铜绿山古矿井出土的六角锄，都是用白心可锻铸铁制造的。

炒铁是一种简便有效的炼铁术，也是古代中国钢铁冶炼的重大发明。其方法是把含碳量过高的可锻铸铁加热到半流体状态，再将铁矿石粉混和起来不断"翻炒"，让铸铁中所含碳元素不断渗出、氧化，从而得到中碳钢或低碳钢。如果继续炒下去，就得到含碳更低的熟铁。这种方法始于西汉，东汉时成书的《太平经》中就明确记载了炒铁技术，在河南巩县的古冶铁遗址中也发现了通过炒铁制作的铁币和炒铁炉。

我国历史上流传下来的著名铁器铸造件很多，比如唐代西安大雁塔的铁钟、五代时期的沧州铁狮子、宋代的当阳铁塔和晋祠铁人等。沧州铁狮子铸于后周广顺三年（953），距今已有 1000 多年的历史。铁狮子总重量为29.3吨，气势威武雄壮，姿态栩栩如生，是中国现存年代较早、规模较大的铸铁艺术珍品之一。铁狮采用一种特殊的"泥范明铸法"，共用长宽三四十厘米不等的范块544块，逐层垒起，分层浇铸，拼铸而成。在1000多年前能铸造出如此庞大的器物，足见当时冶炼、制模、浇铸工艺已达到相当高的水平，充分显示了我国古代铸造工艺的高超。

二 蜚声海外的陶瓷

中国是瓷器的故乡，陶瓷也被视为中国文明富庶发达的象征之一。中国古代陶瓷技术精湛，艺术成就突出，大量输出到世界各地，广受喜爱，以至各国纷纷仿制学习。现代世界各国的制瓷工艺在其历史发展过程中都直接或间接地受到中国陶瓷工艺的影响。陶瓷在辉煌灿烂的中国传统文化中占据着显著的地位，是古代中国人民对人类文明作出的一大贡献。

制陶业的发展 陶被称为水火土相结合的第一产物，中国古代制陶手工业起源很早。在长期的生产和生活实践中，远古的人们就逐渐认识到，有一些泥土加入水、细沙或其他物料调和捏塑，再用火高温烧制以后，就变得坚硬结实，而且耐水、耐高温，非常适合用来盛水烧饭。据考古资料，在河北省徐水县南庄头文化遗址、江苏溧水县神仙洞以及江西万年县仙人洞等文化遗址中发现了距今一万年左右的早期陶器碎片。在距今8000年左右的河北武安县磁山文化遗址、河南新郑裴李岗文化遗址，出土了很多陶器，裴李岗遗址还发现了我国最早的陶窑。稍后的河南仰韶文化是比较发达的定居农耕文化遗址，其制陶工艺较成熟，陶器规整精美，绘有各种彩色花纹、图案，具有一定的艺术水平。中华大地的其他早期文化遗址也都有着各自不同特征的制陶手工业，多以日用陶器为主。商周以后，日用陶器使用范围有所缩小，而建筑用陶（如管道、瓦和瓦当等）则取得了较大发展，秦汉时期的瓦当艺术成就尤为突出，所谓"秦砖汉瓦"即指此而言。

日用陶、建筑用陶以实用为主，而陶塑则将实用和艺术融为一体。

闻名于世的秦始皇陵兵马俑群,是我国古代陶塑的杰出代表,被称为"世界第八大奇迹"。兵马俑群包括三个巨型兵马俑坑,陶塑形象生动,兵俑、马俑与真人真马一样高大,其体貌、神态各异,刻画了身经百战、披甲执刃的将士,高大雄劲、剽悍机警的战马。兵马俑群布局严整,气势磅礴,威武雄壮,富有鲜明的时代特点。著名的"唐三彩",是唐代铅釉彩陶的总称,源于西汉的铅釉陶,是以黏土制胎素烧后,再以多彩铅釉着色装饰的陶器。其以黄绿白或黄绿蓝为主,多种釉色同时交错使用,色彩绚丽。其器物有文官武士、男女僮仆、亭台楼阁、猪羊牛马、骆驼和骑士等,千姿百态,雕塑技术高超,呈现出卓越的艺术魅力。

瓷器的发明 中国瓷器的前身是"原始青瓷"。在商代中期,已经发明了世界上最早的瓷器,如河北正定南杨庄遗址发现了目前所见最早的原始瓷器。原始青瓷经历了漫长的发展,东汉后期在浙江越窑成功烧制出青釉瓷,是成熟瓷器诞生的标志。瓷器胎体致密,不渗水透气,表面有一层玻璃质釉,清洁卫生、庄重典雅,具有陶器无法比拟的优点,因此,瓷器发明之后,很快取代了陶器,其生产迅速发展,成为一个重要的手工业生产部门。三国两晋南北朝时期,在今江苏、江西、福建、湖南、四川等地都有窑场出现,但以越窑"青瓷"为代表的南方瓷器处于领先地位。北齐时期,在河北地区出现白瓷。白瓷的发明为制瓷业的进一步发展开辟了广阔的道路。正是因为有了白瓷,才有了琳琅满目、色彩缤纷的彩瓷。北方白瓷开创了瓷器生产的崭新局面,标志着我国制瓷业南北两大瓷系的初步形成。

隋唐"南青北白"的制瓷格局 隋唐时期的瓷器生产,进入一个新的时期。重要的窑场遍布大江南北,白瓷生产已经相当成熟,从而形成"南青北白"的生产格局。南方地区主产青瓷(即青釉瓷),以越窑名列榜首,生产规模最大、质量最好,釉色高雅,装饰美观。考古调查发现的越窑窑址有100多处。北方主产白瓷,胎质白净,如银似雪。其中以河北的邢窑白瓷技术水平最高,唐人陆羽在《茶经》中曾评价说:"邢瓷类银,越瓷类玉。"北方白瓷除邢窑外,河南巩窑、河北定窑也具有相当高的制瓷工艺。

宋代的"五大名窑"　　宋代各地制瓷业竞相发展，不断创新，制瓷工艺得以改进，出现了定、汝、官、哥、钧"五大名窑"，河北定窑以其高度艺术成就而列为"五大名窑"之首。定窑的中心窑场在河北曲阳县的涧磁村、东西燕川村一带。定窑的白瓷产量最大，工艺水平很高，胎料精细，胎体洁白细腻，薄而不变形，釉色有象牙白质感，造型精巧，装饰讲究，色调柔和，典雅美观，工艺精湛，艺术价值很高。定窑之外，还有汝窑（河南宝丰）、钧窑（河南禹县）、官窑（开封、杭州）、龙泉窑（浙江龙泉）等。另外，磁州窑的中心窑场在河北磁县，是北方最有代表性的民间瓷窑，在北宋和金代工艺水平最高、生产最为兴旺，其生产延续至今，长达1000多年。

"瓷都"景德镇和明清官窑　　元代瓷器承前启后，北方瓷窑因战争破坏而走向衰落，南方的景德镇窑却得到进一步发展。这一时期，景德镇窑相继烧制出青花、釉里红和颜色瓷，使景德镇在全国制瓷业中的地位大大提升。元代在这里设置浮梁瓷局进行监督管理，制瓷业迅速发展，瓷器上的绘画装饰此后日益与文人书画艺术相结合，将白瓷、青白瓷、青花瓷的生产工艺提高到一个崭新的水平。元青花中的代表作"鬼谷子下山"，描述了孙膑的师父鬼谷子在齐国使节苏代的再三请求下，答应下山搭救被燕国围困的孙膑和独孤陈的故事。人物刻画流畅自然，神韵十足，山石皴染酣畅淋漓，笔笔精到，十分完美。明清时期在景德镇珠山设置御器厂，有御窑数十座，民间瓷窑数百处，有制瓷专业工人十余万，景德镇已成为世界最著名的瓷业中心，是名副其实的"瓷都"，所产的"宣德青花瓷""成化斗彩碗"和"嘉靖五彩碗"都是明代瓷器的代表作。清代康熙、雍正、乾隆三朝，中国瓷器生产达到顶峰，进入黄金期。除了明代青花、五彩和斗彩，还发展出粉彩、珐琅彩、釉下三彩、墨彩、乌金釉、天蓝釉、珊瑚红、松绿釉以及采用黄金为着色剂的胭脂红等，而高级白瓷的质量也达到历史最高水平。鸦片战争以后，随着中国社会的衰落，中国瓷器生产也一步步走向没落。

瓷器的外销及影响　　中国瓷器外销始于隋唐时期，那时外销的产品主要是越窑的青瓷和邢窑的白瓷以及长沙窑的彩绘瓷，外销地主要是日本、朝鲜半岛、东南亚地区，也有销往今印度、巴基斯坦和斯里兰卡的。宋元以后，海上贸易进入繁荣阶段，出现了广州、泉州、明州（今浙江宁波）、杭州、秀州（今上海市松江）等贸易大港。北宋开宝四年（971），开始在上述地区陆续设置"市舶司"，专门管理进出口事务，当时的外销产品中主要是瓷器。宋元时期的外销瓷，主要是江西景德镇窑、浙江龙泉窑和福建德化窑的产品，也有陕西耀州窑、河南汝窑，甚至广东、广西一带窑场的产品。从明代中晚期到清代前期，中国瓷器外销达到顶峰，出口瓷器主要是青花瓷，也有白瓷和彩瓷，产品多为外国定制，造型和装饰增加了异域色彩。欧洲贵族喜欢在瓷器上绘制自己家族的纹章图案，称为"纹章瓷"，中国瓷器在欧洲上流社会的风靡程度可见一斑。出口的日用瓷的数量更为庞大，仅荷兰东印度公司，从中国贩运到欧洲的瓷器就不下 2000 万件。在欧洲掀起了使用中国瓷器的热潮，各国王室、贵族以及各阶层人士纷纷购买、收藏和陈设中国瓷器，以此作为财富和高贵的象征。小小的瓷器承载了中国元素、中国风骨，更是中华文明向全人类的一次集中展示。

三 精美绝伦的丝绸

中国是丝绸的发祥地，在河南青台遗址发现了世界上最早的丝织物，距今约 5500 年。可以说，中国丝绸与中华文明几乎同步产生。作为中国文明的象征，丝绸在汉代以后通过丝绸之路源源不断地传到世界各地，"衣被天下"，以至中国被西方称为"东方丝国""丝绸之国"。我国古代高超的丝织技术，曾对世界文明产生深远影响，被誉为"中国的第五大发明"。

丝织品的种类 根据制造工艺以及织物的结构特点，古代丝织物可以分为很多种类，其中具有代表性的几大种类有纱、绮、绢、锦、罗、绸、缎等十多类，每一大类中又有许多品种。纱是最早出现的丝织物品种之一，密度小，轻薄透气，是夏装的流行用料，其名贵品种很多，如轻容纱、吴纱、三法纱、暗花纱等。宋代亳州所出轻容纱在全国最为有名，陆游形容它"举之若无，真若烟雾"。长沙马王堆汉墓出土的一件衣长 128 厘米、袖长 190 厘米的纱衣，仅重 49 克，薄如蝉翼，其精细令人惊叹，是古代纱织精品。罗的质地轻薄，经纱互相绞缠后呈网状孔，商代就已开始生产，秦汉以后日臻精美、流行，宋代更盛，成都的大花罗、蜀州的春罗和单丝罗、婺州的暗花罗、越州的越罗，都异常精美，在全国享有盛名。缎起源于唐代，地纹全部或大部采用缎纹组织，表面平滑，富有光泽，花纹具有立体感，与多彩的织锦技术相结合，成为丝织品中最华丽的"锦缎"。绮是平纹地起斜纹花的提花织物，早期呈杯纹、菱形纹、方纹等，汉以后出现了对鸟花卉纹、鸟兽葡萄纹等。绮曾作为法定官服面料。绫是斜纹地起斜纹花的丝织物，汉代的绫织物已十分精美，是当时最昂贵的丝织品之一，唐代是产绫的高峰期，也是官服面料，宋以后大量用于书画、经卷的装裱。锦是古代最贵重的丝织品，多彩提花，工艺复杂，织锦技术的高低是纺织技术水平的代表，品种繁多，其中四川的蜀锦、苏州的宋锦、南京的云锦最为著名，称三大名锦。织金锦，是一种把金线织入锦中形成特殊光泽效果的丝织物，唐宋时技术趋于成熟，元代时生产达到极盛，又称为"纳石失"，大量用于官服和赏赐。缂丝，起源于汉代，宋代完全成熟，不仅用于服装，还用于仿制名人书画，成为专供欣赏的纯艺术品，对后世影响很大。

丝绸产地 我国是世界上最早植桑、养蚕、缫丝、织绸的国家，而且在相当长的一段历史时期内，是唯一的国家。距今五六千年的新石器时代，在黄河流域、长江流域都已有丝织活动。到春秋战国时期，丝织手工业发展很快，今陕西、河南、河北、山东、湖北、江苏等地都有桑蚕丝织生产，以临淄（今山东淄博）为中心的齐鲁地区规模最大。齐国所生产的"冰纨、绮绣、纯丽"等高档丝织品，不仅国内"人民多文采布帛"，还大量输出，畅销各地，以至于形成"天下之人冠带衣履皆仰齐地"的景象。秦汉时期丝织业分布更为广阔，最兴盛的丝绸产地是今华北地区，当时的临淄、襄邑（今河南省睢县）等地都生产许多著名产品。唐宋时期丝绸产地几乎遍及全国，但唐前期仍是长江以北的中原和华北地区为主，唐后期则是江南尤其华东沿海地区发展更快，并且逐渐超过北方，自此成为定局，直至现代，丝绸生产仍以江苏、浙江等东南沿海数省为主产区。

传统制丝工艺 在传统丝织业的生产中，除了前期的植桑、养蚕和

第二章 物质文化 33

后期的织造之外，最重要的中间工艺是制丝，包括缫丝和练丝。

缫丝就是分解蚕茧、抽引蚕丝的过程。首先要剔除次茧、剥掉外层蚕衣，以保证缫丝质量；其次是煮茧，要控制好煮茧的温度、时间、换水次数，这是影响缫丝效率和蚕丝色泽、韧性的关键；最后才是抽丝理绪，有随煮随抽的热缫法、煮茧抽丝分开的冷缫法等。历代丝织生产中都非常重视缫丝质量，积累了相当系统完整的经验，古诗文和科技著作中都有记载，白居易的诗中就有"择茧缫丝清水煮"之语，明末宋应星的《天工开物》中又总结了"出水干"治丝法，边缫丝边用炭火烘干，以避免丝缕粘连，保证丝质，现代缫丝车上所设蒸气烘丝装置就取法于此。

练丝和练帛是对生丝或胚绸进一步处理以去除丝胶和杂质的过程，使其更加白净柔滑、富有光泽，经过处理的丝就是熟丝。这一工艺水平的高低直接影响丝绸质量的好坏。练丝的最好方法是唐代、明代文献记载的猪胰煮练法，我国是世界上最早利用胰酶练丝的国家，比西方至少早一千二三百年。

丝绸外销及其影响　中国古代织造的丝绸一直都是以精彩华美见称。它不仅是中国历史上各个时期主要的衣着原料，同时也是中国古代对外贸易的重要商品。丝绸很早就通过游牧民族的迁徙和物物交换零散地向外传播，但是到了汉代才逐渐形成规模。张骞出使西域之后，丝绸作为中国外销品源源不断地从长安运往西亚乃至欧洲，形成陆上丝绸之路。由于汉朝实现了国家统一，经济长足发展，造船业、航海业也有很大的进步。汉武帝平定南越之后，曾组织人力进行远洋航行，曾一度到达印度次大陆，海上"丝绸之路"初具规模。中国丝绸从公元初年起至6世纪，在世界上占有极其重要的地位。为了获得来自中国的丝绸，国与国之间甚至不惜发动战争。例如，东罗马联合突厥可汗于公元571年攻打波斯，战争长达二十年之久，双方未分胜负，这就是西方历史上著名的"丝绢之战"。直到东罗马皇帝查士丁尼时期，印度僧人将蚕桑种子连同养殖技术带到了君士坦丁堡并喂养繁殖成功。从此，欧洲各国的养蚕业从东罗马逐渐传播开来，西方对于中国丝绸的依赖程度有所减弱。尽管如此，唐宋元明清时期，由此可见，丝绸仍然是中国对外出口的大宗商品之一。丝绸对中西文化交流产生的影响是任何其他商品无法比拟的。随着历史的发展，陆路、海路的丝绸交通网络的意义已远远超出了仅仅作为丝绸贸易之路的意义，不仅成为物质文明交流之路，同时也是文化、艺术等精神文明的传播之路。丝绸之路把公元初期几个世界文明古国如罗马、波斯、印度、埃及等紧密联系在一起，增进了世界各地人民的相互了解和世界文明的发展与进步。

四 体大思精的科技著作

我国古代手工业生产技术在长期的生产实践中取得了巨大成就，产生了一系列科技著作对其进行记述和总结。中国历史上的科技著作繁多，有《墨经》《考工记》《梦溪笔谈》《营造法式》《熬波图》《梓人遗制》《天工开物》等。

《考工记》 《考工记》是春秋战国时期有关手工业生产的科技专著，是我国和世界最早的一部科学技术文献，对我国古代手工业生产有过长久而巨大的影响。全书共7100多字，记载了木工、金工、皮革工、染色工、玉工、陶工共六大类30个工种（实存25个工种）的技术规范，内容涉及先秦时代的制车、兵器、礼器、钟磬、染色、建筑、水利、陶瓷、皮革等手工业技术，充分反映出当时中国在科技及工艺方面所达到的水平。此外该书还涉及天文、生物、数学、地理、力学、声学、建筑等多方面的知识和经验总结，在中国科技史上占有重要地位。

《天工开物》 明末宋应星所著《天工开物》，系统总结了农业和各种手工业生产技术，是我国古代的科技经典著作，被誉为"工艺百科全书"。全书详述了各种农作物和手工业原料的种类、产地、生产技术和工艺设备，以及一些生产组织经验，既有大量确切的数据，又绘制了123幅插图。上篇主要记载了谷物、豆、麻的栽培和加工方法，蚕丝棉麻的纺织和染色技术，以及制盐、制糖工艺。中篇主要记载包括砖瓦陶瓷制作、车船制造、金属铸锻、煤炭、石灰等的开采和烧制，以及榨油、造纸方法等。下篇则记述金属矿物的开采和冶炼，兵器制造，墨和颜料、酒曲的生产，以及珠玉的采集加工，具有珍贵的历史价值和科学价值。其中记载的许多手工业技术都居于世界领先地位，如"五金"卷中科学论述了锌和铜锌合金（黄铜）的冶炼方法，是我国乃至世界金属冶炼史上的重要成就之一，中国在很长一段时间里是世界上唯一能大规模炼锌的国家。

《天工开物》在18、19世纪的日本以及欧洲广泛传播并受到高度评价，被译为日、法、英、德、意、俄等多国文字，成为公认的世界科学经典著作。其中关于制墨、制铜、养蚕、造纸、冶锌、农艺加工等的方法，都对西方出现了重要影响。比如，欧洲从12世纪学会造纸，但一直以破布为原料单一生产麻纸，18世纪以后耗纸量激增，造纸业出现原料危机，1840年法国汉学家儒莲将《天工开物》造纸部分译成法文，其中提到以野生树皮、竹、草类等多种纤维造纸，还可混合制浆，帮助法、英等国成功化解了造纸原料危机。

第三节　繁荣发达的商业与交通

在农业、手工业发展的基础之上，中国古代商业产生并不断发展。商朝产生了职业商人。西周实行"工商食官"政策，商业由官府垄断。春秋战国时期，官府垄断商业的局面被打破，私营商业兴起，商人地位提高，各地出现了许多商品市场和大商人，实现了中国古代商业的第一次飞跃。尽管中国古代封建统治者长期推行"重农抑商"政策，但随着商品经济的发展，城市的兴起以及区域市场的形成，商业还是取得了长足发展。中国古代的"大一统"王朝，为保证政令畅通，兴建了纵横交错的陆路交通网；开通了大运河，沟通了南北水路交通；同时，还积极拓展海上交通，海上丝绸之路的繁荣和发展促进了中西文化交流。

一　繁荣兴旺的商业

中国古代的商业以国内贸易为主，以海外贸易为辅。国内贸易，主要体现在城市与乡村贸易、内地与边疆贸易两个方面。海外贸易主要体现在海上与陆路"丝绸之路"的开通,加强了中国与世界之间的联系,促进了中国商品在世界范围内的流通。

城乡商业　商业繁荣与城市发展息息相关。中国古代城市具有政治、军事、经济等多种功能。商代城市规模已经相当可观。西周的王都及诸侯国都,都设有专门市场。市场四周筑有围墙,官府设专门机构维护正常的交易秩序,维护市场治安,征收商税。市场按规定时间开放,商人在市场上出售的货物要分类陈列。春秋战国时期,国都及以外较大的城也都设有"市"。秦朝设郡县,各诸侯国都城以及重要城市成为郡县治所。都城咸阳是全国最大的商业中心,各郡治所成为区域商业中心,遍布各地的城市网络形成。

城市中居民区和市场严格分离。汉、唐都城长安设有东、西市。唐代规定县城以上均可以设"市"。严格的坊市制度到唐后期出现松动。北宋定都汴梁(今河南开封),没有择地建新城。随着人口的增加,汴梁的城市规模不断扩大,严格区分坊、市的做法根本无法实施。为招徕顾客,市内和坊内店肆都争先恐后朝着街面开设,坊市的界限完全泯灭。

乡村很早就存在商品交易场所。《国语·周语》记载在主要交通道路上"五十里有市"。唐代乡村商品市场称草市(农村集市)。宋代乡村市集(南方称为墟、街)大量出现,规模大的市集,发展成市镇。有的还由市镇升级为县。明清人口压力增大,大量农村剩余劳动力从事副业生产,农村集市更加普遍。农村集市上的商贩,大多是附近的农民。每隔数日便挑着自己的产品到集市售卖,既无需假商人之手,也不需大量资本。坊市制度崩溃后,这些小商贩不仅活跃在乡村市场,还扩展到城市。专职商人在兼业小商贩的挤压下,要获取商业利润,不得不从事兼职商人无法从事的长途贩运。

内地与边疆的贸易　长途贩运发达,是中国古代商业的一个重要特征。长途贩运,运输成本高昂,最初贩卖的商品主要是名贵土特产和奢侈品。南朝、唐代这种状况已有所改变,至宋代粮食、瓷器、纸张、茶叶、糖、铁器等日用生活品,纷纷进入较远距离、较大规模的贩运行列。商人们的长途贩运,加强了地区间的经济联系。

秦汉时期北方的匈奴势力强大，秦及汉初与之发生过多次军事对抗。汉高祖晚年与匈奴和亲，双方在边关设置定期市场，称为关市或互市。汉朝以中原生产丝织品及其他手工业产品，交易匈奴的马匹、毛皮等畜牧产品。汉武帝时双方兵戎相见，贸易也未中断。隋唐时期，内地与突厥、吐蕃等少数民族部族政权，以丝织品、茶叶、纸张等与马匹、毛皮等畜牧产品互市。宋朝在辽、西夏边境设置榷场，明代在川陕开展茶马贸易。历代边疆贸易，都表明农耕区与游牧区之间经济关系密不可分。内地与边疆的贸易是长途贩运的组成部分，这种商业活动由于交易双方在经济、文化上存在巨大差异，客商很容易从中获取较高的商业利润。

中西贸易 西汉为联合游牧于康居（今巴尔喀什湖与咸海间）的大月氏夹击匈奴，建元三年（前138），汉武帝派张骞出使西域。张骞历尽艰辛于元朔三年（前126）回到都城长安（今陕西西安）。虽然联合大月氏的计划落空，但是张骞出使，开辟了东起长安，经河西走廊、塔里木盆地，至中亚的河中地区，甚至远至地中海沿岸的陆路通道，建立起中原与西域的经贸联系。各国商人踏着张骞的足迹来到中原，中国丝织品源源不断被运往西域，远销欧洲。因此，这条联系中外的陆路商路也被称为"丝绸之路"。自西汉张骞出使西域，经东汉班超再次经营，乃至隋唐，中西陆路商贸往来顺畅，中西经济、文化交流频繁。

北宋初期，党项族崛起于西北，宋夏战争时断时续，中西陆路商贸受到影响。宋代中外贸易以海路为重。宋朝管理对外贸易的机构是市舶司。元朝统一，中西陆路商路改善，但是有着重商传统的蒙族贵族依然重视海上贸易，市舶制度在元代进一步完善。

明初经过三十余年的休养生息，国力强盛。通过"靖难之变"夺取皇位的明成祖朱棣，急于利用对外的活动，展示实力，建立声望。永乐三年（1405）六月，派郑和率领庞大的船队，携带大量丝织品、瓷器、茶叶等出使西洋。郑和所乘的船只是当时世界上最大的海船，"高大如楼，底尖上阔，可容千人"。郑和前后七次率船队出海，最远到达非洲东海岸和红海沿岸。郑和下西洋，促进了中国海外贸易的发展。元代中期以来，倭寇滋扰我国东南沿海，至明代愈演愈烈。西方新航路开辟后，葡萄牙、西班牙、荷兰等殖民者东来，殖民东南亚，杀害华商，进而侵扰我国沿海，正常的海上贸易受到强烈的冲击。

二　四通八达的交通

秦汉时期，陆路交通已经形成全国性交通网络，以后历代不断完善。在此基础之上形成完备的邮传制度，保证了信息传递和畅通。隋代完成了贯穿南北的大运河，这是世界上开凿规模最大、里程最长的运河，标志着我国水路交通进入一个新的发展阶段。

纵横交错的道路　秦朝疆域辽阔，急需建立起首都连接各地的交通网络。在六国区域交通网络的基础上，形成以关中为中心，四通八达的交通网络。修驰道，"东穷燕齐，南极吴楚"。修直道，自咸阳附近甘泉宫北行至九原（今包头市九原区）。秦并巴蜀，翻越秦岭的道路历经拓展完善，形成故道、褒斜道、傥骆道、子午道数条交通线，秦汉时期巴蜀与关中联为一体。秦朝还沿长城修建了北边道，沿海建成并海道。两汉在秦道路网络基础上进一步拓展，"开路西南夷，凿山通道千余里，以广巴蜀"。自关中西北行的陆路，一条深入青海羌人活动区，一条经河西走廊远通西域。北边沿边道向西拓展至敦煌，向东拓展至玄菟、乐浪二郡。东汉郑弘奏开零陵、桂阳峤道，建成翻越南岭的交通干线。

道路交通在唐代有一个飞跃发展。唐代交通以长安、洛阳大道为枢轴，汴州（今河南开封）、岐州（今陕西凤翔）为枢轴两端之延长点，由此四城向四方辐射发展，以全国诸大城市为区域发展之网络节点。唐代道路交通，不仅在内地形成网络，以前人烟罕至的松潘草原等边疆地区都设置了驿站。元代的陆路交通，随着疆域的扩大进一步拓展，岭北、辽阳、云南、吐蕃等地设置驿站，驿路远至蒙古高原及以北的叶尼塞河流域、东北黑龙江入海口等边远地区。元代在内地形成以大都（今北京）为中心，各行省治所为次级中心的道路交通网络。元代以北京为中心的道路网络，大多被明清所继承，甚至延续至今。

不断完善的运河　水路运输载量大，用力省，古代极其重视水路建设，春秋时期就开凿运河。春秋后期，吴国强盛，北上争霸，开凿了沟通江淮的邗沟，即后世的淮扬运河。战国时期魏惠王迁都大梁，次年开凿鸿沟，沟通了黄河与淮河。鸿沟即秦汉以后的汴渠，"大梁"，后称汴梁（今河南开封）。秦始皇三十三年（前214），在广西兴安县开凿了灵渠，沟通了长江与珠江水系。秦汉时期，沟通黄河、淮河、长江、珠江水系的水路网络初步形成。

隋大业元年（605）开凿大运河，对水路运输网络影响深远。隋炀帝以东都洛阳为中心，自洛阳引洛水、谷水入黄河；自荥阳汜水，引黄河循汴渠故道，经商丘、宿县、泗县入淮河为通济渠；改造邗沟，南通长江，过江凿江南运河至余杭（今杭州）。引沁水通黄河，凿通沁水、淇水、卫河，向北至涿郡（今北京）为永济渠。隋朝开凿的大运河，在唐宋时期发挥了巨大作用。安史之乱后，北方藩镇割据，唐朝廷只好依赖运河漕运江南税赋得以维持。北宋建都汴梁，汴渠成为最重要的漕运通道。南宋与金朝南北对峙，汴河失去作用，很快淤为平陆。

元朝统一，为转运江南漕粮，在山东境内开凿济州河、会通河，沟通淮泗、御河。隋朝开通的大运河，在截弯取直后更加便捷。元代漕粮大规模实行海运，沟通南北的大运河更多地为商贩利用。明初废海运，南北物资交流完全依赖运河。运河成为明清王朝的命脉。

完备的邮驿制度　有效的行政管理，以通畅的信息传递为基础。先秦时期，服务于官府信息传输和公务人员往来的邮驿制度，已经建立起来。殷墟出土的甲骨文中，屡见来自地方的奏报。先秦典籍中驲、遽、传、传遽都是驿传的不同形式。

秦汉时期，用车传送称作传，步递称作邮，马递则称作驿。为驿传设置的中途停驻之站称作置，为邮递设置的中途停驻之站称作亭。贵族、官吏办理公务，乘传车往来。传车系驾传马的数量差别，表现着等级差别。文书传递有程限要求，文书收发的时间要准确记录，不能按时送达要责罚。秦汉时期驿传分置，北朝出现了传驿合一趋势，至唐代"传"的职能被驿取代，公务往来乘骑驿马。唐代在辽阔的国土上普遍设驿，全国水陆驿1600余所。

北宋根据文书的紧急程度，分步递、马递和急递（急脚递）三种方式传递官府信息。步递由铺兵担擎步行传送官府普通文书，官员的私人信函也可以附递，文书日行200里。马递由铺兵骑马传递官府紧急机密文书，日行300里。急脚递，又简称急递，传送速度最快，日行400里，"唯军兴则用之"，传递事关军机及非常重要紧迫的文书。急脚递的文书传递，有乘马和步行两种方式。金朝南侵，信息传递系统在部分地区遭破坏。军情紧急，南宋在靠近战场的地区又设置了斥候铺、摆铺，与原来递铺并存。元中统元年（1260）为减轻驿站（元代称"站赤"）压力，设置急递铺分担驿站传送官府信息的任务。元代统一后，急递铺制度推广至江南。宋代多铺并存的乱象消失。元代的驿递制度被明清因袭。

第四节　享誉世界的发明与建筑

造纸术、印刷术、指南针和火药是中国古代闻名于世的四大发明。纸张的广泛应用，使信息的记录、传播和继承有了革命性进步；印刷术传到欧洲后，为文艺复兴运动准备了条件；指南针的发明和应用，为哥伦布发现美洲大陆的航行和麦哲伦的环球航行提供了技术保证；火药的发明和传播，改变了西方中世纪的战争模式，在军事史上具有划时代的意义。英国著名科技史专家李约瑟曾这样评价中国的四大发明："在中国完成的发明和技术发现，改变了西方文明的发展进程，并因而也确定改变了整个世界的发展进程。"中国古代建筑，具有悠久的历史和光辉的成就，始终保持着自己独特的结构和布局原则，在世界建筑史上自成系统，独树一帜，是我国古代传统文化的重要组成部分。

一　改变世界的四大发明

高度发达的农耕文明，孕育和推动了中国古代在科技领域取得辉煌成就。以造纸术、印刷术、火药、指南针为代表的中国古代四大发明，在人类文明史上占有重要地位，是中国成为世界文明古国的标志之一。这些伟大的发明，充分反映了中国人民的杰出智慧和创造精神，促进了人类文明的进步。

指南针 指南针的主要组成部分是一根装在轴上可以自由转动的磁针，用磁针指向辨别方向，常用于航海、大地测量、旅行及军事等方面。春秋战国时期，人们利用磁石指示南北的特性制成司南，这就是最早的指南针。东汉王充在《论衡》中明确记录了司南的形状和用法。司南由青铜盘和天然磁体制成的磁勺两部分组成，青铜盘上刻有表明方位的24向，磁勺置于盘中心圆面上，静止时勺尾指南。到宋代，先进的人工磁化技术代替天然磁石，装置方法和形状也改进为指南针、指南龟等，在此基础上又出现了磁针和方位盘一体的罗盘。当时人们已经发现了磁偏角和磁倾角现象，使指南针的指向更加准确。

从文献记载可见，宋代在海上航行中已经广泛应用了指南针和罗盘针，由此推动了宋元以后我国航海业的高度发达。我国古代的这一重要发明在12世纪经由阿拉伯人传到欧洲，为哥伦布发现新大陆、麦哲伦环球航行等远洋航行创造了条件，随后开辟新航路、建立殖民地、新兴资产阶级发展壮大，正如马克思所指出的，"指南针打开了世界市场并建立了殖民地"，进而改变了整个世界。

造纸术 植物纤维纸出现之前，人们在泥板、砖石、龟甲、兽骨、树皮、竹木片、绢帛、铜板、羊皮等各种材料上书写文字，这些东西有的太笨重，有的不便长期保存，有的太贵重，大大限制了思想和信息的交流传播。直到出现革命性的发明——中国造纸术，这种状况才得以改变。1986年在甘肃天水放马滩出土了西汉文景时期的麻纸，是世界上现存最早的植物纤维纸，在西安灞桥、新疆罗布泊、甘肃居延、陕西扶风等地也都先后发现了西汉麻纸。可以确定，中国最晚在公元前2世纪的西汉时期就已经发明了造纸术。元兴元年（105），东汉蔡伦改进造纸技术，用树皮、麻头、破布、旧渔网作原料，经过切断、沤煮、漂洗、舂捣、帘抄、干燥等步骤，成功造出纸张。由于原料广泛、成本低、质量好，从此纸张得以迅速推广。

在3至5世纪，中国的造纸术先后传入越南、朝鲜、日本等东亚国家，7至8世纪先后传入印度、阿拉伯以及埃及、摩洛哥等地，至12世纪时传到欧洲。1150年在西班牙出现了欧洲第一家造纸厂，蔡伦造纸1000多年之后传遍世界，西方用300多张羊皮抄写一部《圣经》的状况终于得以根本改变。中国造纸术极大地促进了人类的文化传播、思想交流和科学发展。正如美国学者德克·卜德所说，"纸对后来西方文明整个进程的影响，无论怎样估计都不会过分"。

印刷术 中国印刷术是受古代印章盖印和拓印碑石技术的启迪而发明的。首先仿照印章的制作方法，选便于雕刻的梨木、枣木，将文字反写雕刻在上面，然后将墨刷在雕版上，白纸覆盖，施力轻压，而后揭起纸张，就印成了一页白纸黑字的书，这就是最初的雕版印刷术。这一发明的准确时间已难考证，但最晚是在唐代。现存最早的有明确纪年的印刷物，是唐咸通九年（868）印制的《金刚经》，雕刻图文精美，墨色浓淡均匀，表明当时的印刷技术已经相当纯熟。这件珍品比欧洲现存最早纪年的雕版印刷品早600多年。到公元11世纪，北宋毕昇用胶泥柱体刻写单字，放在土窑里用火烧硬，再拼版印刷。元代又陆续出现了木活字以及世界上最早的金属活字，明代又最早使用了铅活字。活字印刷术的发明大大节省了雕版人力，迅速、经济，是印刷史上的重要技术革命。

中国的雕版印刷术在8至10世纪先后传到日本、朝鲜、越南等国，13至14世纪传到伊朗、埃及和欧洲；活字印刷术在14至15世纪传播开来，1456年德国用活字印刷出版了《圣经》，比毕昇晚了400多年。印刷术传到欧洲后，改变了原来只有僧侣才能接受较高教育的状况，使欧洲的科学从中世纪的黑暗中突破出来，为文艺复兴运动的出现提供了重要的物质条件。

火药 在冶金技术和炼丹术的长期实践中，唐代就已发明了火药，当时的丹书记载说，用硫磺、硝石、木炭混合燃烧会爆发烈焰，甚至使房舍化为灰烬。宋初据此配成火药，又制造出火炮、火箭等火器用于军事。北宋末年，燃烧性火器发展成爆炸性火器，创造了"霹雳炮""震天雷"等；南宋时出现了管形火器"火枪"，是近代枪炮的雏形；元代出现了铜或铁铸成的筒式火炮"火铳"，威力巨大，当时称为"铜将军"。在中国历史博物馆现存元代最早的火铳，造于元至顺三年（1332），是目前世界上最古老的铜炮。宋元之际，还出现了一种利用火箭燃烧喷射气体所产生反作用力而发射的火箭，与现代火箭的发射原理基本一致。到明代出现了"一窝蜂""火弩流星箭""飞廉箭""百矢弧"等，还制作出火龙出水、飞空砂筒等二级火箭品种。明代还创造了自动爆炸的地雷、水雷、定时炸弹等。这些在当时都是世界上最先进的火药武器。

火药武器在战争中显示了前所未有的威力，在蒙古人对外作战中，向东传到朝鲜和日本，向西传到阿拉伯和欧洲。火药的发明大大推进了历史发展的进程，具有重大的历史意义，正如恩格斯所指出的："火器一开始就是城市和以城市为依靠的新兴君主政体反对封建贵族的武器。以前一直攻不破的贵族城堡的石墙抵不住市民的大炮；市民的枪弹射穿了骑士的盔甲，贵族的统治跟身披铠甲的贵族骑兵队同归于尽了。"

二 神工天巧的建筑工程

中国古代建筑形成了独特的建筑体系，在世界建筑史中占据着重要的地位。宋代官方颁布的《营造法式》是我国古代最完整的建筑技术著作，是当时建筑设计与施工经验的集合与总结。长城、故宫、赵州桥、避暑山庄、明清陵寝等一系列现存古建筑，技术高超、艺术精湛、风格独特，体现了中华民族的审美情趣和文化传统。

万里长城 为抵御外来侵扰，早期人类聚落周围就已经挖壕筑墙。随着战争的增多，出现了早期城堡，进而出现城市。商周时期城市周围都修建有高大的城墙。城池是抵御侵略的最基本防御工事。春秋时期，兼并战争蜂起，为免遭敌国侵略，各国纷纷在国境上修筑长城作为防御工事。长城就是城池的扩大化。

山东境内的齐长城始筑于春秋时期，是已知修筑最早的长城。战国时期，北方游牧民族匈奴势力逐渐强大，不断南下袭掠农耕区。与游牧民族交界的秦、赵、魏、中山、燕等国为阻止匈奴南下，分别在农牧交界地带修筑了长城。各国之间为防御对方，也修筑长城。秦朝统一后，为抵御匈奴侵扰，将原来各国修建的长城连接起来，即为秦长城。

秦长城西段，起于今甘肃省岷县，循洮河北至临洮，经定西县向东北至宁夏固原县、甘肃环县、陕西靖边和神木等地，向北折抵黄河南岸。秦长城北段，即黄河以北的长城，沿阴山西段的狼山，向东至大青山北麓，再向东经今内蒙集宁、兴和，河北尚义，再向东北经张北、围场，辽宁抚顺、本溪折向东南，终于朝鲜半岛的清川江入海处。长城作为农耕民族防御北方游牧民族南下侵扰的防御工事，在汉、北魏、西魏、北齐、北周、隋、金、明都有修建和完善。当农耕区政权强大时，长城就向北推进至半农半牧区的北界；当农耕区政权势力萎缩时，就在半农半牧区的南界修建长城。现存长城主要是明长城。

桥梁建造　跨河越谷的桥梁是服务于"衣食住行"中"行"的人工构造物。桥梁起于何时无确切的记载。人类社会早期在聚落周围挖有防御性壕沟，跨越壕沟则必须架设桥梁。新石器晚期，人类应该掌握了架设木质桥梁的能力。

中国桥梁发展大致经历四个阶段。先秦时期是古代桥梁的创始阶段。春秋战国时期已经大量建造桥梁。李冰创设都江堰时"造七桥，上应七星"。秦昭襄王在黄河上架设蒲津浮桥。秦汉时期是桥梁的发展阶段。秦、西汉都在渭水上架设木梁木柱桥。两汉桥梁在木柱梁桥基础上，增添了石柱、石梁、石桥面等新构件，随后石拱桥应运而生。魏晋隋唐两宋是古代桥梁发展成熟期。浮桥、梁桥、拱桥、索桥种类齐备，尤其是石拱桥在各地普遍建造。元代以后，虽然造桥能力有了提高，但桥梁建造技术没有新的突破。

中国古代著名石拱桥有赵州桥和卢沟桥。隋大业年间（605—618）建造的赵州桥，又名安济桥，是世界桥梁建筑史的杰作。赵州桥是目前最古老、保存最完好的大跨度单孔敞肩石拱桥。桥长50.8米，宽9米，南北向横跨洨河之上。桥面分三道，中道行车，左右两道行人。大拱的两肩上，各有两个小拱。不但节约了石料，减轻了桥身的重量，而且在河水暴涨时，还可以增加桥洞的过水量，减轻洪水对桥身的冲击。建于金大定十九年（1189）的卢沟桥，是多孔石拱桥，曾令元代游历中国的威尼斯商人马可波罗叹为观止。

宫殿建筑 宫殿建筑是中国古代建筑的重要内容之一。秦朝宫室规模空前，大朝宫殿宏巨壮丽，离宫别馆众多。汉代的长安、洛阳宫殿建筑屡有兴建，数宫并置，使都城的机能组合与土地利用出现不少问题，城市面貌也大受影响。曹魏的宫室按使用情况可分为中、东、西三区。中区是魏王举行大朝会等正式礼仪活动的场所，是宫室的主体。东区分前、中、后三部分，前部是宫内官署，中部是魏王听政议事的听政殿，后部是魏王居住的后宫。西区称铜雀园，是苑囿、仓库区。

宫室建筑布局，在隋代发生巨大变化。隋朝新建大兴城，对城市布局做了统一规划。隋朝宫室以横街分为前后两区，前为办公区称朝，后区为皇帝家宅称寝，功能区整齐划一。以宫城正门为元旦、冬至等大朝会的大朝，以朝区的主殿为朔望听政的中朝，以寝区的主殿为皇帝日常听政的内朝。三朝前后相重，形成全部宫室的中轴线。隋代宫室建筑布局加强了宫殿的纵深感，更好起到以宫殿衬托皇权的作用。唐初，沿用隋宫，后建大明宫，仍采取这种布局。自隋唐后，古代宫室布局无大的改变。

明成祖朱棣在永乐十四年（1416）开始营建北京的宫殿。明代北京宫室是在元代宫殿基址上重建。明成祖以后又陆续改建、添建，直到万历年间才基本完成。清代沿用明宫殿，即现今的故宫。明清北京宫殿的设计与建筑，是一个无与伦比的杰作。它的平面布局，立体效果，以及形式上的雄伟堂皇、庄严和谐、豪华壮丽，是中国古代建筑艺术的精华。

园林艺术 园林是经过人类加工或者创造的景观。大到一个风景区、皇家园林，小到私家花园，形式多种多样。中国的皇家园林起源很早，商代就有苑，西周称为囿。汉朝长安建有上林苑，其中蓄养百兽，采种各地花木，建造宫殿和一些供观赏游乐的建筑。魏晋时期，文人崇尚玄谈，寄情山水，开始在自己住宅周围经营小环境。以帝王狩猎为主的苑囿，开始向山水园林转变。

唐代山水园林全面发展。唐大明宫内挖太液池，堆蓬莱仙山，布置殿宇廊屋，形成内廷园林区。北宋的汴梁，皇家园林就有九处，其中宋徽宗时建的艮岳（华阳宫）最著名。艮岳园内掘池堆山。为造假山，从江南搜罗奇石。运输石头的船称为"花石纲"，劳民伤财。明清园林建造更加兴盛，不仅皇室贵族大肆造园，寺院以及官宦富商也纷纷建造私人园林。园林艺术，达到全盛。

承德避暑山庄，是清代建设最早、规模最大的皇家园林。康熙四十二年（1703）开始建造，至五十年（1711）建成，乾隆时进一步扩建。避暑山庄有宫廷与苑林两区。宫廷区由正宫、松鹤斋和东宫三组宫殿群，按"前宫后苑"的布局，并列地安置在山庄的南面。苑林区包括湖泊区、平原区和山岳区三大景区。整座山庄四周都以宫墙围绕，宫墙随山势上下蜿蜒，将这富有江南水乡情调的湖泊区，宛若塞外风光的平原区和象征北方山林的山岳区统揽在一起。避暑山庄是清代皇家园林中最成功的一例。

明清皇陵 中国古人认为事死如生，因此非常重视墓葬。帝王常在登基之初就选址建陵。帝王陵墓建筑分地下与地上两部分。地下部分，为求坚固耐久，多用砖石结构，形式仿主人生前的房屋，内放主人遗体与遗物。地上部分为供后人祭祀用的建筑，在最前面有石像生排列的墓道，有陵门、陵殿、碑亭、牌楼等组成的地面建筑群，周围广植长青树木，形成一个独立的陵区。

明代皇陵以"明十三陵"为代表。明成祖登基后不久，就选定今北京昌平区天寿山南麓营建帝陵。此后明代12位皇帝的陵墓，都依次建在明成祖长陵的左右。背山而建，前宫后寝，既彼此独立，又以共同的入口和神道相联系，形成一个壮丽宏伟的庞大皇陵区，庄严肃穆，富于气势。

清代皇陵除了盛京（今沈阳）三陵外，关内主要是东、西二陵。清东陵坐落在河北省遵化市，葬有顺治、康熙、乾隆、咸丰、同治5个皇帝以及后妃公主等150多人。清西陵位于河北省易县，葬有雍正、嘉庆、道光、光绪4个皇帝及后妃、王公、公主等共80余人。清东陵是中国现存规模最大、体系最完整的帝陵建筑群。乾隆裕陵地宫的汉白玉佛教石雕美轮美奂，令人叹为观止；慈禧陵三座楠木贴金大殿，装修豪华举世罕见；其"凤上龙下"石雕，匠心独运，为清陵所独有。清东陵建筑体现了中国传统的风水学、建筑学、美学、哲学、景观学以及丧葬祭祀文化，并同清西陵一起被列为世界文化遗产。

第 三 章

伦 理 文 化

第一节 人伦根基的五常之道

中国古代社会是建立在小农经济基础上的宗法等级社会，伦理道德是维系社会秩序与人们之间尊卑、贵贱、上下、长幼关系的基本规范。梁漱溟在《中国文化要义》中指出："西洋社会靠宗教和法律，而中国社会却是以道德代宗教，以礼俗代法律。"与西方重法理的文化传统不同，重情理成为中国传统伦理文化的主要特质。

中国传统伦理道德体系是由孔子、孟子开创的。儒家开山祖师孔子初步建构了一个以"仁"为核心、以孝悌为基础、以礼为表现形式、以忠恕为方法的道德规范体系，这一体系奠定了儒家文化乃至中国传统伦理道德发展的方向与基础。

孟子继承了孔子的仁学，并以"义"来充实和发展"仁"，提出了以"仁义"为主体的"仁、义、礼、智"相统一的道德规范体系。在孟子看来，仁义是维系父子兄弟关系的实体道德，礼是仁义之德的外在表现形式，智则是对仁义的认识。此外，在伦理思想史上，孟子还首次以"人伦"范畴概括了人类社会生活中的五种基本关系，即"父子""君臣""夫妇""长幼""朋友"五伦。他认为，人如果只知道吃饱穿暖而不关心道德教化，则与禽兽相差不远，为了避免使人沦落为禽兽，圣人便对百姓大众进行人伦教化，以使"父子有亲，君臣有义，夫妇有别，长幼有序，朋友有信"。父子、君臣、夫妇、长幼、朋友"五伦"与仁、义、礼、智"四德"相结合，奠定了传统伦理道德体系的基本框架。

孟子提出的仁、义、礼、智、信这五种道德规范被后来的思想家概括为"五常"。五常之道在传统伦理体系中具有特别重要的地位。在儒家观念中，五常既是人类社会最基本的五种恒常不变的大纲大法，也是每个人日用常行必须遵循的道德规范。

一　本仁

在中国古代，仁被看作"众善之源，百行之本"，居于"四德""五常"之首，是儒家道德学说乃至中国传统伦理道德的核心范畴。春秋以前，仁已经是一个重要的道德概念，孔子对以往仁的观念作了总结和发展，创立了仁学道德体系。从孔子开创仁学起，"仁"便有了广义与狭义之分，用朱熹的话说，有一个"小小底仁"，有一个"大大底仁"。狭义的"仁"是指"四德""五常"之一的"仁"，作为德目之一，与义礼智信并列；广义的"仁"，是全德之称，它既是一切道德的基础，一切道德的总纲，又是人的最高道德境界。仁的本意是人与人之间相亲相爱的关系，《说文解字》谓"仁，从人从二"，又以仁、亲互训，谓"仁，亲也""亲，仁也"。儒家学派继承了"爱亲之谓仁""爱人能仁"思想，对仁德作了系统阐述。

首先，仁是对父母之爱。儒家把"爱亲"作为"仁"的基础与核心。《论语》说"孝悌也者，其为仁之本"，把孝悌即血亲之爱作为仁的本根。孟子则着眼于狭义的仁德，把仁界定为对父母之爱，他说："亲亲，仁也。"儒家认为，天地之间父母之恩最大，所以，"亲亲"即对父母之爱，是最重要的道德要求。

其次，仁是对人类之爱。儒家把"爱人"作为"仁"的本质规定。樊迟问孔子什么是"仁"，孔子给出的经典答案就是"爱人"。所谓仁德就是以爱作为处理人与人之间关系的基本原则。孔子以"爱人"界定"仁"，揭示了仁的道德精神。此后，孟子"仁者爱人"、董仲舒"仁者所以爱人类"、韩愈"博爱之谓仁"的说法都是对孔子"仁者爱人"精神的继承与弘扬。

再次，仁是对世界万物的普遍之爱。儒家认为，仁爱的对象不仅应包括父母和自己的同类，还应包括天地万物。孟子首先提出了"爱物"思想，北宋张载有句名言："民吾同胞，物吾与也。"在他眼中，民众是自己的同胞兄弟，万物是自己的朋友伙伴。与张载同一时代的哲学家程颢提出了"仁者与天地万物为一体"的命题，在宋明理学中，"与天地万物为一体"的仁爱被视为仁德的最高境界。

最后，仁德须通过礼来获得表现和落实。在儒家看来，仁是内在的道德意识和道德情感，这种内在的道德需要恰当的形式才能表现于外，这个恰当的形式就是"礼"。颜渊问怎么才算做到"仁"，孔子说："克己复礼为仁。"颜渊接着问具体应该怎么做？孔子回答："非礼勿视，非礼勿听，非礼勿言，非礼勿动。"在孔子看来，只有约束自己，视、听、言、动都符合礼的规范，才能算作"仁"。由此可见，孔子不仅仅把仁当作一种精神存在，还把它与具体的行为规范联系起来，为仁德奠定了实践基础。

二　尚义

在中国传统道德体系中，义是仅次于仁的道德范畴。孔子说"杀身成仁"，孟子则说"舍生取义"，有些思想家还以仁义并举，特别突出了义的地位和价值。"义"的起源与人的仪表、仪容有关，"义"指恰当的仪表礼容。《说文解字》中说："义，己之威仪也。从我从羊。"从文字起源来看，义与善密切相关。"义"字从羊，羊在六畜主给膳，其肉为美食，其皮毛为美服，其性温顺善良，故"美""善"等字均从羊，"义"有"美""善"之意，因此，古人亦把义界说为善。在中国传统文化中，义是一个非常重要，同时也是一个内涵丰富的概念。义也有广义和狭义两种用法。从广义上说，义和道德是同义词，这个意义上的义一般称为道义，与"利"相对的"义"指的就是道义、道德。特别是在墨家和法家那里，有时把义完全等同于道德之全体。

作为德目之一的狭义的"义"，其内涵包括威仪、尊兄、敬长、敬上、尊贤、公平、正义、无私、友谊、情谊、美善、适宜,等等。这里,我们对狭义的"义"作如下归纳分析。第一,义者,敬长也。作为五常之一的义,最基本的含义就是对兄长的尊敬。孟子说:"义之实,从兄是也。"后来,这种对血缘家庭内部兄长的尊敬扩大到社会上的一切长者、尊者,故《礼记》中说:"贵贵、尊尊,义之大者也。"第二,义者,羞恶之心也。所谓羞恶之心,是指人的道德感或正义感,也就是人们对自己与他人行为的道德评判以及由此产生的情感反应。孟子说:"恻隐之心,仁也;羞恶之心,义也。"孟子以"义"来作为评判人们行为道德与否的标准,根据人们行为是应当还是不应当,从而产生爱其所当爱、恶其所当恶之情。关于这一点,正如朱熹所说,"善善恶恶为义"。第三,义者,宜也。宜指人们思考合理,行事恰当,也就是人们的思想和行动都能恰到好处,具有充分的正当性。人们虑其所当虑、行其所当行即是义。北宋学者陈淳说:"只当如此做,不当如彼做,有可否从违,便是义。"就是说,人们对所做的事情,作出最合理的选择,采取最适宜、恰当的行动,便是义。这个意义上的"义"乃是决断、处理事情的分寸感。第四,义者,分也。在这个意义上的义又称为"礼义",它是分别社会成员的等级身份以及在此基础上分配社会资源的原则。荀子认为,社会成员必须分别出尊卑贵贱,社会才能和谐;社会财富的分配必须区分出多寡厚薄,人们才能合理享用。义就是分别社会成员身份和分配社会财富的标准,这一意义上的义又称为节。

三 尊礼

在中国传统文化中,有广义之礼与狭义之礼。广义的"礼"囊括万象,近似于文化概念。古代中华文明被称为礼乐文明,实质就是礼文明或礼文化。儒家学说以礼为核心和表征,故儒学或儒教也被称为礼教。中国古代文明的代表是夏、商、周三代文化,在对三代礼制损益承传的基础上,通过周公制礼作乐,构建起了以宗法等级制度为核心的一整套政治制度和社会礼仪规范。周礼的形成实现了礼的制度化、体系化,形成了礼文化模式,这就是作为上古文化形态的礼乐文明,它奠定了中华民族文化发展的雄厚根基。作为儒家经典的《三礼》，体现了周代礼文化的概貌。《周礼》主要反映了周代国家的基本政治制度，包括政治结构与政治运作模式；《仪礼》主要是体现宗法政治等级制度的一套礼仪，也就是在社会生活中形成和建立起来的一套制度规章，或说是制度化的习俗规范；《礼记》则主要是儒家学者对礼文化的认识和阐发。礼覆盖的范围囊括了道德、风俗、法律、人伦、政治、军事、宗教等人类社会生活的方方面面，正所谓"君子无物而不在礼矣"。

狭义的"礼"指针对特定的社会生活内容而制定的礼节仪式。由于社会生活丰富多彩，故相应的礼节仪式也包罗万象，所谓"经礼三百，威仪三千"。古人把各种各样的礼归纳为吉、凶、军、宾、嘉五大类，此即五礼之目。

作为"五常"之一的礼，属于狭义的礼，它是与个人的品行相关的一种道德精神和道德规范，其具体内容可以从这样两个方面来理解：第一，恭敬与辞让——礼的精神。孟子在论述"四德"时说，"恭敬之心，礼也"；"辞让之心，礼之端也"。这里，孟子强调礼是与人交往的态度，即恭敬与谦让的态度。作为个人品行的礼，首先对人要恭敬，凡事要谦让，不能倨傲争强。"敬"是"礼"德的核心，只有敬人，才能和人。第二，礼貌与礼节——礼的规范。与其他德目相比，礼的最大特点是实践性，《说文解字》以"履"释礼，即抓住了这一特点。人在生活中，言谈举止都应该遵守规矩。在中国古代，礼就是人们言谈举止的规矩，不讲规矩、不守规矩的人，就会被看成是无德之人，就会受到社会的排斥。孔子对他的儿子孔鲤讲："不学礼，无以立。"他告诉颜渊，要想成为有道德的人，必须"克己复礼"，做到"非礼勿视，非礼勿听，非礼勿言，非礼勿动"，这些都是让人们以礼的规矩约束自己。礼对不同的人具有不同的要求，冠、婚、丧、祭、乡饮酒等礼，都是根据当事人的爵位、官品、辈分、年龄等身份而制定的，对于使用的衣饰器物以及仪式等都有详细的规定，不能僭越。在家族中，父子、夫妇、兄弟之礼各不相同，人们应该根据自己身份来行相应的礼节。如做子女的，夜晚要为父母安放枕席，早晨向父母问安，出门必面告，回来必面告，不住在室的西南角（尊者所居），不坐在席的中央，不走正中的道路，不立在门的中央，不蓄私财。每个人都遵循与自己身份相应的礼节，安于自己的本分。如此，社会就能和谐安定，达到"礼之用，和为贵"的目的。

四　崇智

智的原义是聪明、智慧、知识。儒家非常重视道德的知性基础，将智列为"三德"（智仁勇）、"五常"（仁义礼智信）之一，把它从知识和智能层面上升到道德层面，这样一来，"智"便成为中国传统道德的基本规范之一。作为道德条目的"智"是关于认识自我、认识他人、理解他人、明辨是非、分别善恶的道德智慧与道德能力。作为道德范畴的"智"，可以归纳为以下几个方面：

首先是辨别是非，这是作为道德范畴的"智"的最基本、最主要的内容与要求。孟子说："是非之心，智也。"荀子对此作了进一步说明：智是指对是非的正确判断，是所当是、非所当非，不能是非颠倒。如果以是为非、以非为是，那就是不智，而是愚。在中国古代，是非主要不是关于知识对错的真理问题，而是与善恶紧密相关的价值问题，或者说，智所指向的认识对象是道德而不是自然界。智的本质是对仁义的认识，是一种道德选择的智慧和能力。只有养成明辨是非的德性，才能不被迷惑，才能作出正确的选择，此即二程所说的"智明而后能择"。

其次是知人与自知。据《论语》记载，有一次樊迟问什么是"仁"，孔子答曰："爱人。"然后樊迟又问什么是"知（智）"，孔子答曰："知人。"荀子也曾说："智者知人。"由此可见，在儒家那里，"知人"，也就是正确认识了解他人，是智的重要内容。知人不能只停留在对他人的认识、鉴别上，还包括理解与正确对待他人。与知人同样重要的是自知，也就是对自己的正确认识。古人常将知人与自知并列，作为"智"的基本要求。老子说："知人者智，自知者明。"荀子既说"智者知人"，又说"智者自知"。知人不是一件容易的事，而自知则更难，故有"人贵有自知之明"一说。所谓自知，既要看到自己的长处，又要看到自己的短处，尤其要知过、知耻，所谓"知过之谓智，改过之谓勇"。

再次是对福祸安危的认识与判断能力。《白虎通义》说："智者，知也，独见前闻，不惑于事，见微者也。"智不仅是对道德上是非、善恶的认识与判断，还包括对自身所处环境的认识与把握，特别是对关系切身利益的祸福利害的认识与预测，以及在此基础上的应对。孔子说"智者不惑"，就包含了人对自身生存环境的认识与应对。董仲舒进一步发挥了"智者不惑"思想，他认为，智者要见微知著，对福祸具有预见能力，特别是对事物的发展有全面的把握，能够预见事物的发展方向和结果，并采取正确的应对措施，做到"其动中伦，其言当务"，如此才能称为"智"者。

五 重信

"信"为"五常"之一，指诚实不欺、遵守诺言的品德，它是处理人际关系最基本的道德规范之一。孔子非常重视"信"德，他教学的重点有四个方面，其中之一就是信，认为"信"德是成就君子的必要条件。

作为德目之一的信，主要有这样几个特征：第一，从信德的规范对象来看，最主要的是规范朋友之间的关系，五常之道中的信就是指"朋友有信"。孔子的学生子夏说："与朋友交，言而有信。"孟子及其以后诸多儒家学者，都明确表达过"朋友有信"的道德要求。然而，随着社会生活的发展，作为信德规范的对象，从朋友关系扩展到与一般人的关系，也就是说，人与人之间都要讲信，都要遵守"信"德的规范。第二，从"信"德的规范要求来看，最基本的是"言而有信"。《论语》中反复讲"言而有信""言忠信"。所谓"言而有信"，体现为这样几个方面：一是言而有据，不能空口无凭，更不能无中生有。北宋学者陈淳说："无便曰无，有便曰有。若以无为有，以有为无，便是不以实，不得谓之信。"二是言而有恒，不能说了不算，自食其言。南宋人袁采在《世范》中要求家族中人："有所许诺，纤毫必偿；有所期约，时刻不易。"这正是言而有恒的正确做法。三是言行一致，不可

"口惠而实不至",应做到"言顾行,行顾言",言必行,信必果,只有言行一致,才有信德可言,正如朱熹所言:"信是言行相顾之谓。"从言行一致来看,信德并不仅仅体现在言上,更体现在行上。陈淳说:"信有就言上说,是发言之实,有就事上说,是做事之实。"说话诚实可靠,最终要落实到办事诚实可信。第三,从信德的境界看,以诚为本。"诚信"作为道德要求,指的是诚实不欺、讲究信用,这是人们处身立世的基本原则。诚与信相通,人们常诚信合称。两者相对而言,诚偏于内在,为根本;信偏于外在,为表现。诚是信的基础,所以张载说:"诚故信。"儒家认为,诚是天道,人通过道德追求而修成自身之诚,达致内心的真实无妄状态,就达到了"诚"的至高境界。

上述儒家倡导的仁、义、礼、智、信等道德规范,在历史上曾发挥过积极作用,并产生了深远影响,是中华民族宝贵的精神文化遗产。在当今市场经济社会中,传统伦理道德的积极因素,如仁爱精神、道义追求、礼让风范、是非意识、诚信品格,等等,依然有着巨大的社会价值。它在规范人们的行为,稳定社会秩序,培养道德人格,增强民族凝聚力,促进社会经济文化发展等方面,都具有不可替代的功能。对于这笔宝贵的精神财富,我们应该进行认真充分地总结,在批判的基础上加以继承和发展。

第二节 修身明德的个体伦理

儒家认为,道德是人之为人的根本,正是道德意识和道德行为将人与禽兽区别开来。但人并非天生就是道德高尚者,不会自然而然就能成为君子和圣贤。荀子认为,像尧、禹这样的古代圣王,其品格不是与生俱来的,而是通过修养学习来改变原有的本性,并最终达到人格圆满的道德境界。故儒家极为重视修身,儒家经典《大学》明确提出:"自天子以至于庶人,壹是皆以修身为本。"修身不仅是做人的根本,还是"齐家、治国、平天下"的根本。大体来看,传统的修身之道包括三个方面的内容:一是自强不息的精神追求,二是博学力行的道德践履,三是重义崇公的价值取向。

一 自强不息的精神追求

《周易》曰:"天行健,君子以自强不息。"这代表了儒家乃至整个中华民族自强自立、刚健有为、发奋进取的人生态度。在道德修养领域,自强不息精神体现为三个方面:一是道德主体的自信意识,二是道德追求的尚志态度,三是面对挫折的弘毅精神。

自信 儒家极为重视人在道德生活中的自主地位及其作用。孔子信奉"为仁由己",认为道德的实现完全取决于主体自我。孟子更加推崇人的自主地位,有一次他对人说:舜也是人,我也是人。舜作为圣王成为后世效法的榜样,我却可能成为一介乡野村夫,这让我很忧伤。如果一个穷人为没有成为百万富翁感到伤心,不免有些可笑;而要是一个穷人为没有成为道德高尚的人伤心,则让人感到可敬可佩。孟子的忧伤就属于后者。他认为,仁、义、礼、智就存在于内心之中,每个人都是自足无缺的道德主体,内在道德赋予人以无上的价值和尊严。即使一介文士,在权势和富贵面前,也不应感到丝毫的惭愧,道德正是士人同权势财富抗衡的内在资本。因此,孟子竭力鼓吹一种大丈夫精神。何谓大丈夫?"居天下之广居,立天下之正位,行天下之大道,得志与民由之,不得志独行其道。富贵不能淫,贫贱不能移,威武不能屈,此之谓大丈夫。"这种充满浩然之气的大丈夫精神充分体现了道德自我价值和主体人格尊严。嵇康的"上干万乘,下陵将相,尊严其容,高自矫抗",陶渊明的"不为五斗米折腰",李白的"安能摧眉折腰事权贵",皆充满了这种"富贵不能淫,贫贱不能移,威武不能屈"的大丈夫气概。

宋代的陆九渊也极为赞赏大丈夫精神,并自觉把这种精神内化为自己的人生态度。他认为,人应对自己充满信心,认清自己在这宇宙中的位置,"宇宙之间,如此广阔,吾身立于其中,须大做一个人"。就是说人应有在宇宙间大做一个人的志气,不必为眼下的德行和知识而灰心。天所以与我者,与圣人未尝不同,因此不应该"处己太卑,而视圣人太高",把圣人当作偶象加以膜拜。若能发明此心,涵养此心,自己也是圣贤一流人，甚至，"若某不识一个字，亦须还我堂堂地做个人"。每个人都应把命运和前途掌握在自己手里，"收拾精神，自做主宰"，你就是宇宙，宇宙就是你。在一首诗中，陆九渊充分表达了他的豪情和自信："仰首攀南斗，翻身倚北辰，举头天外望，无我这般人。"陆九渊描绘的不是一个血肉之躯，而是壁立千仞的道德自我。心中有了这一道德自我，六经可以做我的注脚，圣人只是先得我心之同然。"我"就是"无所不知，无所不能之人"。

尚志 尚志指中国古代哲学精神对人的意志品质的推崇和弘扬。这种意志品质以智性为基础，以德性为目标，它是实现人的道德主体地位，臻致个体人格境界的根本保证。有人问孟子，士人最重要的特征是什么，孟子的回答就是"尚志"。在他看来，有没有志向和追求志向的毅力是士人与普通人的区别所在。

儒家尚志的内涵大致可以分成这样几个层面：首先是立志，即确立人生目标。目标可以有多种，诸如物质享受、功名美誉、道德理想，等等，一个人的人生道路如何选择完全在于他所确立的目标。孔子所谓的"志于学""志于道"都是指确立人生追求的目标，作为目标的道是仁义之道，也就是为人之道。以孔子为代表儒家所讲的学习内容和目标同样也是如何做人、如何做一名完善的人，即圣人，这是人生志向的根本目标。朱熹曾说："今之朋友，固有乐闻圣贤之学，而终不能去世俗之陋者，无他，只是志不立尔。学者大要立志，才学便要做圣人是也。"

其次是志气。树立了明确的目标之后，还须拥有充分的信心去追求和实现自己的目标。儒家认为，道德目标的实现依赖于个人的自信和自觉。陆九渊经常对学生讲：你耳自聪，目自明，事父自能孝，事兄自能悌，本无欠缺，不必他求，在自立而已。颜元也说：做忠、做孝之道，属于自己走自己路，不是外面来的，是不由他人强迫的，不须他人替代的。他们在把德性自足的主体地位赋予每个人的同时，也把实现和完成这一主体地位的全部责任指派给了每个人，每个人都是无法逃避的道德担当者。

再次是意志，即持守道德和献身道德的顽强意志和勇气。对于人来说，道德主体地位不仅意味着头顶戴上了最为天下贵的桂冠，同时也意味着肩膀压上了最为天下重的担子。"士不可以不弘毅,任重而道远。仁以为己任,不亦重乎?死而后已,不亦远乎?"这种以生命为期限的道德追求使人生既沉重而又悲壮。唯其如此,才显示出人的意志和毅力的重要作用。

弘毅 在挫折面前、在困境乃至绝境中,最能展现自强不息精神。艰难困苦是对人意志品质的考验,也是对人意志品质的磨炼和锻造。只有经受身心痛苦和险恶环境的考验,方能铸就大无畏的意志与刚健不屈的品格;也只有战胜艰难困苦,才能成就自己,达到人生的光辉顶点。孟子主张以乐观的态度对待困苦,他说:"天将降大任于斯人也,必先苦其心志,劳其筋骨,饿其体肤,空乏其身,行拂乱其所为。所以动心忍性,曾益其所不能。"张载曰:"贫贱忧戚,庸玉汝于成也。"这种以积极的态度对待困难,对待挫折,在绝境中求生存,在困境中求发展,是中华民族宝贵的精神传统。司马迁写道:"西伯拘而演《周易》;仲尼厄而作《春秋》;屈原放逐,乃赋《离骚》;左丘失明,厥有《国语》;孙子膑脚,《兵法》修列;不韦迁蜀,世传《吕览》;韩非囚秦,《说难》《孤愤》;《诗》三百篇,大抵圣贤发愤之所为也。"他认为,正是苦难成就了这些历史伟人,成就了这些伟大篇章。司马迁本人就是苦难造英雄的典型事例。他遭李陵之祸,满怀悲痛,以刑余之身,网罗天下旧闻,探求成败兴坏之理,究天人之际,通古今之变,成就一家之言,终于完成了《史记》这部"史家之绝唱,无韵之离骚",为中华文明留下了一份不可或缺的瑰宝。

司马迁和他所尊敬的那些前辈能够取得这样的成就,主要不是因为苦难,而是他们自强不息的精神,是他们面对苦难战而胜之的意志和勇气。这种意志和勇气来源于他们对生命价值的追求,来源于他们对人生真谛的求索。在中国哲学史上,王阳明的龙场悟道,可算是苦难中领悟人生真谛的佳话。王阳明受宦官刘瑾的迫害,被贬到贵州龙场。龙场地处贵州西北万山丛林之中,周围蛇虫虎狼游弋,毒瘴之气弥漫,与当地夷人语言不通,能交流的都是中土来的亡命之徒。在此朝不保夕的境况下,王阳明超脱了得失荣辱,心中只有"生命一念",自备好石棺,等待着死亡的来临。他日夜端居澄默,以求静一,心中默念"圣人处此,更有何道？"一日在深夜忽然大悟格物致知的道理，认识到，圣人之道，吾性自足。由是创立了堪与朱学相抗衡的王学体系，从根本上改变了明代思想学术格局。

在漫长的历史长河中，正是由于有了自强不息的精神，积极进取的人生态度，中华民族才能度过无数内忧外患，战胜无数艰难险阻，创造了令人骄傲的物质文化和精神文化。可以说，自强不息精神、积极进取的人生态度构成了中华民族的内在生命力。

二 博学力行的道德践履

儒学认为，平民百姓与古圣先贤之间没有不可逾越的鸿沟，普通人通过努力也可以成为圣人。如宋代哲学家二程认为，一般人与圣人，形质没有什么差异，每个人通过"持敬""去欲"和"格物致知"的修养工夫，即可优入"圣域"。朱熹反对把作为人们追求目标的圣人看得太高，他认为，不可说得圣人太高，说高了，不利于学者追求效仿，越说得圣人低，越有味道。在传统儒家看来，普通人成为圣人的途径主要有两条：一条是博学，一条是力行。

博学 传统儒家认为，博学是道德修养的基本方式。在某种意义上，可以把中国古人的知识追求归纳为"为己之学"或"成己之学"，其主要宗旨是修身养性，即增进和完善人的德性和品行。孔子主张以"敏而好学，不耻下问""每事问"，择善而从。他对学生的基本要求是"博学于文，约之以礼"。他认为学习是一个人实现仁德和达到人格完善的重要途径。孔子的弟子子夏很好地理解了老师的用心所在，称"博学而笃志，切问而近思，仁在其中矣"。先秦最后一位儒学大师荀子在《劝学篇》中说："君子博学而日参省乎己，则知明而行无过矣。"在儒家看来，博学能够使人开阔视野，免予孤陋寡闻，同时也使人能够明辨是非善恶，从而能够按照正确的原则思考和行动。无论是圣贤还是庶人百姓，都只有通过学习才能获得各种知识，包括道德知识，即使是尧舜，如果没有学习的机会，也只能做一个与野兽相差无几的野人。因此，广博的学习不仅是人们获取知识的重要方法和途径，而且也是培养和成就道德理想人格的重要方法和途径。

同时，学习不能局限于单纯接受外部的客观知识，还必须通过思考将知识内化为自己的思想和见识。孔子主张"学"与"思"相结合，他告诫人们，"学而不思则罔，思而不学则殆"。明末清初大儒王夫之也非常重视"学"与"思"，他认为，作为认知方法的"学"与"思"各有其功能和特点："学"是掌握已有的知识成果，主要靠效仿先贤往圣，以渊博为尚；"思"是探求新知，主要靠自己的颖悟，以精审为尚，二者相辅相成，不可偏废。"学"包括所学之事和为学之功两个方面，不仅要"博学于文"，还必须以践履为主，效仿圣贤。"思"也有两段工夫，一是明辨事物呈现出来的"当然"之则，二是慎思事物内部运动变化的"所以然"之理。深思可以促进博学，博学则有助于深思。人的认识和修养就是在两者的相资互助中不断深入发展。

力行　在修身问题上，儒家不仅强调"博学"，而且十分注重"力行"，即把所学的知识和方法付诸实践。《中庸》说："博学之，审问之，慎思之，明辨之，笃行之。"博学、提问、思考、辨明，这些讲的都是学习的过程，通过学习所掌握的知识和信念，最终要付诸实践，落实到行动中。在儒家看来，"行"是比"学"更为重要而且更难做到的。修身的目的不但是"学"或通过"学"而获得"知"，更重要的是"行"，即道德实践。

儒家所讲的践行即道德实践，从个人的德性修养来说，主要分为外在践履和内心存养两种形式。从外在方面说，力行实践指具有可操作性质的言行举止，如人们日常生活中的洒扫应对进退、待人接物处事，等等。言行举止的道德标准是礼，因此，所谓力行实践的真正含义就是践礼、守礼。正如孔子所说："非礼勿视，非礼勿听，非礼勿言，非礼勿动。"当然，守礼、践礼并不只是操练那些程式化的动作，它还要求有相应的情感和动机，即"居处恭，执事敬，与人忠"这类具体情景中的态度和心理。不仅君臣、父子、夫妇、兄弟、长幼之间应以礼相待，个人的一切活动如食饮、衣服、居处、动静、容貌、态度、进退、趋行等等皆须一之于礼义。其中的每一项规定都非常具体而微。随着历史的演进、社会生活的变迁，礼的具体内容会发生变化，但礼的基本原则却一以贯之。在事父事兄、动静语默之际学礼、行礼，这便是古代哲学家心目中的躬行实践。从内在方面说，躬行实践则是指对道德观念的体认、对道德情感的体验和对道德境界的持守。用孔子的话说是"践仁"，用荀子的话说是"体道"。古人所说的存心养性、正心诚意、养气集义、涵养省察、持敬主静、复本心、致良知，等等，都是自我道德修养的重要方法，可以视为道德实践的精神方式，即通过这种精神活动来把握内在的道德本体。

知见于行 博学与力行是道德修养的两种基本方式，两者之间构成了中国哲学中著名的知行关系。在学与行的关系上，中国传统哲学认为行重于学。因为，学应当落实于行，学以行为指归；而且行本身就具有学的性质，行涵摄着学。荀子说："不闻不若闻之，闻之不若见之，见之不若知之，知之不若行之。学至于行而止矣。"由耳目获得的感性认识不如理性认识可靠，而理性认识不如实际行动可靠，知之而不能实行，所知虽充实深厚，也必然会贫乏困蹇。只有通过笃行，才能真正认识和掌握对象，故曰："行之，明也。"作为实践的行不仅是学习与认知的归宿，也是最有效的学习和认知方式。颜元认为：读书无他道，只须在"行"字上着力。如读"学而时习"，便要勉力时习；读"其为人孝悌"，便要勉力孝悌，如此而已。在他们看来，学习的过程就是行动的过程和实践的过程。

在传统儒家学说中，行是知的目的。儒家学者也讲求致知，重视明理，但他们从来不以致知、明理本身为目的，而是以力行、以实践为目的，致知只是力行的条件、手段。朱熹说："夫学问岂以他求，不过欲明此理而力行之耳。"儒家学者进一步认为，行是检验知的标准，致知、明理应当见之于行动，以实践为最终目的。因此，能否力行实践就成为人们知与不知、真知与假知的唯一标准。程朱认为，真知必能实行，知而不行，便不算真知。如说某人知道什么是不善，却还去做不善之事，这就不是真知，"若真知，决不为矣"。

三　重义崇公的价值取向

道德修养、人格境界是通过人的行为表现出来的，每个人的行为都受其价值观的支配，有什么样的价值观就会有什么样的行为。人生价值的具体追求体现为每个人对义与利、理与欲、公与私的判断与取舍。儒家所讲的修身，基本内容是为善去恶，其最高境界是"止于至善"。在传统儒家看来，义、理、公就是"至善之所在"，而利、欲、私往往陷人于恶，所以，修身的基本要求就应该是重义轻利、以理节欲、大公无私。

重义轻利 朱熹曾说："义利之说，乃儒者第一义。"由此可以看出义利问题在传统价值观中的重要地位。义指道义，主要内容是与人的精神生活相关的道德；利指功利，主要内容是与人的物质生活相关的利益。人的现实生活内容不外这两部分。两者之间的关系及其对人而言的价值，是义利之辨的基本内涵。义利之辨的核心问题是个人的价值追求和取舍。

重义轻利是中国传统精神文化的基本价值倾向。儒家认为，义利二者相比较，义永远是第一位的，利永远是第二位的。义是人生追求的主要目标，利虽然可以追求，但必须有一定条件，对利的追求必须符合义的原则，不仅应"见利思义"，而且要"以义制利"，不符合道义原则的功利应当抛弃。孔子谓："不义而富且贵，于我如浮云。"对义利的态度是判别君子、小人的试金石。孔子说："君子喻于义，小人喻于利。"孔孟认为，义的价值是绝对的，在任何情况下都不能为利而伤义。比如，生存欲望可谓是人最大的欲望和最大的利益了，但和义相比，二者不可兼得时，应舍生而取义。生为人所欲，但不能背义而偷生；死为人所恶，但不能背义而避患。杀身而成仁，舍生而取义，不仅体现了人的崇高气节和伟大人格，也是人的价值的充分体现。

儒家的义利观具有明显的两重性。从积极方面说，它充分肯定道德价值，弘扬人的精神生命，这对培养高尚的道德节操、塑造理想人格具有重要作用。历史上像文天祥、史可法这些舍生取义的志士仁人就是这种义利观的人格象征。另外，一般来说，义代表着国家和社会的整体利益，对义的追求往往体现为对民族和国家利益的维护。个人只有在追求国家民族利益过程中才能实现自我价值，这对国家和社会的稳定显然是有利的。从消极方面说，儒家义利观忽视了个人的物质利益，压抑了感性生命。而在全社会范围否定功利价值，必然会压制整个民族的创造力，从而迟滞社会历史的前进步伐。

以理节欲　理指道德理性，欲指感性情欲。义体现人的理性要求，利则指向人的感性需要，义利与理欲有着内在逻辑关系，理欲之辨实质上是义利之辨的派生和引申。它将外在的道义和功利的关系内化为理性和感性的关系，理论视点更加集中于个体的生命存在状态及其价值追求。

在先秦，孟子曾提出"养心莫善于寡欲"的主张，荀子有"节欲"说。秦汉时《乐记》提出了天理人欲概念，谓："人化物也者，灭天理而穷人欲者也。"到宋明时期，理欲之辨成为理学家讨论价值观时的中心话题，几乎取代了义利之辨的地位。理学家把人欲完全等同于道德上的邪恶私欲，把理看成是至善的天理，从而将两者完全对立起来。朱熹认为，在人的心中，天理存则人欲亡；人欲胜则天理亡，没有天理人欲夹杂混处的可能。只有革尽人欲，才能复尽天理。圣人之所以为圣人，只是此心纯乎天理而无人欲之杂。

应当说明，理学家所指的人欲有其特定含义。他们将一般所说的人欲区分为两个不同层面：一个是感性需要，也就是维持生命存在的基本需要。对人的感性需要，如饥而欲食、渴而欲饮，理学家并不否定，认为这是天理当然。另一个是感性要求，指超出基本生存需要的欲望。他们所说的人欲就是指超出基本需要的欲望。怎样区分二者呢？朱熹说："饮食者，天理也。要求美味，人欲也。"饮食满足的是人的基本感性需求，在饮食之外要求美味则代表了人的感性欲求。前者是合理的、道德的，后者则是不合理的、不道德的，必须克除净尽。

一般来说，对人的感性欲望加以限制，有其合理的一面。因为人的感性欲求过度膨胀必然会与有限的社会供给产生矛盾，从而引发人与人、人与社会的冲突，给社会和个人带来灾难，而且感性欲求主要体现了人的感性存在，仅仅追求感性欲望的实现，会使人停留在感性的层面，使人的动物性本能丧失理性的看护而恣意横行。不过理学家过分强调了人欲的破坏性的一面，忽视了人的需要的合理性，没有看到人的感性欲求是主体创造力的内在源泉，是社会发展的推动力量。因此，某些理学家"革尽人欲"的主张就显得非常的极端和片面了。

大公无私　在中国传统价值观念中，义利之辨、理欲之辨逻辑地展开为公私之辨。二程曾说："义与利，只是公与私。"公与私是一组相互对立的范畴。作为普遍的社会原则，公指道德之善，私指与道德相悖的恶。具体而言，维护国家、群体利益就是善，追求个人利益就恶。而个人利益总是与私利、私心、自我欲望相关联。在古代哲学家眼里，"公"是普遍的天道、天理，一切道德原则，都具有公的品质，如宋明理学家说，"仁者公也"，"父子之爱本是公"，仁德与父子之亲都被看作是"公"，而与天理相悖的"人欲"则被看作是"私"，公私的矛盾被说成是天理之公与人欲之私的对立。因此，肯定和提倡"大公无私""以公灭私"是传统价值观的基本倾向。

在公与私、群体与个体关系上，儒家强调以"公"为德，以"公"为本，认为在任何情况下，国家与群体利益都是绝对的、第一位的，个体和私人利益都是相对的、居末位的。认为个人利益总是与私欲相关，必须加以抑制，甚至应该铲除。儒家认为，君子小人的区别只有毫厘之差，就在"公私之际"，君子之所以是君子，是"能以公义胜私欲也"。在朱熹眼里，公私不能并立，自然也就公私不能兼得，存公就得灭私，只有彻底灭私，才能达到天理之公。朱子认为，现实生活中，虽然天理与人欲往往交错并行，但是，作为人的道德理想追求，必须是惟存天理之公，而尽灭人欲之私，"以圣人之教，必欲其尽去人欲而复全天理也"。王阳明也把公私对立看作如水火不能相容，他主张大公灭私，存公废私。在王阳明看来，存公灭私不仅要消灭"好色好利好名"这些外在的私利行为，还要铲除"闲思杂虑"这些内在的"私欲"念头，只有铲除任何私心杂念，才能真正存公灭私。

总之，中国传统价值观的基本倾向是：在义利二者中，肯定和推崇道德价值，轻视乃至否定物质利益；在理欲二者中，肯定和推崇理性，轻视乃至否定感性；在公私二者中，肯定和推崇社会整体利益，轻视和否定个人利益。这些观念内在地决定了传统中国人的人生追求和价值取向。在市场经济为基础的当代社会生活中，如何处理好义利、理欲、公私关系，依然是每个人都不得不面对的价值选择难题，批判地继承优秀传统文化中的价值智慧，有助于我们做好这道难题。

第三节 齐家睦族的家庭伦理

中华民族非常重视家庭观念。在中国传统社会中，国家是家庭的延伸和放大。因此，孟子说国之本在家。管理好家庭是治国平天下的基础。在传统人伦关系中，有君臣、父子、夫妇、兄弟、朋友"五伦"之说，其中父子、夫妇、兄弟三伦与家庭有直接关系。家庭成为子女抚育、人格发展、家族绵延、道德维系、文化传承乃至社会稳定的重要基础。因此，对家庭成员进行伦理道德教育，使各种伦理规范成为子孙的立身处世之本，是中国传统伦理文化的重要组成部分。

一 家庭道德

在中国传统道德中，家庭伦理关系主要有父子关系、兄弟关系和夫妇关系。家庭道德就是以这些伦理关系为中心展开的。

父子伦理 父子关系是讲父母与子女的关系。应该是什么样的关系呢？孟子讲"父子有亲"，何谓"有亲"呢？具体言之，即"父慈，子孝"。儒家并不把孝视作子女对父母的单方面义务，无条件地强调子女对父母的顺从，而是双方面的，即"父慈子孝"。这是古代亲子关系的最基本原则。"父慈"不是溺爱子女，而是父母对子女的关怀爱护，它包括生养、抚鞠、关怀、教育等，是父辈应该对子女履行自己的义务。"子孝"包括赡养、孝敬、继业、弘志等，是子女对父母应尽的职责。父慈子孝反映强调了亲子间相互的道德责任与义务。孝的持久力不仅仅在于"子孝"，同时还取决于父母对子女所履行的义务，即"父慈"。儒家所以把"父慈子孝"作为处理父子关系的具体规范，就是因为它植根于亲子间的血缘亲情，对于家庭的和谐和稳定有着重要的调节功能。

五伦关系中儒家最重父子一伦，尤重"孝"的观念，强调"孝"

为"仁"之本,以"孝"为百行之首。"孝"成为中国文化的基本特征之一,在所有的传统道德规范中,没有哪一个超过它的影响力。父母与子女的情感是人类最基本的、天然的情感,只要有人类存在,这种情感便永远不会消失。因此,重建现代社会的人伦关系,孝道的恢复是最基础、最紧迫的事情。先秦儒家主张"父慈,子孝"的伦理关系是对等的,在当代民主法治的社会,尤其具有现代意义。重建"孝道"伦理社会,需要对"孝"的内涵及其行孝的步骤、途径进行充分研究,挖掘适合现实社会合理成分,使之发扬光大。

夫妇伦理 夫妻关系是组成家庭的基础,夫妻和谐是家庭和睦的核心内容。孟子讲要"夫妇有别",落实在夫妇双方。《礼记·礼运》曰:"夫义,妇听。"《朱子家训》曰:"夫和,妇柔。"两者用词不同,其精神则是一致的。现代人讲男女平等,持女性主义立场的人见到要求女人"听""柔""顺"就很反感,完全不能接受。其实上天赋予了男女不同的特质,使男女有别。夫妇有别,所谓男女平等是就精神、人格意义上说的,抹杀男女之间的差别是不现实,也不符合自然规律的。古人高度重视夫妻关系,夫妻间的恩爱相亲、富贵不移、互相激励的行为,历来受到高度赞扬。而对那些寡恩少情、嫌贫爱富的行为则受到严厉的鞭挞。夫妻恩爱不止是卿卿我我,而须患难与共、互相砥砺,成就一番事业。这是传统意义上夫妻关系的精华所在。"夫义,妇听"与"夫和,妇柔"分别赋予了男女双方重要责任,彼此是对等的,片面强调一方的责任则是错误的,因此并没有歧视女性的意思。《圣经》上也说,你们做妻子的,要顺服你们的丈夫,如同顺从主;你们做丈夫的,要爱你们的妻子,为妻子舍命。在这一点上东西方传统是一致的,这也说明"夫妇有别"的合理性。

兄弟伦理 《礼记·礼运》表述兄弟关系为"兄良,弟弟(悌)",《朱子家训》称为"兄友,弟恭",《新书·礼》曰:"兄爱,弟敬"。三者的说法是一致的。儒家在高扬"孝道"的同时,也提倡"悌道"。兄友弟悌的"悌道"包括两个方面的内容:一是恭谨敬长。兄弟之间长幼有序,兄长要爱护和关心弟弟,弟弟要恭敬兄长。二是团结互助。兄弟之间要互相关心、互相爱护、互相扶持、团结一心、同甘共苦。古人常说的"家和万事兴",主要是指兄弟间的团结,兄弟团结是家庭和睦的重要标志之一。孟子把五伦中的兄弟关系扩大为"长幼有序",更具有广泛性。在社会关系中按照自然规律的长幼来排序,排除了外在的等级观念,反而更具平等性,非常符合现代社会人际交往的原则。

二 孝道伦理

孝不仅是指敬养父母,而且也指怎样处理家庭关系。在儒家看来,孝是处理、调节家庭伦理关系的主导性原则。怎样做才是孝呢?归纳起来,孝基本包含这样一些内容:

第一,赡养父母。尽心尽力地供养父母、照料父母,使父母在物质生活上尽可能得到满足,这是儒家孝论最基本的要求。《孝经》说普通人孝的底线,是"谨身节用,以养父母"。就是说行为举止要小心谨慎,用度花费要节俭。这是最起码的孝。孔子曾告诫弟子:"父母在,不远游,游必有方",讲的是为了照顾父母的生活,免除其忧虑,尽量不要长期离家在外。

第二,敬爱父母。赡养父母仅是孝的底线。孔子说,对父母如果只是养活,而没有尊敬,那就与养犬马没有什么区别。孝要满足父母物质和精神的两方面需求。物质需求是低级的,动物都有的。精神需求是高级的,只有人类才具有。儒家所讲的孝,不仅仅在于父母衣食住行的满足,更注重精神上对父母的关爱。

第三,孝义结合。父母有过错,子女不应曲意顺从。父母做错事,只能使父母陷于不义,那也是不孝。要反复婉言相劝,如果父母仍一意孤行,子女也不要滋生怨恨之心,而应一如既往地孝敬双亲。所以,儒家所讲的孝,并不是对尊者、长者无原则的奉迎。

第四,珍爱自身。儒家认为子女珍爱自己的身体,不让父母担心,也是对父母的孝。但关键还在于,做子女的发奋努力,有所作为,使父母增光,才是真正的珍爱自身,才是真正的孝。

孝不仅是家庭关系的行为道德准则,而且是一切社会伦理道德之根本。孝的对象以父母为中心，向外延伸、拓展到兄弟、夫妻关系，还从父系和母系衍生出众多的血缘系统。上溯先祖，横移伯叔，下移兄弟姐妹，再下子孙后代。孝意识除了血缘系统的扩张外，还有渗透面更广的社会性系统。家庭关系是各种社会关系的缩影，尊师、敬老等观念直接就是孝的延伸。因此像师生关系、同学关系、乡亲关系、朋友关系，也是孝观念的社会扩展。由于孝涵盖了父母、家庭、师友、亲戚、乡党等各种社会关系，并且由近及远地展现出来，由此推衍出以君为父的忠君观念和以国为家的思想。这样，孝便由家庭血缘系统延伸出社会性系统，又由社会性系统拓展出政治性系统。由于中国传统政治社会是按照宗法血缘关系的疏近来分配政治、财产权力和确立社会等级结构的，故家国同构、父权君权合一，是其重要特征之一。在这种社会体制格局中，孝父与忠君实为里表关系，在家做孝子与在朝做忠臣，其政治价值是一致的。因此，孝延伸到政治领域，即是"忠孝之道"。

忠孝的结合，一方面起着维护和巩固封建宗法君主专制制度的作用；另一方面孝作为社会性范畴，又是一种重要的社会管理模式，这就是"以孝治国""以孝治天下"。孝如何治国治天下呢？首先，孝促使国家管理者修身立德、端正身名，让人民信赖和敬仰。如此便会不令而行，政通人和，天下安定。这就是孔子所说的"为政以德，譬如北辰，居其所而众星拱之"。其次，孝具有教化民众的作用。孔子的学生曾参认为"慎终追远"的孝亲行为会使"民德归厚"，成为一种社会风俗。国家应以孝道制定政策、制度、条约来规范民众的言行。《礼记·祭义》说："先王之所以治天下者五：贵有德、贵贵、贵老、敬长、慈幼。此五者，先王之所以定天下也。贵有德，何为也？为其近于道也。贵贵，为其近于君也。贵老，为其近于亲也。敬长，为其近于兄也。慈幼，为其近于子也。是故至孝近乎王，至弟近乎霸。至孝近乎王，虽天子必有父，至弟近乎霸，虽诸侯必有兄。先王之教，因则弗改，所以领天下国家也。"孔子说："立爱自亲始，孝民睦也。立教自长始，教民顺也。教以慈睦，而民贵有亲。教以敬长，而民贵用命。孝以事亲，顺以听命，错诸天下，无所不行。"

以孝治天下的社会管理模式，认为个人、家庭、国家、社会之间的关系不是对立的，而是彼此和谐一致的，是由修身、齐家、治国到平天下的实现过程。而修身的起点就是孝，同时也是家庭文明和社会文明的起点。以孝治天下的逻辑是："君子之事亲孝，故忠可移于君。事兄悌，故顺可移于长。居家理，故治可移于官。"孔子认为，在家能做到孝悌，虽未做官，"亦是从政"。"其为人也孝悌，而好犯上者，鲜矣；不好犯上，而好作乱者，未之有也。"在家能做到孝悌，在社会上也必然是一个遵纪守法的好公民。个人修养、家庭私德、社会公德具有同一性和融合性，个人、家庭、国家和社会是一致的。这样便建立起有利于实现家庭和谐稳定与社会和谐稳定的运行机制。

三 家训家规

家训是中国传统社会用来训诫子孙后辈的家庭教育读物。在儒家影响下的传统社会强调耕读持家、诗书传家，非常重视家庭教育，上至达官贵人，下至平民百姓，无一不重视治家和教子。很多家庭都藏有一部传世家训，作为治理家庭，教育后世子孙的主要依据和方法。一方面用以齐家睦族，和睦家族成员之间的关系；另一方面则作为子孙后代立身处世的根本。家训的内容极为丰富，从日常生活的衣冠服饰、言谈举止、洒扫庭除、待人接物、应对进退、起居习惯、读书写字、婚恋养生、励志勉学、孝亲敬长、尊师重道、修身齐家，乃至治国平天下，无所不包。中国家训的历史非常悠久，现存可考的家训典籍源于西周时期，周武王的《戒书》、周公的《劝礼》可谓古老家训的代表作。历代家训著述非常多，下面选择最广为人知的两种加以介绍。

《颜氏家训》　《颜氏家训》是南北朝时北齐颜之推的传世之作。历代学者对该书推崇备至，视之为垂训子孙以及家庭教育的典范，称"古今家训，以此为祖"。"凡为人子弟者，可家置一册，奉为明训。"颜氏后人名人辈出，仅唐代就有经学大家颜师古，书法大家颜真卿，以身殉国的颜杲卿等，这与《颜氏家训》的谆谆教导不无关系。

《颜氏家训》体系宏大，同时也是一部学术著作，内容涉及领域众多。《序致第一》以自己的亲身经历讲述从小接受良好教育的重要性；

《教子第二》讲的是教育子女的方法和目的；《兄弟第三》讲的是处理好兄弟关系的重要性；《后娶第四》告诫子孙对续弦之事要慎重；《治家第五》讲治理好家庭要注意的各种事项；《风操第六》比较详细地论述了士大夫应遵循的礼仪规范，以及南北风俗的差异；《慕贤第七》强调了人才的重要性，以及与人才交往的必要性；《勉学第八》反复而详尽地探讨了学习的重要性，以及指出如何学习；《文章第九》教导子弟如何写文章；《名实第十》谈论"名"与"实"的关系，强调"实"为根本；《涉务第十一》教导子孙要涉实务，不要高谈阔论，脱离实际；《省事第十二》强调要省察事务，用心专一；《止足第十三》讲要知足寡欲；《诫兵第十四》告诫子孙在乱世不要习武从戎；《养生第十五》讲养生之术，首先不要冒无谓之险；《归心第十六》推崇佛教，强调儒佛并用；《书证第十七》《音辞第十八》两篇是作者考证古书的专论，涉及文字、训诂、音韵、校勘等方面的学问；《杂艺第十九》讲书法、绘画、算术、射箭、弹琴、医术、卜筮、下棋、投壶等杂艺；《终制第二十》表明自己在生命问题上的达观态度。

《朱子治家格言》 又名《朱子家训》（非朱熹所作《朱子家训》，世人经常搞混了）、《朱柏庐治家格言》，是清初学者朱柏庐（1627—1698）所作。这篇家训在晚清民国时期极受欢迎，成为童蒙必读课本之一，被尊为"治家之经"。很多人都请名家书写后，悬挂在家里客厅，作为家庭为人处世的标准。这篇家训之所以广受欢迎，是因为它有两个重要特点：一是文字通俗易懂，而且对仗工整，读起来朗朗上口，容易记忆，因此一问世便不胫而走。其中一些警句让人过目能诵，如"一粥一饭，当思来之不易；半丝半缕，恒念物力维艰""宜未雨而绸缪，毋临渴而掘井"等。二是将儒家"修身""齐家"的道理，落实为切实可行的日常生活方法。全文虽然仅五百余字，却涉及了日常生活的起居、安全、节俭、计划、宴饮、饮食、住房、婚姻、美色、祭祖、读书、教育、钱财、饮酒、买卖、抚恤、伦常、孝道、谦逊、争讼、少言、仁爱、慈悲、勤劳、自省、交友、争执、妒忌、行善、色欲、家和、纳税、科第、爱国、守分等诸多方面的问题。它集中体现了中国人修身齐家的理想与追求，集儒家做人处世方法之大成。《朱子家训》非常重视家庭教育的作用，强调教育要从家中日常生活的点点滴滴小事教起，最终将孩子培养成为一个光明磊落、宽容善良、知书明理、生活严谨的人。正是因为这样的特点，使得它成为家喻户晓、脍炙人口的家训经典。

第四节　治国经世的政治伦理

儒家学问讲内圣外王，内圣是修身，即自我修养；外王就是齐家治国平天下。内圣是外王的基础和前提，外王是内圣的具体实践。由内圣到外王，内圣与外王是统一的、一贯的，这就注定儒家的政治伦理做人之道、治国之道、为官之道是合一的。官德是为官者的职业道德，官箴则是应当恪守的具体戒条戒规。古人云："吏不善，政虽善不行。"官员没有好的官德，政策虽好也行不通。官德直接关系到国家政权的安危和社会风气的好坏。官箴书的出现，就是希望为官者从中汲取先贤的为官之道，加强道德自律，约束自己的行为。因此，官箴书成为中国古代进入仕途者的必读书。

一　官德

对于官德的具体内容，不同时代有不同的说法。《尚书·皋陶谟》有"九德"说，即"宽而栗，柔而立，愿而恭，乱而敬，扰而毅，直而温，简而廉，刚而塞，强而义"。大意是说：一是宽宏大量而又行事谨慎，二是性情柔和而又立场坚定，三是从人所愿而又严肃负责，四是富有才干而又做事认真，五是耐心随顺而又刚毅果断，六是为人正直而又待人温和，七是平易质朴而又坚持原则，八是做事主动坚决而又有节制，九是不屈不挠而又符合道义。这是皋陶告诉大禹，具有这九种品德的人应当选拔任用。

《周礼·天官·小宰》有"六廉"说：一曰廉善，二曰廉能，三曰廉敬，四曰廉正，五曰廉洁，六曰廉辨。这是说考察官员的政绩有六条原则。此处"廉"为"覝"的假借字，意为察，所以"六廉"就是六项考察指标。大意是，一是考察是否善于治理，二是考察是否能贯彻各项法令，三是考察是否尽忠职守，四是考察是否公正无私，五是考察是否依法行事，六是考察是否能明辨是非。这六个方面基本上涵盖了为官者所应具备的德行素养。

秦代《睡虎地秦墓竹简·为吏之道》有"五善"说，即忠信敬上，清廉毋谤，举事审当，喜为善行，恭敬多让。这是说官员有五项行为准则：一是忠诚有信，尊敬长上；二是清正廉洁，不诽谤他人；三是行事审慎适当；四是与人为善，乐于助人；五是谦逊恭敬，礼让他人。

汉代有"四科取士"和"光禄四行"说。所谓"四科取士"指的是汉代录取官吏的基本标准：一曰德行高妙，志节清白；二曰学通行修，经中博士；三曰明达法令，足以决疑，能按章复问，文中御史；四曰刚毅多略，遭事不惑，明足以决，才任三辅令。皆有孝弟廉公之行。所谓"光禄四行"是指官员的四种品行：质朴、敦厚、逊让、节俭。

曹魏咸熙二年（265）开始以"忠恪匪躬、孝敬尽礼、友于兄弟、洁身劳谦、信义可复、学以为己"六条作举荐标准。唐代对官员德行的考核标准有"四善"之说：德义有闻、清慎明著、公平可称、恪勤匪懈。大意是：德行有好的口碑；有清廉谨慎的显著优点；有可称道的公正公平优点；忠于职守，勤劳不松懈。唐代的官德文化已经基本成熟，以后的宋元明清各朝官德内容大体上沿袭唐朝的规定。

虽然中国历朝历代对官德修养的具体规定有所不同，但纵观历代官箴文献资料中对官德条目的规定和论述，其核心都是以儒家思想为指导，以修身立德、公正廉明作为官德的基本要求。官德修养的具体要求，主要体现在"公""仁""清""慎""勤""忠""孝""信""节""直"等德目上。

二　官箴

据调查，现存官箴书有300余种，这里仅选择最有代表性的四部官箴书进行介绍：一是宋代吕本中的《官箴》，二是元代张养浩的《三事忠告》，三是清代陈宏谋的《五种遗规》，四是清代汪辉祖的《学治臆说》。

宋代吕本中的《官箴》 吕本中（1084—1145），原名大中，字居仁，世称东莱先生，诗人、词人、道学家。他所著《官箴》一书，《四库全书总目提要》评价极高，称："此书多阅历有得之言，可以见诸实事。书首即揭'清'、'慎'、'勤'三字，以为当官之法，其言千古不可易。"他在书中首次提出官德标准"清""慎""勤"三字，此后这三字成为历代官箴理论的基础。到清代康熙朝开始把"清""慎""勤"三字作为钦定官箴。由于皇帝御书题写和提倡，各衙署讼堂多书写"清"、"慎"、"勤"三字作匾额。这种风气一直盛行于整个有清一代。梁启超在《新民说·论公德》一文中说："近世官箴，最脍炙人口者三字，曰'清'、'慎'、'勤'。"

元代张养浩的《三事忠告》 张养浩（1270—1329），字希孟，号云庄，元代著名散曲家，官至礼部尚书、参议中书省事。《三事忠告》是张养浩三部文集《牧民忠告》《风宪忠告》《庙堂忠告》的合集。这三部文集分别是他做县令、御史以及入中书省时所著。由于他留心实政，所写都是亲身阅历的结果，因此他的著述切实近理，坐而言，起而行，不迂阔。明代张纶《林泉随笔》称他"竭忠徇国，正大光明，无一行不践其言"。正因为他言行一致，不空言高论，使得他的《三事忠告》中的道德忠告大大增强了说服力，对后世产生重要影响。

清代陈宏谋的《五种遗规》 陈宏谋（1696—1771），原名弘谋，因避乾隆讳改名，字汝咨，历任布政使、巡抚、总督，至东阁大学士兼工部尚书。《五种遗规》是一部辑录古人的嘉言懿行的著作，由《养正遗规》《训俗遗规》《从政遗规》《教女遗规》《在官法戒录》五部遗规著作构成。其中官箴内容主要集中在《从政遗规》《在官法戒录》里。《五种遗规》在清末被定为中学堂的修身读本，民国时被定为官员从政的必读书。曾国藩非常推崇《五种遗规》，多次著文推荐介绍，他在信中告诫四弟，《五种遗规》"须日日循之，句句学之"。

清代汪辉祖的《学治臆说》 汪辉祖（1730—1807），字焕曾，号龙庄，浙江萧山（清属绍兴府）人，做过知县、州牧等。汪辉祖在幕府中供职时间长达三十四年,在清朝以"一代名幕"享誉天下,绍兴师爷因此而得名。他一生所解疑难杂案甚多,深得百姓爱戴。幕府生涯使得他对官场和社会有了深刻认识,由于十分贴近现实生活,他的著述极受欢迎,成为"居官者皆宜日览"的必读书。他在官德理论中,首次提出"做官当先做人"的观点。

两条最著名官箴 中国古代官箴很多,有两种官箴却是经常被刻成石碑立于或书写于官署衙门的大堂前,让官员们抬头可见,提醒其秉公办事,若徇私枉法,天理难容。

三十六字官箴:"吏不畏吾严,而畏吾廉;民不服吾能,而服吾公。公则民不敢慢,廉则吏不敢欺。公生明,廉生威。"大意是:官吏们不畏惧我的威严,而是畏惧我的廉洁;百姓不信服我能干,而信服我公正。公正则老百姓不敢侮慢,廉洁则官吏不敢欺瞒。公正就能明察秋毫,光明磊落,廉洁就会树立权威。这则官箴出自明代碑刻,到清代时已经广为传播。碑文作者目前还无从考证。据记载,明初理学家曹端曾向弟子郭晟推荐这则箴言,并称是"古人云"。因此这则箴言至少要早于曹端的时代。

戒石铭:"尔俸尔禄,民膏民脂。下民易虐,上天难欺。"大意是:官员们所领的俸禄,都是老百姓的血汗。盘剥百姓容易,上天的神明却难以欺瞒和容忍。铭文出自五代十国时期后蜀末代皇帝孟昶(919—965)。孟昶为整饬吏治,亲自撰写96字《令箴》,以警示官员。宋灭蜀后,宋太宗从颁布《令箴》中拈出16字《戒石铭》,颁示天下。南宋高宗又把诗人黄庭坚书写的这一祖训,颁于各府州县刻石立于大堂前。明太祖朱元璋进一步明令立于甬道"戒石亭"中。清代改为牌坊,称为"戒石坊"。

第四章

民俗文化

第一节 绚丽多彩的节俗

中国是世界上传统节日最多的国家之一。据不完全统计，包括传统的节气、节令，以及各民族的节庆活动，中国56个民族每年的节日共有500多个，几乎每天都有不同民族、不同地区的人们在过节。

中国的传统节日丰富多彩，根据其产生因素大概可分为三类：一是因自然因素产生的传统节日，以二十四节气为代表；二是因人文因素产生的传统节日，如起源于纪念楚国大夫屈原的端午节，起源于纪念晋国节臣介子推的寒食节，起源于古代女性社会角色识别的乞巧节，等等；三是因宗教因素产生的传统节日，如佛教传入后出现的浴佛节、佛教的盂兰盆会与道教的中元节结合而成的鬼节，等等。

在中国漫长的历史传承中，许多传统节日出现从单一性向综合性的转变。例如春节、清明节、中秋节，本来源于自然节气，但在长期的发展中，不断丰富节日文化活动，既有农事表征意义，也有祭祖祀神的活动，还有游乐、歌舞及其丰富多彩的物态标志，逐步发展为综合性的节日，成为独具特色的文化遗产，代代传承。春节、元宵节、清明节、端午节、七夕节、中秋节、重阳节是中国传统七大节日。

一 喜庆隆重的春节

春节是中国农历新一年的开始即正月初一，又称农历年，俗称

"过年"，是我国最隆重、最热闹的传统节日。春节历史悠久，起源于殷商时期年头岁尾的祭神、祭祖活动。年的名称从周朝就已产生，一直延续到今天。按照农历，正月初一古称元日、元辰、元正、元朔、元旦等，民国时期改用公历纪年，公历的一月一日称为元旦，农历的正月初一就叫春节。在几千年的文化传承中，春节形成了一套节庆民俗，使年俗庆祝活动丰富多彩，如贴春联、挂年画、守岁、祭祖、祭神、赠压岁钱、吃年夜饭、放鞭炮、拜年，等等。

贴春联 又称贴对联，北方俗称贴对子。春联，是春节的吉祥物，由古代驱邪的"桃符"演变而来。"桃符"始于1000多年前南北朝时期，第一副春联出现在五代时期，为后蜀皇帝孟昶所撰"新年纳余庆，嘉节号长春"。后世居家多用大红彩纸书写上吉祥语，张贴在门框、楹柱、墙壁上；寺院里则用黄纸书写春联。与春联同时张贴的还有用红纸裁成的方块，称为"斗方"，书写吉祥的大字，以对角的形式张贴在门上或墙壁上。此外，人们还在房间里张贴色彩鲜艳、寓意吉祥的年画，窗户上张贴漂亮的窗花，门前挂大红灯笼或贴福字及财神、门神像等。福字还可以倒贴，寓意"福气到了"，这些活动都为节日增添足够的喜庆气氛。

除夕守岁 过年的前一夜——腊月三十夜叫除夕，又叫团圆夜。在新旧交替之际，守岁是最重要的年俗活动之一。守岁的习俗，兴起于魏晋南北朝时期，唐宋时期更加盛行。除夕夜，全家老小通宵不眠，熬年守岁，欢聚酣饮，共享天伦之乐。北方地区在除夕有包饺子的习俗，饺子的做法是先和面，和即是合；饺子的饺和交谐音，合和交有相聚之意，又取更岁交子之意。南方过年吃年糕，甜甜的、黏黏的年糕，象征新一年生活甜蜜蜜，步步高。

拜年 新年第一声钟声敲过，街上鞭炮齐鸣，家家喜气洋洋，新的一年开始了。男女老少穿着节日盛装，先给家族中的长者拜年，长者给儿童压岁钱，取压住邪祟、平平安安之意。初二、初三开始走亲访友，相互拜年，说恭贺新喜、恭喜发财、过年好等吉祥话。

节日的热烈气氛不仅洋溢在各家各户，也充满各地的大街小巷，街市上舞狮子、耍龙灯、演社火、游花市、逛庙会等。春节期间，花灯满城，游人满街，盛况空前，要闹到正月十五元宵节过后，春节才算真正结束。

春节是汉族最重要的节日，满、蒙古、瑶、壮、白、高山、赫哲、哈尼、达斡尔、侗、黎等十几个少数民族也过春节，只是过节的形式更有民族特色。此外，藏族的藏历年、苗族的苗年、傣族的泼水节，其时间与汉族的春节不同，庆祝活动也都极具本民族特色。

二 温馨浪漫的元宵节

正月十五元宵节，古称上元节。早在汉武帝时就把正月十五上元日定为节日。元宵节的主要活动是观灯、吃元宵等。

吃元宵 "元宵"是独具中国特色的节日食品之一，流行于宋代，最早叫"浮元子"，后称"汤圆"、"元宵"，生意人还美其名曰"元宝"。元宵以白糖、玫瑰、芝麻、豆沙、黄桂、核桃仁、果仁、枣泥等为馅，用糯米粉包成圆形，可荤可素，风味各异。可汤煮、油炸、蒸食，有团圆美满之意。

观灯 汉明帝永平年间，佛教传入中国，适逢蔡愔从印度求得佛法归来，称印度摩揭陀国每逢正月十五，僧众云集，瞻仰佛舍利，是参佛的良辰吉日。为了弘扬佛法，汉明帝下令正月十五夜在宫中和寺院"燃灯表佛"。此后，元宵放灯的习俗传到民间，每到正月十五，无论士庶都要挂灯。唐代，元宵放灯发展成为盛况空前的灯市。开元盛世之时，长安的灯市燃灯五万盏，花灯花样繁多，灯光辉煌，极为壮观。此外，唐宋时期的灯市还出现了乐舞百戏表演，为元宵节凭添了浪漫的色彩，元宵节赏花灯给男女相识、相会提供了一个机会，是情人相会的好时机。欧阳修《生查子》云："去年元夜时，花市灯如昼；月上柳梢头，人约黄昏后。"辛弃疾《青玉案》中"众里寻他千百度，蓦然回首，那人却在灯火阑珊处"，就是描述元宵夜的情景，可以说元宵节是中国真正传统的"情人节"。灯在台湾民间还具有光明与添丁的含义，点燃灯火有照亮前程之意，且台语灯与丁谐音，代表生男孩，因此元宵节妇女都会刻意在灯下游走，希望"钻灯脚生卵葩"，就是钻到灯下游走，好生男孩。

猜灯谜　猜灯谜，又叫"打灯谜"，为中国特有的元宵节习俗，最早出现在南宋时期。开始好事者把谜语写在纸条上，贴在五光十色的彩灯上供人来猜。谜语能启迪智慧又饶有兴趣，所以深受欢迎。后来，好谜者更组织有谜社。谜社在清代亦极为流行，如光绪年间就有竹西后社、射虎社、萍社等灯谜组织。清顾震涛有《打灯谜》诗云："一灯如豆挂门旁，草野能随艺苑忙。欲问还疑终缱绻，有何名利费思量。"

走百病　元宵节还有"走百病"的习俗，又称"烤百病"、"散百病"。参与者多为妇女，他们结伴而行或走墙边，或过桥至郊外，目的是驱病除灾。不少地方节庆时还举行耍龙灯、舞狮子、踩高跷、划旱船、扭秧歌、打太平鼓等活动。

三　慎终追远的清明节

清明节为二十四节气之一，为祭祖扫墓之日。唐代开始将祭拜扫墓的日子定为寒食节。寒食节原为纪念春秋时期晋国贤士介子推的节日，与清明节日期相近，故后来两个节日逐渐合并为一。中国古代清明节节俗主要是祭祖扫墓，之后则进行郊游踏青、放风筝、荡秋千等文娱活动。

祭祖扫墓　中国古代宗法伦理观念极重，因此也极为重视最能体现慎终追远感情的祭祖扫墓习俗。这一习俗在先秦之前就已出现，但其并不限定在清明之际。清明扫墓出现在秦之后，唐代才开始盛行，并且成为清明节最重要的节俗，为历代所延续。祭祖的主要形式就是跪拜行礼及"烧包袱"。所谓"包袱"，亦作"包裹"，是指子孙从阳世寄给"阴间"去世祖先的邮包。古代有卖专门的"包袱皮"，即用白纸糊一大口袋形状，有些是用木刻版，周围印上《往生咒》，中间印一莲座牌位，用来写上收钱亡人的名讳；有些是素包袱皮，不印图案，中间只贴一蓝签，写上亡人名讳即可。包袱里装冥钱，有纸钱，也有用金银箔叠成的元宝、锞子。祭祖时还要扫墓，就是修整坟墓，清除杂草，象征性地给坟墓添土，再在上边压些纸钱，让他人看了，知道此坟尚有后人。

放风筝 风筝，亦称风琴、纸鹞、鹞子、纸鸢，起源于春秋时期，至今已有2000多年的历史。相传，墨翟曾研制三年用木头制成木鸟，这是人类最早的风筝起源。后来，鲁班用竹子改进了墨翟的风筝材质，并进而演进成为今日多线风筝。南北朝时，风筝开始用于传递信息。隋唐时期，由于造纸业的发达，开始用纸来裱糊风筝，但其作为一种娱乐工具，还是主要流行于皇宫和贵族府第。到了宋代，放风筝开始在民间风行。尤其是清明时节，春回大地，微风清徐，正是郊游放风筝的大好时光，放风筝逐渐成为宫廷和民间在清明期间一种不可缺少的活动。宋人周密在《武林旧事》中记载：每到清明时节，人们便背上饭食到郊外放纸鸢，还进行竞赛，"以相勾引，相牵剪截，以线绝者为负"，即两根风筝线绞在一起，以先绞断者为输。后来，还曾流行将风筝放上蓝天后，便剪断牵线，任凭清风吹走，据说这样能带走厄运，除病消灾，给自己带来好运。

荡秋千 秋千的历史，可追溯到几十万年前的上古时代。那时，我们的祖先为了谋生，不得不上树采摘野果或猎取野兽。在攀缘和奔跑中，他们往往抓住粗壮的蔓生植物，依靠藤条的摇摆，上树或跨越沟涧，这是秋千最原始的雏形。正式意义上的秋千，始于春秋时期，是中国古代北方少数民族创造的一种运动。《艺文类聚》中就有"北方山戎，寒食日用秋千为戏"的记载。可见，在秋千产生之初，就与清明节关系密切。秋千在春秋时期传入中原地区，因其简单易学而深受人们喜爱，很快流行各地。汉代以后，秋千逐渐成为清明等节日进行的民间娱乐活动，并流传至今。秋千自进入汉代之后，就极为女子所喜爱，汉武帝时宫中就盛行荡秋千。五代王仁裕在《开元天宝遗事》中说："天宝宫中，至寒食节，竞竖秋千，令宫嫔辈戏笑以为宴乐。帝呼为半仙之戏，都中市民因而呼之。"宋代苏轼《蝶恋花·春景》一词云："墙里秋千墙外道。墙外行人，墙里佳人笑。笑渐不闻声渐悄。多情却被无情恼。"清道光《平度州志》则记载："清明祭墓行负土礼，童子放纸鸢，女子作秋千戏。"

荡秋千作为一项精彩的竞赛运动，能磨炼人的意志，培养勇敢精神。同时，它对人体生理机能的健康发展也是十分有益的。当前，荡秋千这种有着几千年历史的民俗活动仍保持着旺盛的生命力,并一直活跃在人们的日常生活中,为人们带来了无穷欢乐。

四 纪念意义的端午节

农历五月初五,是传统的端午节,又称端五、重午、端阳。端午节历史悠久,传说是纪念伟大的爱国诗人屈原的节日。据说他在楚襄王二十一年(前278)农历五月初五投汨罗江殉国。沿江人民打捞不到他的尸体,就将米粽、雄黄酒投入江中,让鱼龙吞食,祈求不要伤害屈原。后来人们五月初五这一天在江上举行为屈原招魂的仪式。此后,这种活动广泛传播,形成了端午民俗活动。

包粽子 端午节的习俗之一,就是包粽子。粽子,又称交黍,原本是古代一种用芦叶包上糯米、黍米的食品,清香爽口。西晋以后逐渐形成节日食品。这一时期,包粽子的原料除了糯米外,还添加中药益智仁,煮熟的粽子称"益智粽",粽子还用作交往的礼品。到了唐代,包粽子的用米,已"白莹如玉",其形状出现锥形、菱形。宋朝时已有"蜜饯粽",即果品入粽,诗人苏东坡就有"时于粽里见杨梅"的诗句。元、明时期,粽子的包裹料已从菰叶变革为箬叶,后来又出现用芦苇叶包的粽子,附加料已出现豆沙、猪肉、松子仁、枣子、胡桃等等,品种更加丰富多彩。直到今天,每年农历五月初五,中国百姓家家都要浸糯米、洗粽叶、包粽子。从馅料看,北方有包小枣的枣粽,南方则有豆沙、鲜肉、八宝、火腿、蛋黄等多种馅料,其中以浙江嘉兴粽子为代表。吃粽子的风俗,千百年来,在中国盛行不衰,而且流传到朝鲜、日本及东南亚诸国。

赛龙舟 端午节还要举行龙舟赛。古代称为龙舟竞渡,最早起源于长江、珠江流域。龙舟即龙形的船,船身雕成龙形,船头龙首高昂,船艄龙尾翘起。龙舟的船头部位有执令旗吆喝号子的领队,有击鼓敲锣助威的人。两岸上观者如潮,场面十分壮观。

驱五毒 古代端午节前后,因天气渐热,雨季到来,是疫病高发期,民谣说:"端午节,天气热,五毒醒,不安宁。"因此,除了包粽子和赛龙舟之外，端午节还是禳灾辟邪、驱病避瘟的节日，驱五毒是端午节的民习俗之一。每到端午节，家家门上插菖蒲、张挂艾叶，饮雄黄酒，用五色彩线栓小孩的颈、腕、脚踝，祝福孩子健康、长命，这是从古代系长命缕传承而来。所以，端午节也是我国传统防病除疫的讲卫生节日。

五 女性乞巧的七夕节

农历七月初七，是传统七夕节，也称"乞巧节"或"女儿节"，是古代社会男耕女织强化女性社会角色的优秀传统节日，是属于姑娘们的节日。

乞巧 七夕乞巧起源极早，在西汉时就有七月七姑娘月下穿针乞巧的习俗，传为东晋葛洪撰的《西京杂记》中有"汉彩女常以七月七日穿七孔针于开襟楼，人俱习之"的记载，这是古典中所见最早的关于乞巧的记载。唐代以后出现了喜蛛应巧的习俗，五代王仁裕《开元天宝遗事》说："七月七，各捉蜘蛛于小盒中，至晓开，视蛛网稀密以为得巧之候。密者言巧多，稀者言巧少。"宋朝孟元老《东京梦华录》也说，七月七夕"以小蜘蛛安盒子内，次日看之，若网圆正谓之得巧"。明清之时，则较流行投针验巧的七夕节俗，清代于敏中《日下旧闻考》引《宛署杂记》说："燕都女子七月七以碗水曝日下，各自投小针浮之水面，徐视水底日影。或散如花，动如云，细如线，粗如锥，因以卜女之巧。"

拜织女 魏晋以后，七夕节附加了坐看牵牛织女星的习俗。相传每年的这个夜晚，天上织女与牛郎在鹊桥相会。织女是一个美丽聪明、心灵手巧的仙女，凡间妇女便在此晚向她乞求智慧和巧艺，也向她求赐美满姻缘。有的地区还组织"七姐会"，聚集在宗乡会馆，摆下各式各样鲜艳的香案，遥祭牛郎织女，案上摆满鲜花、水果、胭脂粉、纸制小型花衣裳、鞋子、日用品和刺绣等，琳琅满目。不同地区的"七姐会"便在香案上下功夫，比高下，看谁的制作得更精巧。

巧果 七夕乞巧的应节食品，以巧果最为出名。巧果又名"乞巧果子"，主要材料是油、面、糖、蜜等。《东京梦华录》中称之为"笑厌儿""果食花样"，图样则有捺香、方胜等。其做法是：先将白糖放在锅中熔为糖浆，然后和入面粉、芝麻，搅拌均匀后摊在案上擀薄，凉凉后用刀切为长方块，最后折为梭形巧果胚，入油炸至金黄即成。手巧的女子，还会捏塑出各种与七夕传说有关的花样。

六　赏月团圆的中秋节

农历八月十五，是传统的中秋佳节，因是一年秋季的中期，所以称"中秋"。在中国的农历里，一年分为四季，每季又分为孟、仲、季三部分，八月也称仲秋。仲秋八月，中国大部分地区的气候清爽，八月十五的月亮比其他几个月的满月更明亮，所以又叫"月夕""八月节"。人们仰望天空如玉如盘的朗朗明月，自然会期盼家人团聚。远在他乡的游子，也借此寄托自己对故乡和亲人的思念之情，所以，中秋又称"团圆节"。

赏月　我国自古就有中秋赏月的习俗，先秦典籍《礼记》中就有"秋暮夕月"的记载，即祭拜月神。宋代《东京梦华录》记载："中秋夜，贵家结饰台榭，民间争占酒楼玩月。"中秋节这一天晚上京城的所有店家、酒楼都要重新装饰门面，设宴赏月，人们把酒问月，庆贺美好的生活，或遥祝远方的亲人健康快乐，与家人"千里共婵娟"。明清以后，中秋节赏月风俗依旧，许多地方还形成了烧斗香、树中秋、点塔灯、放天灯、走月亮、舞火龙等特殊风俗。除了中秋赏月外，还有少女拜月的习俗。相传古代齐国丑女无盐，幼年时曾虔诚拜月，长大后，以品德超群入宫，但未被宠幸。某年八月十五赏月，天子在月光下见到她，觉得她美丽出众，后立她为皇后，中秋拜月由此而来。月中嫦娥，以美貌著称，故少女拜月，愿"貌似嫦娥，面如皓月"。

吃月饼　吃月饼是重要的中秋习俗，俗话说："八月十五月正圆，中秋月饼香又甜。"月饼最初是用来祭奉月神的祭品，"月饼"一词，最早见于南宋吴自牧的《梦粱录》，那时，它也只是像菱花饼一样的饼形食品。后来逐渐把中秋赏月与品尝月饼结合在一起，寓意团圆。月饼最初是在家庭制作的,清袁枚在《随园食单》中就记载有月饼的做法。到了近代,有了专门制作月饼的作坊,月饼的制作越来越精细,馅料考究,外形美观,在月饼的外面还印有各种精美的图案,如"嫦娥奔月"、"银河夜月"、"三潭印月"等。以月之圆兆人之团圆,以饼之圆兆人之常生,用月饼寄托思念故乡、思念亲人之情,祈盼团圆、幸福,都成为天下人们的心愿,月饼还被用来当作礼品送亲赠友,联络感情。

七 敬老登高的重阳节

农历九月九,为传统的重阳节。《易经》以"六"为阴数,"九"为阳数,九月九,九相重,故叫重阳,也叫重九。九九,与"久久"同音,有长寿的含意,因此1989年我国将九月九定为老人节,传统与现代巧妙地结合在一起,成为尊老、敬老、爱老、助老的老年人的节日。重阳节的习俗主要有登高、赏菊、插茱萸,等等。

登高 重阳登高的风俗由来已久,故又叫"登高节"。相传此风俗始于东汉,三国时曹丕《九日与钟繇书》中,已明确写出重阳饮宴的景象:"岁往月来,忽复九月九日。九为阳数,而日月并应,俗嘉其名,以为宜于长久,故以享宴高会。"东晋时出现了著名的"龙山落帽"典故,说的是东晋时桓温在重阳节带属下到龙山登高宴饮,席间,才学过人的幕僚孟嘉的帽子被风吹落,却并未察觉。桓温让参军孙盛写了一篇文章与他的帽子放在一起嘲笑他,但孟嘉立即从容地写出一篇极有文采的答文,使得四座叹服。后来"龙山落帽"一词就用来形容人气度恢宏,临乱不惊。唐诗中出现大量描写重阳节登高习俗的作品,杜甫的七律《登高》就是其中的名篇。明代,九月重阳,皇宫上下要一起吃花糕来庆贺,皇帝要亲自到万岁山登高,以畅秋志。

赏菊饮酒 民间把农历九月称为"菊月",故而在菊花傲霜怒放的重阳节里,观菊花、饮菊花酒便成了节日的一项重要内容。晋代文人陶渊明在《九日闲居》诗序文中说:"余闲居,爱重九之名。秋菊盈园,而持醪靡由,空服九华,寄怀于言。"这里同时提到菊花和酒。在魏晋时期,重阳日已有了饮酒、赏菊的习俗。直到明清,菊花酒仍然盛行,在明代高濂的《遵生八笺》中仍有记载，是盛行的健身饮料。

重阳糕　重阳节吃重阳糕，也历史悠久。重阳糕，又称花糕、菊糕、五色糕。讲究的重阳糕要做成九层，如宝塔一般，上面还做成两只小羊，以符合重阳（羊）之义。有的还在重阳糕上插一小红纸旗，或点蜡烛灯。用"灯""糕"寓意"登高"。

插茱萸　重阳节插茱萸的风俗，在东晋葛洪《西京杂记》中就有记载，唐代已很普遍。古人认为插茱萸可避难消灾，或佩戴于臂，或将茱萸放置在香袋里佩戴。宋代还有将彩缯剪成茱萸、菊花来相赠佩戴的。

第二节　颊齿生香的饮食

饮食主要包括主食、菜肴及饮料等三大类，而中国古代饮食的这三大类又均有着极为鲜明的特色。以主食来说，在唐之前的北方地区主要以稷（小米）为主，因此稷字还有谷神之意，与表示土神的社字一起合称社稷，指代国家。唐之后随着小麦种植的推广，逐渐形成了北面南米的主食格局。菜肴方面，极重刀功与火候，烹饪技法有煎、炒、烹、炸等二十多种，烹调效果则追求色、香、味、形俱佳，并主张美食配美器，以求达到某种意境。饮料方面则以酒、茶为主，酒、茶除了品类众多之外，还形成了丰富璀璨的酒、茶文化。

纵观中国古代饮食，除了果腹的自然需求之外，还有着极深的人文内涵，大体可概括为养生、合道、尊礼、重韵等四个方面。首先，注重养生是中国饮食文化的一个重要特点，如"药补不如食补"的俗语以及药膳的产生等。其次，中国饮食还一直具有着以食合道的哲学思想传统，如"民以食为天""治大国若烹小鲜""调和鼎鼐""不食嗟来之食"等以食论国、以食论道、以食论人的思想，为中华文化特有的治国修身理念。再次，中国饮食受传统儒家文化影响深远，极为尊重礼制。《礼记·礼运》中即言："夫礼之初，始诸饮食。"古代从皇家贵族的钟鸣鼎食，到普通民间座席安排，处处都体现着儒家"长幼有序"

的伦理观念。最后，中国饮食除了追求味美之外，还极为重视食物的情趣韵味，这主要体现在对菜肴的命名上。中国菜肴名称既有根据主、辅、调料及烹调技法的写实命名，也有根据历史掌故、神话传说、名人食趣、菜肴形象来命名，极富情趣韵味。

一　各具风味的菜系

菜系，也称"帮菜"，是指在选料、切配、烹饪等技艺方面，经长期演变而自成体系，具有鲜明地方风味特色，并为社会所公认的地方风味著名流派。中国菜系，历史悠久、技术精湛、品类丰富、流派众多、风格独特。经过长期的历史传承和发展，清末民初形成了鲁、苏、粤、川、浙、闽、湘、徽等"八大菜系"。同时，还有清朝颇具浓郁民族特色的巨型筵席——满汉全席，也以其特有的魅力深受宫廷和民间喜爱。

八大菜系　中国的八大菜系，是指鲁菜、苏菜、川菜、粤菜、湘菜、闽菜、浙菜和徽菜。

鲁菜，即山东菜，是宫廷最大菜系，主要由齐鲁、胶辽、孔府三种风味组成，巧于用料，注重调味，尤以"爆、炒、烧、塌"等最有特色。其中，齐鲁风味，主要流行于山东北部及天津、河北一带，以济南菜为代表；胶东风味，主要流行于胶东、辽东等地，以烟台福山菜为代表；孔府风味，主要流行于山东西南部和河南地区，以曲阜菜为代表。鲁菜的代表性菜品为糖醋里脊、汤爆双脆、肉末海参、酸辣鱼丸、燕窝四大件、海米珍珠笋等。

苏菜，即江苏菜，宫廷第二大菜系，主要由南京、徐海、淮扬和苏南四种风味组成，以水鲜为主，刀工精细，擅长炖、焖、煨、糯，追求本味，咸甜醇正。其中，徐海风味，主要流行于鲁南、苏北地区，以徐州菜为代表；淮扬风味，主要流行于以大运河为主的地区，以扬州、淮安菜为代表；南京风味，主要流行于南京一带，并一直延伸到江西九江地区，以南京菜为代表；苏南风味，主要流行于苏、锡、常和上海地区，以苏州菜为代表。苏菜的代表性菜品为清炖蟹粉狮子头、盐水鸭、糖醋排骨、阳澄湖大闸蟹、霸王别姬、沛公狗肉等。

川菜，即四川菜，是民间最大菜系，主要由上河帮、下河帮、小河帮三种风味组成，特点是味浓油重，麻辣鲜香，调味离不开三椒（辣椒、花椒、胡椒）。其中上河帮，系蓉派川菜，主要流行于川西成都和乐山一带；下河帮，俗称江湖菜，主要流行于重庆、达州、南充一带；小河帮，也称盐帮菜、盐商菜，主要流行于自贡和内江一带，与古代盐业发展密切相关。川菜的代表性菜品为酸菜鱼、毛血旺、辣子鸡、香辣虾、香橙虫草鸭以及水煮牛肉、水煮鱼、水煮肉片等水煮系列。

粤菜，即广东菜，是民间第二大菜系，主要由广府、客家、潮汕三种风味组成，口味上讲究清、鲜、嫩、爽、嫩、脆；调味遍及酸、甜、苦、辣、咸，即所谓的五滋六味。其中，广府风味，主要流行于广东中西部、香港、澳门以及广西东部地区，以广州菜为代表；客家风味，又称东江风味，主要流行于广东、江西和福建的客家地区，以惠州菜为代表；潮汕风味，主要流行于潮汕地区，以潮州菜为代表。粤菜的代表性菜品为文昌鸡、白灼虾、烤乳猪、爽口牛丸、酿三宝、潮州卤鹅、护国菜、葱姜炒蟹等。

湘菜，即湖南菜，是民间第三大菜系，是以湘江流域、洞庭湖区和湘西山区三种地方风味发展而成，最大特色是辣、腊二字，各地风味相对统一。其中，湘江流域菜以长沙、衡阳、湘潭为中心，是湘菜的主要代表；洞庭湖区，以烹制湖鲜、河鲜见长；湘西山区，擅长制作山珍野味、烟熏腊肉和各种腌肉。湘菜的代表性菜品为东安子鸡、剁椒鱼头、红煨鱼翅、腊味合蒸、平江火焙鱼、湘西外婆菜等。

闽菜，即福建菜，主要由闽东、闽南、闽西、闽北、闽中和莆仙风味组成，尤以"香""味"见长。其中，闽东风味，主要流行于闽东地区，以福州菜为代表，是闽菜的主体；闽南风味，主要流行于闽南和台湾地区，以厦门菜为代表；闽西风味，主要流行于闽西地区，以龙岩菜为代表；闽北风味，主要流行于闽北地区，以南平菜为代表；闽中风味，主要流行于闽中地区，以三明、沙县菜为代表；莆仙风味，主要流行于莆仙地区，以莆田菜为代表。闽菜的代表性菜品为荔枝肉、佛跳墙、醉糟鸡、南普陀素菜、文公菜、蛇宴、炒泗粉以及沙县小吃和以薯芋类、野菜类、瓜豆类为原料制成的各色菜品。

浙菜，即浙江菜，主要包括杭州、宁波、温州、金华四个地方的菜点特色。其中，杭州菜，制作精细、变化多样、清鲜爽脆；宁波菜，以烹制海鲜见长，讲究鲜嫩软滑，保持原汁原味；温州菜，以海鲜为主，口味清鲜，淡而不薄；金华菜，以火腿菜为核心，讲究保持火腿独特色香味。浙菜的代表性菜品有西湖醋鱼、东坡肉、龙井虾仁、叫化童鸡、大汤黄鱼、冰糖甲鱼、荷叶粉蒸肉、嘉兴肉粽等。

徽菜，即徽州菜，主要流行于徽州地区和浙江西部，由沿江、沿淮、徽州三地菜系组成，其特点是选料严谨，讲究火功，重油重色，味道醇厚，注重本味，尤以烹制山野海味而闻名。不少菜肴都是以木炭为燃料，原锅上桌，古朴典雅，香气四溢，诱人食欲。徽菜的代表性菜品为符离集烧鸡、火腿炖甲鱼、腌鲜桂鱼、奶汁肥王鱼、毛峰熏鲥鱼、黄山炖鸽、徽州毛豆腐、徽州桃脂烧肉等。

满汉全席 满汉全席，是一种颇具浓郁民族特色的巨型筵席，既有宫廷菜肴之特色，又有地方风味之精华，菜点精美，礼仪讲究，风格独特，驰誉中外，可谓集烹饪技艺之大成。"满汉全席"共有108种菜式，其中最主要的是"禽八珍""海八珍""山八珍""草八珍"等。满汉全席，一般分3天吃完，菜式有咸有甜、有荤有素，融汇满族菜点烧烤、火锅、涮锅等特殊风味与汉族菜肴扒、炸、炒、熘、烧的烹调特色于一体，不仅是中华菜系文化的瑰宝，还是满汉民族文化认同的重要标志性符号。

满汉全席，起源于清朝宫廷，旨在提倡满汉一家。康熙五十二年（1713）首开千叟宴，使满汉等各民族共享一宴，便是清朝调和满汉在饮食文化上的反映。清朝光禄寺举办的各类宴席分为"满席"和"汉席"，其中满席分为六等，汉席分为三等，且满汉不共宴。后来为了迎合不同的饮食习惯，发展为先吃满菜席再吃汉菜席，谓之"翻台"。翻台的结果却使得制作满席和汉席的厨师相互竞争、相互吸取对方的长处，力求精美。于是人们遂将两席的馔肴去芜存精拼作一席，故有"满汉全席"之名。

民间满汉全席是各地仿效宫廷饮食文化，以满族饮食文化为基础，并结合本地饮食特点再造的一种文化现象。在产生之初就带有一定的地方特色，并很快在传播中形成了地方性派别。清朝中期，民间满汉全席主要有南派和北派之分，北派以孔府菜为主，南派以扬州菜为主。清朝后期，满汉全席更是成为民间的重要席面之一，并因受各地原料、技术条件所限进一步分化，满汉全席的派别也就越来越多。到了民国时期，民间满汉全席更是分化成京津地区的"小满汉全席""大满汉全席"，以及晋式、鄂式、川式、粤式、东北、绥远等颇具地方特色的满汉全席。

二　历久弥香的酒文化

中国酒文化与西方国家相比，主要有两个突出特点：一是具有深厚的礼仪内涵，祭祀当中，都离不开酒，《礼记·礼器》中言"宗庙之祭，尊者举觯，卑者举角"，所提到的觯、角均是盛酒的礼器。周代还形成一套完整的祭祀用酒礼仪制度。后世祭祖、过节的礼俗当中也都处处离不开酒。二是酒与中国文人相即相合。中国古代留下的关于酒的诗篇极多，无一不体现着文人的风骨情怀。如曹操"对酒当歌，人生几何"的豪迈，陶渊明"中觞纵遥情，忘彼千载忧"的洒脱，李白"斗酒诗百篇"的才情以及"五花马、千金裘，呼儿将出换美酒"的气概，等等。可以说，如果无酒，中国古代文学必当有所减色。

造酒　中国制酒的历史极为悠久，早在约6000年以前，人工酿酒就已经开始了，因此而享有"酒的故乡"的美称。中国古代以黄酒和白酒最为流行。其中，黄酒产生于商周时代，是酒曲复式发酵法酿制而成；白酒一般认为始于宋代，是由蒸馏法酿制而成。宋代之后，中国白酒逐渐形成了几大流派，如以汾酒为代表的清香型酒，以泸州老窖为代表的浓香型酒，以茅台酒为代表的酱香型酒，以桂林三花酒为代表的米香型酒，以董酒为代表的串香型酒，等等。

酒具　酒具，古人习称酒器，是酒文化的重要组成部分。中国酒器的种类很多，并伴随着中国历史的发展而不断演进。远古时期，由于人们的生活水平比较低下，酒器与食器的区分并不明显，一般是二者兼具。当时的酒器制作材料主要是采用角器和竹木制品等天然材料作为酒器，后来随着陶器的出现又将陶器作为酒器。新石器时期，酿酒业不断发展，酒器种类也不断增多，主要有罐、瓮、盂、碗、杯等。商周时期，青铜器酒器流行，主要有觚、觯、角、爵、杯、舟等。秦汉之际，漆制酒器开始在中国南方出现，发展到两汉、魏晋南北朝时期逐渐成为中国酒器的主要类型。唐朝之后，瓷制酒器逐渐发展成为中国酒器的主要类型。唐代的酒杯形体比过去的要小得多，并出现了一些适于在桌上使用的酒具，如注子。宋代瓷制酒器出现了注子和注碗的配套组合，明代瓷制酒器以青花、斗彩、祭红酒器最具特色，清代瓷制酒器则以法琅彩、素三彩、青花玲珑瓷及各种仿古瓷等著称。除了以上各时代的主流酒器之外，还有一些其他材质的酒器，主要有玉石酒器、金银酒器、锡制酒器、象牙酒器、景泰蓝酒器，等等。

酒俗 酒俗，也是酒文化的重要组成部分。中国有着几千年的喝酒传统，无论是婚丧嫁娶、做寿开业，还是造房上梁、喜得贵子，等等，都与酒结下了不解之缘，由此也就形成了丰富多彩的酒俗文化。

满月酒：中国人有给孩子过满月的习俗，孩子出生满月时，往往要摆上几桌酒席，邀请亲朋好友共贺，亲朋好友一般都要带上礼物，也有的送上红包。

寿酒：中国人有给老人祝寿的习俗，一般在50岁、60岁、70岁生日等大寿时由儿女或孙子、孙女出面举办，邀请亲朋好友参加酒宴以示庆贺。

上梁酒：在中国，盖房是件大事。盖房过程中，上梁又是最重要的一道工序。所以，上梁这天要办上梁酒，有的地方还流行用酒浇梁的习俗。

开业酒：这是店铺作坊置办的喜庆酒。店铺开张、作坊开工之时，老板要置办酒席，以志喜庆贺。

酒令 酒令，是酒文化中的文化精粹，为中国特有的文化现象。在中国的社会生活中，无论怎样都能直接或间接地与酒搭上关系。这种关系的物化表现就是酒趣。酒令以文化入酒，富于洒趣。酒令的历史极为悠久，一般是作为酒与游戏结合物出现。春秋战国时期的投壶游戏，以及秦汉时期的"即席唱和"等都属于酒令。唐朝酒肆日益增多，酒文化融入了中国人的日常生活中，酒令战风行。白居易便有"筹插红螺碗，觥飞白玉卮"之咏。酒令在明清两代更为五花八门、琳琅满目。酒令，有俗令和雅令之分。猜拳是俗令的代表，一般在民间百姓之间流行；而雅令则以文字令为表现形式，主要包括字词令、谜语令、筹令等，一般在士人间流行。唐代诗人白居易认为酒宴中的雅令要比乐曲佐酒更有意趣，并作诗"闲征雅令穷经史，醉听新吟胜管弦"，直抒胸臆。

三　品香审韵的茶文化

中国的茶文化最注重一个"品"字，品茶不但是鉴别茶味的优劣，同时还带有神思遐想及品鉴茶情茶趣的精神享受之意。因此，中国茶文化中不但包含着茶艺，还包含着茶情，极力追求"正、清、和、雅"的悠闲意境。这一意境与佛教禅宗理念极为相近，且饮茶可令人思路清晰，心态平和，是禅定入静的最佳选择，故而由唐代赵州和尚"吃茶去"公案演变而来的"禅茶一味"理念，是中国茶文化史上极为重要的一个特色。此外，饮茶在中国还有着极为重要的社会礼仪功能，如来客敬茶、端茶送客，等等。

茶叶　中国是茶的故乡，是世界上最早发现茶树、栽培茶树和利用茶叶的国家。中国茶叶按照炮制方法的不同，可以分为绿茶、红茶、乌龙茶（青茶）、白茶、黄茶、黑茶等几类。且在各类茶中，都有一些地方名品，例如入驻世博会联合国馆的中国世博十大名茶：西湖龙井、安溪铁观音、都匀毛尖、太姥银针、湖南黑茶、武夷大红袍、润思祁门红茶、一笑堂六安瓜片、富子白茶、张一元花茶等传统名茶。此外，还有非官方评选的"名茶"系列：涌溪火青、太平猴魁、湖南蒙洱茶、云南普洱、采花毛尖、恩施玉露、苏州茉莉花、峨眉竹叶青、蒙顶甘露、屯溪绿茶、雨花茶、滇红、金奖惠明茶、白毫银针，等等。

茶具　茶具，也称茶器或茗器，是所有泡茶过程中必备的器具。中国的茶具，在唐代以前较为复杂，除一般的碗、杯之外，还有用酒器来饮茶的情况。唐代饮茶，一般用碗。唐代茶碗，器壁呈斜直形，敞口浅腹，适于饮茶。唐代还首创了一种饮茶用的碗托，用以托茶，又称盏托。宋代饮茶，盛行用盏。由于宋人崇尚白色汤色，故黑釉盏流行，尤以建盏最为有名。宋末元初，景德镇的瓷茶具异军突起，其产生的瓷茶杯，素以"青如天，白如玉，明如镜，薄如纸，声如磬"而著称中外。到了明代，江苏宜兴的紫砂陶茶具受到世人青睐。明代中期以后，士大夫饮茶用紫砂壶逐渐蔚为风尚。此后，我国优质茶具形成"景瓷宜陶"的格局，亦即瓷茶具以景德镇为首，陶茶具以宜兴紫砂为最，至今未变。此外，我国古代茶具种类非常丰富，除了陶器、瓷器外，还有铜器、锡器、银器、金器、漆器、玉器、水晶器，等等，但因价值昂贵或实用性不大而流行不广。

茶经 说起中国的茶文化，不能不说对于茶的推广起到重要作用的茶学著述。中国的茶学著述很多，有100多种，其中较为重要、影响较大的有陆羽的《茶经》、卢仝的《七碗茶诗》等。

《茶经》，为唐代陆羽所撰，是现存最早、最完整、最全面介绍茶的专著，具有划时代的意义，有"茶叶百科全书"之美誉。该书不仅传播了茶业科学知识，促进了茶叶生产的发展，还将普通茶事升格为一种美妙的文化艺能，是中国茶文化发展到一定阶段的重要标志，并开中国茶道之先河。由此，陆羽也被称为中国茶道的奠基人，并被世人称为茶圣。

《七碗茶诗》，是唐代卢仝所作。该诗实际上是以诗对陆羽《茶经》所作的注解。诗中不仅表达了口腹之欲的满足感，还创造出一个广阔而奇妙的精神世界，使饮茶变成了一种物质与精神享受完美结合的盛事。《七碗茶诗》，不仅在唐代传为千古绝唱，其流风还播及宋元明清直至当代，其中的名句屡被历代墨客骚人引用，历久不衰。

茶道 茶道是一种以茶为媒的生活礼仪，也被认为是修身养性的一种方式。茶道最早起源于中国，早在唐朝以前，中国就将茶饮作为一种修身养性之道。中国茶道，如果按照文化背景来划分，主要有四大流派：即贵族茶道、雅士茶道、禅宗茶道、世俗茶道。其中，贵族茶道，由贡茶衍化而来，以达官贵人、富商大贾、豪门乡绅等为主要茶人，旨在夸示富贵。至今仍在广泛流传的闽潮功夫茶即是贵族茶道的变种。雅士茶道，以古代士人为主。茶人之意，主要不在于止渴、消食、提神，而在于导引人们步入超凡脱俗的精神境界，有所顿悟。禅宗茶道，以寺院僧人为主要茶人，旨在参禅悟道。世俗茶道，以各行各业的世俗大众为茶人，旨在享乐人生。"世俗茶道"中的大众化部分较具发展前景。

第三节 异彩纷呈的服饰

中国自古就有"衣冠礼仪之邦"的美称，因此服饰在中国传统文化中占有一席之地。除了最初的御寒遮羞，以别禽兽的自然因素之外，中国服饰还有着丰富的人文内涵，主要可概括为两个方面：一方面，服饰是区分族别的重要标志。孔颖达曾称"中国有礼仪之大，故称夏；有服章之美，谓之华"。表明华夏民族一词本身就包含有服饰文化要义，而衣襟的"右衽""左衽"也一直被用作汉族和少数民族的代称。另一方面，服饰是尊卑等级的重要标志。中国历朝历代在创建之初，首先均要"改正朔，易服色"，以确立正统，服色在很大程度上是各阶层成员的社会标志。

一 魅力无限的衣裳

在中国古代，衣裳与现代含义不同，有上下之别，即上衣下裳，上衣避寒暑，下裳遮羞耻。在具体形制上，不同民族有着不同款式，这些不同既表现了生活习俗的区别，也彰显了文化理念的差异。而且在漫长的历史发展中，汉族与少数民族的服饰互相影响借鉴，不但有汉族赵武灵王的胡服骑射鼎新，也出现了鲜卑族北魏孝文帝禁胡服、改汉服的改革。另外，中国古代的汉族服饰对周边日本、朝鲜以及越南等国家的服饰也产生了重大影响。

汉服 汉服，又称汉衣冠，也称汉装、华服，是对中国古代汉族服饰的通称。其最基本特点"交领（兼有圆领、直领）、右衽、无扣系带"，在夏商到明末数千年的历史传承中一直未变，成为贯穿汉服始终的灵魂所在。但其具体款式，在不同的历史时期，则有着不同的表现形式。比如，秦汉时期基本沿袭战国时期，仍然以深衣（上衣和下裳相连）为主，大致分为曲裾（下裳部分剪裁为一幅向后交掩）、直裾（下裳部分剪裁为垂直）两种，都是男女均可穿着。而曲裾深衣是秦汉女服中最为常见的一种服式，这种服装通身紧窄、长可曳地，下摆一般呈喇叭状，行不露足。如穿几件衣服，每层领子必露于外，最多的达三层以上，时称"三重衣"。后来随着内衣的改进，曲裾绕襟深衣已属多余，所以至东汉以后，直裾逐渐普及。魏晋南北朝时期，玄学流行对男子服饰的变化产生较大影响，衣裳日趋宽大飘逸，袖口也由汉代的收口变为敞口，体现了飘逸灵动的魏晋风骨。隋唐时期尤其是唐朝，襦裙成为妇女的主要服式。在隋代及初唐时期，妇女的短襦都用小袖，下着紧身长裙，裙腰高系，一般都在腰部以上，有的甚至系在腋下，并以丝带系扎，给人一种俏丽修长的感觉。中唐时期的襦裙比初唐的更为宽阔一些，其他无太大变化。这一时期，男子服饰中圆领衫也开始盛行，并成为官事常服，之后延续了唐、五代、宋、明等多个朝代，对日本和朝鲜都有着较大影响。但在圆领汉服盛行的同时，传统右衽交领汉服也仍然存在。

汉服中蕴含着深邃的文化内涵。比如，汉服的交领、右衽，象征着地道之方正，意在提示人们为人处世要合权衡之规矩，要走人间之正道；上衣下裳连成一体藏身体于不露，尽显了中华民族含蓄典雅的儒雅之风；宽大的袖口，体现着天道之圆融；背面贯通上下的直线，代表的是人道的正直；腰间系着的大带，代表的是权衡中正。概括说来，汉服中所包含的丰富多彩的中华文化，不仅在世界服饰史上足可称道，在世界文明发展史上也占有重要的一席之地。

在现代社会中，具有中国传统特色的服饰被称为唐装。唐装之"唐"，非唐代之唐，实源于海外，与"唐人街"之"唐"为同一含义。不过，唐装之"唐"，虽与唐朝服装没有多大关系，却与唐朝之盛密切相关。正是由于唐朝之盛，海外各国才称中国人为"唐人"，在唐人街居住的华人穿的中国传统风格的服装也就被称为"唐装"。传统唐装的款式特点极为鲜明，主要有四个方面：一是立领，即上衣前中心开口、立式领型。二是连袖，即袖子和衣服整体没有接缝，以平面裁剪为主。三是对襟，也可以是斜襟。四是盘扣，也叫直角扣，即扣子由纽结和纽袢两部分组成。造型别致、做工精良的盘扣就注重一个"盘"字，是唐装整体中"画龙点睛"之笔，也是非常值得品味的艺术。

少数民族服饰 古代汉人对西北各族人民所穿的服装统称为胡服，后来胡服亦泛称汉服以外的外族服装。与中原地区汉族服饰的宽衣博带相比，胡服一般多为贴身短衣，长裤和革靴，衣身紧窄，活动便利。衣领上胡服与汉服也区别较大，汉服为交领右衽，胡服则多为对襟或左衽。孔子曾言："微管仲，吾其被发左衽矣！"就是说，如果没有管仲，我就被其他民族统治了，像他们一样披散着头发，穿大襟开在左边的衣服了。

少数民族服装进入华夏民族始于赵武灵王"胡服骑射"。战国时期，赵武灵王为了对抗游牧民族的骑兵，颁胡服令，推行胡服骑射。当时胡服的特征就是衣长齐膝，裤子紧窄，用带钩，穿靴，便于骑射活动。之后胡服一直被历代作为军服使用。南北朝之时，北朝多以胡服定为常服。其间，北魏孝文帝推行改革时，曾禁胡服，改汉服，但是受到了极大阻力。到了隋唐时期，胡服成为帝王打猎之服。开元、天宝年间，开始在民间流行。在陕西等地的墓中壁画有大量反映女子穿胡服骑马的内容。服装特征是翻领、对襟、窄袖。新疆吐鲁番阿斯塔那出土的绢画中也有穿着这类服装的妇女形象。另外，这一时期，随着中原与西域经济文化交往及胡舞的兴盛，还开始流行西域地区以及波斯等国的胡服卡弗坦。卡弗坦形制为锦绣浑脱帽，翻领窄袖袍，条纹小口裤和透空软锦鞋。在两宋时期，因与辽、金对立，朝廷曾多次下令禁止民间效仿胡俗，穿着胡衣，但并未完全奏效，民间仍然有不少穿着胡服者。以至于朱熹在《朱子语类》中说道："今世之服，大抵皆胡服，如上领衫、靴、鞋之属。"明朝在刚建立政权时，也曾下令禁止胡服，后来有关诏令逐渐减少，元朝的某些服饰也曾一直在民间流行。

旗袍 旗袍，是中国古代服饰的典型代表之一，它最早源于清兵入关占领北京之后，并从清太宗皇太极起逐渐发展成为中华民族的代表性服装。旗袍最初并不是女性的特有服装，而是对旗人男女外衣袍装的总称。只是在后来的发展演变中，才成为中华女性的专属和代名词。

清朝，旗袍的基本样式伴随着时代变迁而不断与时俱进。清朝初年，旗袍的样式是宽身、窄袖、低领直筒式，两侧或四面开衩，便于马上活动。清代中期，旗袍的领子逐渐增高，袍身开始变窄，开衩也由四面改成两面，并开始注重镶绣和绣饰。清朝后期，旗女所穿的长袍，衣身较为宽博，造型线条平直硬朗，衣长至脚踝。"元宝领"十分普遍，领高至腮，袍身上多绣以各色花纹，领、袖、襟、裾都有多重宽阔的滚边。至晚清咸丰、同治年间，镶滚达到高峰时期，有的整件衣服几乎全用花边镶滚，十分繁复。在清末至辛亥革命期间，受西方服饰文化影响，旗袍的造型特点转为宽松，平直，袖长至腕，衣长至踝，大襟形式被保留下来，宽镶密滚逐渐失宠。而这也成为旗袍融贯中西发展的开始。

当前，尽管时光几经流转，旗袍不仅没有退出历史舞台，反而还作为一种有民族代表意义的正式礼服频频出现在各种国际社交礼仪场合，并备受世界女性的青睐和追捧。正是基于旗袍的独特的中国服饰造型艺术，国际服装界还将旗袍誉称为"东方女装"的代表。

二 意蕴悠长的冠带

冠带，冠即冠冕，带即腰带，是中国古代服饰等级区分中除衣裳之外，最为重要的两个方面，是中国古代服饰制度的重要组成部分。因冠带多为官员、士人所用，故而，冠带一词后被用来代指官员，还被引申为礼仪、教化。

冠冕 至少在西周时期，冠已成为贵族特有的标志，凡在公众场合或各种礼仪活动中，贵族都要戴相应的冠，并穿与冠式相配的服装，因此古代"冠服"连称。周代冠式主要有两种形制，即冕和弁。冕是在祭祀等正式场合下所戴的礼冠，其样式是冠顶有一幅长方形木板，前后有垂旒，旒以玉珠穿成，垂旒的数目因爵位等级高低而有差别。据记载，天子十二旒，诸侯以下旒数各有等差，等级最低的大夫仅二旒。这种冕式为以后历代王朝沿用，到魏晋之后，只有帝王才能戴冕，故古代诗文中常用"冕旒"来作为帝王的代称。弁则是贵族在一般性的正式场合下戴的冠，类似后代的常服，又分为爵弁和皮弁。秦以后，冠梁逐渐加宽，和冠圈连成覆杯的样子，冠的名目和形制也更复杂化了。《后汉书》记载的就有通天冠、远游冠、高山冠、进贤冠和武冠等十几种冠式。其中，皇帝常服戴通天冠，诸王常服戴远游冠，而进贤冠和武冠则分别是文臣与武将的常服。文官的进贤冠，以冠梁的数目来区分品级高低，如公侯三梁，中两千石两梁等；武官的武冠以冠上装饰区别官职大小，如大司马、将军等冠上饰貂尾，中级武官，冠上饰鹖尾羽翎。"汉冠威仪"对后世影响极大，直到明朝，历代帝王和品官的礼冠基本上都沿用了汉代的冠式。值得一提的是，先秦两汉妇女不戴冠，唐代任命女官后，妇女才冠冕于朝。而民间普通女子还是无冠，只有出家道姑均戴黄冠，故从唐代开始女冠一直就专指女道士。宋代贵族妇女戴花冠，皇后开始戴凤冠。元代贵族妇女戴姑姑冠，冠用绒棉做成，上缀珠玉，高约一尺。

　　冠自出现之日起就在中华民族文化心理中占有重要的一席之地，尤其是冠更蕴含着一定的文化意味。比如，汉民族男子举行的成人礼叫冠礼，就是取顶天立地、从头开始之意。冠还象征着士人的尊严。比如，《左传》中就记载了孔子弟子子路至死捍卫君子不免冠的尊严："以戈击之，断缨。子路曰：'君子死，冠不免。'结缨而死。"

　　腰带　中国古代腰带名目繁多，总体来看，是用大概可分为两类：一类是用丝帛制成的"大带"或"丝绦"；一类是用皮革制成的"鞶革"或"鞶带"，即后世所称的"革带"。大带之制出于商周，其系束方式是由后绕前，于腰前打结，丝带束紧后，多余的部分在腰后下垂，被称为"绅"。"缙绅"一词，本意是指古代大臣把笏板插在腰带里，后来逐渐以其装束代指其人，用来指称官员。大带为丝质腰带的总称，具体称谓则又往往因为材质、织绣纹样的不同而不同，如从材质来说，有素带、练带、锦带等；从织绣纹样来说则有鸳鸯绣带、凤带、莲花绣带、葡萄绣带。鞶带与大带除了使用的材质的不同之外，还有一个突出区别，即鞶带顶端的交接之处，都有搭扣装置，用时只要相搭即可，不必像丝带那样互相系结。搭扣大体上分为"带钩"和"带鐍"两种形制。带钩的出现可上溯到西周晚期至春秋早期。"带鐍"在战国以前多用于西域，秦汉以后传入中原，为汉族所用，到魏晋时期逐渐盛行，开始取代带钩。最早使用带鐍的腰带叫"钩络带"。在钩络带上，除装有搭扣之外，往往还装饰有金属牌饰，上铸镂空纹样。在魏晋南北朝时期，带有这种牌饰的腰带被称为"金缕带"。唐宋以后的史籍中，腰带上牌饰种类渐多，出现了玉带、金带、银带、犀带及角带等等名目。金缕带后来发展成蹀躞带。蹀躞带与金缕带的区别，主要在牌饰上。蹀躞带上的牌饰，既具有装饰性，又兼有实用价值。在牌饰下端，往往还连着一个铰链，铰链上衔接着一个金属小环，专用于系佩刀、剑、磨刀石等物。唐以后不论文武官员，都要系束这种腰带，腰带上的什物多达七种，名为"蹀躞七事"。带鐍除了用于革带之外，有时也会用于丝带。

　　腰带在中国古代除了被用来束衣装饰之外，还往往被用作官阶高下、地位尊卑的象征。如先秦典籍《礼记》中就有对于贵族士人用丝带的详细规定。而革带的等级区分更是严格，最典型的就是"玉带"、"金带"。从唐代开始，玉带形式，成为官阶等级的重要标志。玉带组合的基本形制分方、圆两种，只限于皇帝、太子等特定的阶级，或经皇帝赏赐始得使用。在文献中曾记载唐代名将李靖，因战功卓著，由皇帝破例赏赐"七方六圆"于阗玉带的记载。"金带"在唐宋时，只有三品以上官吏可以系，配合紫衣，于是紫衣和金带成了高官的象征，成语"衣紫腰金"就是由此而来。腰带还以颜色来区分品级，如清代规定皇帝朝服带用明黄，宗室用黄，觉罗用红，其余人皆用石青、蓝色或油绿织金。除了区分官阶尊卑之外，在古代腰带还往往有着传达男女情意的功能。如庾信《王昭君诗》云"围腰无一尺，垂泪有千行"，缠绵悱恻；陶渊明更有"愿在带而为裳，束窈窕之纤身"一说，含蓄温柔，永不分离之意溢于言表。

第四节　丰富多姿的体育

中国古代体育活动内容极为丰富，大体而言，可以分为四大类型：一是脱胎于生活实践和战斗技能的体育活动，如射箭、驾车等；二是以技击和保健为特色的武术活动，如角抵、相扑、摔跤等；三是注重娱乐特色的球类项目，如被称为中国足球的蹴鞠以及被誉为中国高尔夫的捶丸等；四是具有益智特点的棋类游戏，如围棋、象棋、六博戏等。与西方体育多强调竞技性不同的是，中国古代体育活动注重的是娱乐性和技巧性。这种特性在当今享誉海外的中国武术、杂技及棋类游戏等中国传统体育项目中体现得尤为明显。

一　强身健体的武术

武术是几千年来中国人民用以锻炼身体和自卫的一种方法，为中国的传统体育项目。历朝历代原有各种不同名称，如：技击、把势、武技、功夫、白打，等等，1928年官方将其统一称为国术。在国外，中国武术也有着广泛影响，并被习称为中国功夫。中国武术与其他国家相比，有两大突出特点：一是中国武术内化了中国传统文化的哲学意蕴、审美情趣，如太极、八卦、形意的阴阳五行八卦哲学意味，少林、武当、峨眉的宗教色彩等；二是中国武术具有独特的身体技巧和技击表现力，如螳螂拳、蛇拳、鹰爪功等基于仿生理念的特殊拳法等。

少林武当　少林派是中原武术中范围最广、历史最长、拳种最多的武术门派，以出于中岳嵩山少林寺而得名。少林派并不只是少林寺的功夫，而是以少林寺武术为代表的整个外家功夫的集大成。少林武技名显于世，始于隋末。当时，少林寺十三武僧应秦王李世民之邀出山讨平王世充的战役中，以高超的武术技艺活擒了王世充的侄儿王仁则，从而逼降了王世充。自此，少林寺遂以武闻名于世。其后，少林寺僧人曾多次应征参战。尤其是明嘉靖年间，少林寺月空和尚组成了一支30多人的僧兵队伍，开赴松江一带御倭为抗击倭寇侵略写下了可歌可泣的一页。明末清初，少林寺广泛吸收各拳派精华，在本寺武功基础上加以提炼，最终形成内容博深、技艺精湛的少林拳系。

武当派是中华武术的内家名宗，为张三丰所创，武当是道教武林圣地，与佛教的嵩山少林寺齐名，故江湖上有"北宗少林，南崇武当"之说。武当派支派众多，主要有松溪派、淮河派、神剑派、轶松派、龙门派、功家南派以及玄武派和北派太极门等。武当功法，强调内功修炼，讲究以静制动、以柔克刚，以意运气、以会运身，融合道教内丹炼养、无为、虚静、柔弱、自然于武术中，形成贵柔尚意的独特风格，实为内丹气功与武术的融合。晚后的太极拳、八卦掌、形意拳等均是从武当内家拳演绎发展而成的。尤其太极拳，更是名扬海外，业已成为世界各国人民共享的文化遗产。

太极拳 太极拳相传最初由张三丰初创，由内家拳发展出的"太极十三势"，为太极拳的原型，后成为武当太极拳。明末清初，河南温县陈家沟的陈王廷，在家传拳法基础之上，吸收内家拳精髓，融合易经、中医等思想，创编出一套具有阴阳开合、刚柔相济、内外兼修的新拳法，命名为陈氏太极拳，后逐渐衍生出杨式、武式、吴式、孙式、和式等多家流派。

其中杨氏太极拳为河北永年人杨福魁在陈氏太极拳的基础上发展创编形成。杨福魁（1799—1872），字露禅，就学于陈长兴。杨福魁自幼好武，因家贫，于广平府西关大街中药字号"太和堂"中干活。这家药店为河南温县陈家沟人陈德瑚所开，他见杨福魁为人勤谨，忠实可靠，便派他到故乡家中做工。适逢陈长兴借陈德瑚家授徒，杨福魁便从其习拳。后至京师，任旗营武术教习，名望极高，有"杨无敌"之称。杨式太极拳拳架舒展优美、身法中正、动作和顺、平正朴实、由松入柔、刚柔相济，一气呵成，犹如湖中泛舟，轻灵沉着兼而有之，且练法简洁，深受一般大众的喜爱，故而流传最广。

太极是中国古代最具特色和代表性的哲学思想之一，太极拳基于太极阴阳之理念，用意念统领全身，通过入静放松、以意导气、以气催形的反复习练，以达到修身养性、陶冶情操、强身健体、益寿延年的目的。现今太极拳已流传到世界各地，成为中国文化对外交流传播的重要载体之一。

二　动人心魄的杂技

杂技，也称"杂伎"，泛指各种技艺，主要包括柔术（软功）、车技、口技、顶碗、走钢丝、变戏法、舞狮子等。大约萌芽于新石器时代，汉代逐渐形成并初步发展，至今已有2000多年的历史。其中，汉唐和明清是中国杂技史上的重要发展时期。

汉代百戏　汉代，杂技称为"百戏"。这一时期，杂技的卓越成就主要是，各种节目逐渐形成系列，初步具备了后世杂技体系的主要内容，这在世界杂技表演艺术史上是绝无仅有的。根据汉代出土画像砖石中的记载，汉代杂技主要有六大类：一是力技节目，主要是角抵之类较力节目，在汉代百戏中占有重要地位。二是形体技巧节目，主要是"顶功"类节目，这种传统一直延续至今。三是耍弄技巧节目，主要是"跳丸""弄剑""舞轮"等。四是高空节目，主要是走索等。五是马戏与动物戏节目，主要是驯马、驯虎、驯鹿、驯象、驯猴、驯鹤等。六是幻术节目，主要是变花、变鱼、变鸟等，这也是现代中国魔术的绝招。

唐代马技　唐代，杂技空前繁盛，宫廷与民间同步发展。杂技在唐代有着很高的地位，不仅杂技艺人与乐舞艺人一同在宫廷献艺的情况时有发生，有的杂技艺人还得到诗人墨客的吟咏。如白居易《新乐府·五部伎》就有"舞双剑、跳七丸、袅巨索、掉长竿"之句。杂技的民间表演，既有街头小艺，亦有戏场献艺，每当表演时都观者如潮。唐朝的杂技技艺十分精湛，马戏技艺尤为高超。唐人赵璘《因话录》就记载了"透剑门伎"的高超马戏技艺，在表演时，用锋利的刀剑编扎成狭门过道，由表演者乘小马从刀丛剑林之间穿驰而过。如果技艺不精，坐骑驾驭不灵，触及刀剑，人马立毙。唐代"透剑门"，实际上是汉代"冲狭"与马术结合后的发展。

吴桥杂技 河北吴桥县素有"杂技之乡"的美称。吴桥杂技历史悠久，据考古发现，在战国时期的墓穴中，就已发现了用于演练杂技的银首人俑铜灯。吴桥县小马厂村的一座南北朝东魏古墓壁画中，就有对杂技艺术生动描绘，其中倒立、肚顶、马术、蝎子爬等杂技表演尤为逼真。至明万历年间，吴桥杂技活动已经很繁盛。吴桥人东阁大学士范景文曾在《游南园记》中记述了当时在祭台观看马戏的盛况："至则数健儿在焉，见所乘马，翘腾不胜，气作命取，驰骤道上。于是，人马相得，据鞍生风，蹄蹴电飞，着眼俱失，急于雾中。细辨之，见马上起舞，或翻或卧，或折或踞，或坐或骑，或抱或脱，或跃而立，或顿而侧，时手撒辔，时脚蹴鞯，时身离蹬，以为势脱将坠矣，而盘旋益熟，观者无不咋舌，而神色恬然自若也。"此外，明清时期的吴桥黄镇九月庙会，从农历九月初五开始到十月初五结束，历时一个月，是杂技演艺人员切磋交流、提高技艺的一次盛会，其规模之大、时间之长、范围之广都是前所未有的。现今，吴桥杂技已经走出国门，走向世界，在世界各地举办的杂技艺术节上，都可见到吴桥人的身影。

三 怡情益智的棋类

世界上四大棋类，即围棋、中国象棋、国际象棋和日本将棋。在这四大棋类中，围棋和中国象棋是中国优秀传统文化发展到一定阶段的产物，占据了世界四大棋类的半壁江山，至今仍有着巨大影响。

围棋 围棋，古时称"弈"，是古人喜爱的娱乐竞技活动之一，也是人类历史上最悠久的一种棋戏。围棋，最早源于中国，相传为尧所作，至今已有4000多年的历史。中国围棋在历史上主要经历了三次大的变化：

第一次重要变化发生在魏晋前后，主要是局道的增多，魏晋及其以前的围棋棋局纵横17道，合289道；魏晋之后的围棋棋局已改为纵横19道，合361道。此种棋局，已初具现行围棋定制。

第二次重大变化发生在唐宋时期，主要是"棋待诏"制度的实行。

棋待诏，是专门陪同皇帝下棋的专业棋手，有"国手"之称。这一制度从唐初一直延续到南宋，不仅扩大了围棋的影响，提高了棋手的社会地位，更推动了围棋的发展。

第三次重大变化发生在明清时期，主要是围棋迅速普及，棋艺水平大为提高。具体有四方面表现：一是围棋流派纷起，名手辈出；二是围棋在市民阶层中不断流行和发展；三是围棋棋谱大量涌现，棋艺普遍提高；四是棋苑空前繁盛。

此外，围棋还是中国文化与文明对外传播的生动载体。早在唐朝时期，围棋就外传至日本和朝鲜半岛的百济、高丽、新罗。其后，围棋还相继传入欧美等地。围棋的外传，不仅扩大了中华文化的世界影响，还使得世界各国人民对中华民族优秀传统文化的认识更为深入和透彻。

中国象棋　关于中国象棋的起源，古今中外说法不一，主要有黄帝创制说、神农氏创制说牛僧孺改制说、舜帝创制说、周武王创制说、韩信创制说、兵家创制说等。统合以上各家之说，并结合其历史演变，中国象棋主要经历了三个重要发展阶段：

一是萌芽和初步发展阶段。象棋在战国时期即已流行，这一时期的棋制由棋、箸、局等三种器具组成，每方六子，分别为枭、卢、雉、犊、塞（二枚）。以这一棋制为基础，又先后经历了秦汉时期塞戏和南北朝时期象戏的转变。后来的象棋发展，就是以象戏为基础进行的。

二是初具雏形阶段。唐朝象棋活动稳步开展，并较之以前发生了很大变化。这一时期象棋的主要着法是天马斜飞度三止、上将横行系四方、辎车直入无回翔、六甲次第不乘行，这与今日象棋之马行日字、象飞四角、车走直线、卒进不退已经颇为相似。

三是定型和继续发展阶段。两宋时期象棋基本定型，形成了"32枚棋子，棋盘有河界，将在九宫之中"等基本形制。而九宫、河界之类特色，也是中国象棋与国际象棋的一大区别。明清时期，为了下棋和记忆方便，将一方的"将"改称"帅"，同时棋书出版也逐渐增多，扩大了象棋的影响。

中国象棋在客观上承载了对外传播中华民族优秀传统文化的重任，在北宋时期就传入日本、朝鲜、泰国等国，还以其特有的魅力在当前的中外文化交流中发挥着重要作用。

第五章

制度文化

第一节 追求统一的政治传统

自原始社会解体到进入文明时代的成熟国家阶段，中国古代国家形态演进大体经历了古国、方国、帝国（或称邦国、王国、帝国）三个时期。与古代中国的王朝体系相对应，夏商周三朝大体属于王国（或称方国）时代，秦至清属于帝国时代。就体现中央与地方关系的国家结构形式而言，夏商周时期基本属于中央间接统辖地方的复合制政体，秦统一后至清朝基本属于中央直接统辖地方的单一制政体。与近代以来不少西方国家复合制的联邦制国家结构不同，中国自秦始皇统一全国起，就一直保持了中央集权的单一制国家结构形式。中国文化之所以自成体系巍然屹立于世界东方，之所以克服魏晋南北朝和唐末五代那样的分裂局面而国家统一最终成为中国历史发展的大趋势，"大一统"理念之所以成为"天地之常经，古今之通谊"，"海内一统"之所以成为历代政治家的不懈追求，都与中央集权单一制国家结构的形成与存续密不可分。

一 从复合制到单一制的国家结构

商周时期的宗法制和分封制是以血缘关系为基础对国家权力进行分配和再分配的政治制度。在分封制下，诸侯既受封于"天下共主的"

天子并承担相应的义务,又在封国内享有相当高的地位与权力,商周王朝与地方封国构成了一种复合制的国家结构。秦始皇统一全国以后,废除分封制,实行郡县制,建立了以皇帝为中心的中央集权制度,实现了国家结构由复合制到单一制的转变,并为以后历代王朝所沿袭。

商、周时期的宗法制与分封制 宗法制是由原始社会的父系家长制直接演变而来,是将宗族结构中的血缘统属关系与政权结构中的尊卑上下关系相结合的一种制度。宗法制构成了夏商周三代各种政治制度的基础。宗法制在西周时期表现尤为突出,在宗法制下,"天子建国,诸侯立家,卿置侧室,大夫有贰宗,士有隶子弟"。周王为周族之长,自称天子,奉祀周族的始祖,称"大宗"由嫡长子继承王位。其余庶子和庶兄弟大多分封为诸侯,相对于天子,是小宗,诸侯也由嫡长子继位,其余庶子和庶兄弟大多被分封为卿或大夫,形成了"周王—诸侯—卿、大夫—士"的等级序列,周王确立了天下共主的地位。受封的诸侯必须为周天子承担镇守疆土、出兵勤王、缴纳贡赋、朝觐述职等义务,周王通过分封诸侯加强了中央和地方的政治联系,进而强化对地方的统治。宗法制和分封制保持了贵族的政治特权、爵位和财产权不致分散和削弱,有利于维系统治阶级内部的秩序,加强对奴隶和平民的统治。春秋时期,随着井田制的瓦解和争霸战争的发展,周王室衰微,"礼乐征伐自天子出"的局面被打破,周王"天下共主"的地位丧失,分封制遭到破坏。

秦朝统一全国和中央集权政治体制的确立 秦灭六国后,统一了中国,建立了专制主义中央集权制度。秦王嬴政认为自己德高三皇,功过五帝,王的称号已不足以显示自己的权势和地位。因此,他将三皇和五帝的名称合为"皇帝",自称"始皇帝",秦始皇成为"千古一帝"。天子自称为"朕"。规定皇帝的命令称"制"和"诏"。皇帝所用的玉印称"玺"。全国政治经济军事大权,由皇帝总揽。中央和地方的主要官员,由皇帝任免。军队的调动以虎符为凭据,虎符由皇帝控制、发给。改革官制,设置丞相、御史大夫、太尉,合称"三公"。太尉,管理军事;丞相,协助皇帝处理全国政事;御史大夫执掌群臣奏章,下达皇帝诏令,并理国家监察事务。三公互不统摄,直接对皇帝负责。三公之下设有九卿，按其职能，行使权力。秦朝在地方上实行郡县制，郡由中央政府直接管辖，郡守是郡的最高行政长官，由皇帝任命。县是郡以下的一级行政机构。秦制满万户以上的县设县令，不满万户的县设县长，是为一县之首，县令、县长由皇帝任命。除此之外，颁布通行全国的秦律，统一度量衡、货币和车轨，统一文字，修建由都城咸阳通达各地的驰道，开通联系长江和珠江两大水系的灵渠，等等。秦朝中央集权制度形成对封建社会的发展起到了重要的作用。

汉以后的中枢制度　古代单一制的国家结构至少应包括属于中央政府的中枢制度和属于地方行政系统的地方政区制度两大部分。汉以后的中枢制度有两汉时期的三公九卿制、隋唐时期三省六部制、明代的内阁制和清代的军机处等。

西汉初承秦制，在中央实行三公九卿制。汉武帝刘彻为了加强集权，把中央官员分为外朝官和内朝官。内朝由侍中和常侍等组成，成为实际上的中央决策机关，而以丞相为首的外朝官则逐渐沦为执行一般政务的机关。汉昭帝时，大司马权越丞相之上。成帝绥和元年（公元前8），将御史大夫改为大司空，确立起大司马、大司空和丞相鼎足而立的三公制。东汉光武帝时，仍设三公，改大司马为太尉，改大司徒、大司空为司徒、司空。西汉时的"九卿"是列卿或众卿之意，并非只有九个，《汉书》中所见的卿就有十几种。九卿作为中央行政机关分掌具体行政事务，如祭祀、礼仪、军事、司法、行政、文化教育等。东汉时，九卿分属三公，太常、光禄勋、卫尉为太尉所部；太仆、廷尉、大鸿胪为司徒所部；宗正、大司农、少府为司空所部。三公名位虽高，但实权渐归尚书台。三公九卿分工明确，权责清晰，对于巩固和加强中央集权制具有重要作用。

三省六部是隋唐时期的中央最高政府机关。三省为尚书省、中书省和门下省，早在汉代即已萌芽，历经数百年的发展，到隋唐时期取代三公成为正式宰相机构，其下属的吏、户、礼、兵、刑、工六部取代九卿成为朝廷主要行政部门。隋唐三省制之中，中书省（隋称内史省）掌管起草诏敕，门下省掌管审核、封驳。尚书省负责政令的贯彻和执行，六部皆直接受尚书省领导。起初，三省长官为当然的宰相，后略有变化，须加"同中书门下平章事"头衔者方为宰相，一些资历较浅但有才能的官员也可以通过加此头衔进入宰相班子。六部分掌铨选、户口、礼仪、武备、律令和工程，为具体办事机构，其长官为尚书，副职为侍郎。唐朝中叶以后，三省制出现简化趋势，出令、封驳和监督执行的职能渐趋合一，六部职能则变化不大。三省六部制及其相关的宰相制度，体现出一种相互监督、慎重决策的精神。三省六部制组织完备，效能较高，权力划分比较合理，加之唐朝前期用人得当，故促进了当时的政治稳定和经济繁荣。

明朝建立之后，明太祖朱元璋为进一步加强中央集权，废除中书省及宰相，由他一人独揽六部，但事务庞杂，实非一人所能独理，于是设置四名辅政大臣。后来，又罢免辅官，设立殿阁大学士，协助处理奏章。到嘉靖朝，正式形成内阁制。内阁的权力主要体现在"票拟"上，即对各处上呈的奏章提出处理意见，根据皇帝旨意草拟诏令，经皇帝批准后交六部办理。内阁并不是一个正式的最高行政机构，六部也不是它的下属部门，内阁仍带有皇帝私人秘书、顾问的性质。清朝中央集权进一步加强，雍正时期为应对西北军务，挑选内阁中谨慎可靠的中书办理机密事务，后改称军机处。乾隆以后，成为定制。军机处是清朝最高中枢机构，其地位超过内阁。军机处设军机大臣，均为兼职，由皇帝从内阁大学士、六部尚书、侍郎中特选，分满、汉两班，各8人，轮流担任缮写诏旨、记录档案、查核奏议等具体工作。军机处的设置对传统的行政运行机制产生了重要影响，使皇帝的意志得到直接贯彻，有利于提高决策水平和办事效率。

二 从郡县制到行省制的政区制度

古代中国单一制下的政区制度自秦代郡县制至清代行省制，其间多有发展变化，各王朝在管理层级上既有郡县（或州县）二级制，也有道州县（或路州县）、省府县三级制，还有省路府县四级制。历史发展的基本倾向是前期二级制为主，后期三级制为主。

西汉时期的郡国并行制 西汉的建立者刘邦鉴于秦孤立而亡的教

训，实行郡、国并存的制度，他把以首都长安为中心的旧秦国及附近地区划分为 15 个郡，实行郡县制，由皇帝任命守、尉、令、丞，以统治地方。对原燕、赵、齐、魏、楚等地区，采用了分封制。西汉初共分封了 7 个异姓王、9 个同姓王，这些诸侯王共据有 40 个郡，包括了原秦王朝东部大部分土地。汉朝实行双重地方行政制度，即在东部是王国、郡、县三级制，而在西部是郡、县两级制。西汉分封制对于诸侯王在封国内因地制宜发展经济有一定积极意义，但随着诸侯国实力的增强，诸侯王逐渐成为割据一方的势力。汉景帝采取晁错"削藩"的建议，引起诸侯王不满，最终导致"七国之乱"。汉武帝时，实行"推恩令"，即诸侯王位由嫡子继承，其余诸子都可以分到一县或一乡的封地，侯国须属旁郡。这样王国的辖区不断缩小，汉郡扩大。到西汉末，共有 103 个郡国，其中 20 个王国，全国共有县 1587 个。大郡领县 30 个至 50 个不等，诸侯王大国领县不过 10 个，小的只有 3 个至 4 个县。至此，"郡"和"国"之间已经没有明显的差别，同属一级政区。

魏晋南北朝时期的州、郡、县三级制 西汉武帝时期，曾在全国设置十三部州，作为监察区，派刺史巡视郡国。东汉末年，朝廷派中央九卿出任各地州牧，州由中央监察区变为地方行政区，州、郡、县三级地方政区制度得以确立。三级制确立后，由于州牧、刺史手握重兵，并以此为割据资本，使中央集权陷于瓦解，导致三国鼎立割据局面。太康元年（280），西晋平吴，统一中国，全国共置 19 个州，州下置郡、国 173 个，下辖 1232 个县。西晋后期，增置 2 州，州的数量达到 21 个。西晋建立后，为防止政权落入异姓之手，晋武帝司马炎恢复分封制，共封了 27 个同姓王，以郡建国，由诸王出镇都督诸军事，总揽军民之事，以拱卫中央。但随着西晋政权内部矛盾的加深，诸王大部卷入了争夺中央统治权力的斗争，酿成"八王之乱"，反而削弱了中央的统治。与此同时，南、北朝政权还多次滥设州郡。至北周大象二年（580），北方已有 221 个州、508 个郡、1124 个县；梁大同五年（539）时，南方也有州 107 个、郡 586 个。不少地区出现有州而无可辖的郡，郡无可辖的县；有的两州同在一地或一地有两个郡名，使地方政治制度陷于混乱。

隋唐时期的州（郡）、县二级制 隋朝建立后，开皇三年（583）

罢天下郡，以州领县。开皇九年（589），隋平陈，统一全国，又将州、县两级行政区划制度推向全国。大业三年（607）又改州为郡，变成郡、县二级制。隋朝有郡190个、县1255个，县的数量与南北朝后期没有太大变化，实行州（郡）、县二级制后，政区过于精简，不利于行政管理。唐武德元年（618），改郡为州，恢复州、县二级制。唐初有州328个、县1573个，每州管三至五县不等。唐初在军事要地置总管，后改为都督，管辖几个州的军事。唐永徽（650—655）以后为加强防务，给边境诸州都督带使持节，以增加其权力，称为节度使。开元时有沿边八节度使，天宝时有沿边九节度使和岭南经略使。开元末年，节度使的权力渐重，除军事外，还兼支度使、营田使、采访处置使。节度使权力过大，最终导致"安史之乱"的爆发。此后，内地遍设节度使，大的领十多个州，小的领三四个州。节度使兼所驻州的刺史，则该州称都府，而他州则称支郡。其辖区称方镇或道，不重要的地方则设观察使或防御使、经略使统辖一道，从而形成了道（方镇）、州（府）、县三级地方行政区划。五代十国就是唐末藩镇割据的延续。

宋代路级区划的设置 北宋统一中原后，为改变"方镇太重，君弱臣强"的局面，除收军权于中央外，地方行政机构采取分路而治，形成路、州（府、军、监）、县三级政区。唐玄宗时，全国分十五道，各道设采访使，其职权主要是监察非法。宋至道三年（997），改道为路。北宋路以转运使为主，初分时极不稳定，省并频繁，至元丰八年（1085），定为23路。转运使及副使、转运判官成为朝廷特命的路一级的常设官员，主要管领所属州郡的水陆转运和财政税收，其后权力扩大，有时也兼管刑法和民事。又设安抚使，由本路最重要的一州的知州兼任，主管一路的军政，兼管民政和司法、财政。宋真宗时，为分割转运使的职权，又设提点刑狱公事、判官，主管一路的司法，兼荐举官员。转运使、安抚使、提点刑狱各设官衙，转运使司俗称漕司，安抚使司俗称帅司，提点刑狱司俗称宪司，总称"监司"。监司剥夺了节度使的财权、兵权和司法权，号称"外台"，作为皇帝的"耳目之寄"，权任颇重。府州机构沿袭唐代。军原为五代时的军区，后因兼理民政而成为行政区，仍保留军的旧名。监多半设于工矿地区，以加强矿产开发的管理。为进一步控制地方，北宋朝廷在府、州、县设置知府、知州、知县的同时，还在各府州置通判，规定一切政令须经通判副署，通判并可随时向朝廷奏报府州情况。

元、明、清时期的行省制　自元代开始，我国地方行政区划进入省制时代，直至当今。省名出现很早，魏晋时已有尚书省、中书省之称，然皆为中枢要署，不辖地方。金人主中原之初，曾在外地设立行尚书省，但也为时短暂。元朝行省承袭金制窝阔台即位设中书省，以耶律楚材为中书令，元世祖忽必烈在地方置若干行中书省，作为朝廷中书省在外地的办事代理机构，其职责最初只管军事，后演变为兼管民政。长官也由中央官演变为地方官；行省成为元代地方的最高一级行政区划。元代实行省、路、府（州）、县四级制。明代地方行政区划仍采取省制，取消了路一级行政机构，以府代称，为地方二级行政机构，长官为知府、同知、通判等官员，掌管一府的民事财政，宣教化，平狱讼，均赋役，执行中央与省的各种政令。清代沿袭明代地方行政体制，仍实行省制，由于省区过大开始析省，遂由15省增至23省，奠定了我国现代省级区划的基础。清代省级行政长官为巡抚，掌一省军民财政和监察大权，布政使协助巡抚管理民政，俗称"藩台"；按察使是协助巡抚掌监察的助手，俗称"臬台"。省以下的二级行政区是府和直隶州，三级行政区是县或散州，官员职责与明代相同。较以往郡县制，行省制中的行省长官为朝廷的派出官员，严格服从中央，并给予地方一定的权力。这种统分结合的制度模式，既有利于中央对地方的控制，也有利于调动地方的积极性。

第二节　因俗而治的民族政策

中国自古以来就是一个统一的多民族国家，少数民族是这个统一的多民族大家庭的重要组成部分。各少数民族与中华民族是多元一体的关系。各少数民族对开发、巩固边疆作出了突出贡献，促进了统一多民族国家的形成和发展。历代中央王朝管辖边疆少数民族的指导思想是

"修其教不易其俗，齐其政不易其宜"，亦即在保留少数民族原有风俗习惯、宗教信仰和生产方式不变的前提下，实行因俗而治的民族政策。这一民族政策，考虑到了各民族发展水平的不平衡性和社会风俗的差异性。随着中原文化向心力和中央政权控制力的增强，因俗而治民族政策的内涵也在发生变化。尤其清朝以来对西藏、新疆和台湾的有效管理以及对西南土司实行"改土归流"，边疆民族地区管理模式与内地逐渐趋同。

一　多元一体的民族格局

在漫长的历史进程中，我国各族人民密切交往、相互依存、休戚与共，形成了中华民族多元一体的格局，共同推动了国家发展和社会进步。这一格局的形成经历了从分散多元到合成一体的过程。各民族对中华民族的文化认同、身份认同，促进了统一多民族国家的形成。

统一多民族国家的形成和发展　约在公元前21世纪，黄河中下游地区的一些部落联盟逐渐融合成为"华夏"族，或称"诸夏"。开始进入阶级社会，建立了第一个国家"夏朝"。在中国国家形成和发展的最初阶段——夏、商、周时期，中国境内以及周边的一些经济文化比较落后的氏族、部落和部落联盟，多向夏、商、周王朝朝贡称臣。当时"中国"一词，是指王京而言。中国以外的周边各族，则被称为蛮、夷、戎、狄。春秋战国时期，诸侯国之间的争霸、兼并战争，以及各地区之间的交往，促进了民族之间的交融，使全国统一的条件日趋成熟。

秦朝统一中国，适应了当时大一统的历史发展趋势，在中国历史上第一次形成了统一的多民族国家。秦朝建立后，北击匈奴，南伐百越，并于地方设置郡县，进行有效的管辖。在统一王朝的治理下，各民族之间的政治、经济、文化联系更加密切。两汉时期，实现了对西域、西南以及华南两广的统治，既大大扩展了疆域，又有效地开发了边疆。在秦汉大一统的条件下，"诸夏"逐渐发展形成为汉族，并奠定了作为中国主体民族的坚实基础。同时，北方的匈奴，南方的诸越，东北的乌桓、鲜卑，西北的诸羌以及西域各族，都先后与汉族展开激烈的竞争，登上了共同缔造统一多民族国家的历史舞台。

　　魏晋南北朝时期,是中国各民族大迁徙、大融合的重要时期。南迁的匈奴、鲜卑、羯、氐、羌等少数民族,先后在黄河流域建立政权。太延五年(439),鲜卑族建立的北魏政权统一中国北方。尤其是孝文帝实行的汉化改革,促进了鲜卑族向封建制过渡,促进了民族融合和经济发展。这一时期,各族人民相互融合,为以后隋、唐多民族国家的重新统一准备了条件。

　　隋朝结束长期分裂局面,重新统一中国。唐代,是中国封建社会繁荣强盛的时期。唐朝时攻灭东、西突厥及薛延陀,东北契丹、库莫奚、室韦、靺鞨,北方铁勒诸部,西域诸国以及南方今越南北部,都先后臣服于唐。唐于其地分置安东、安北、单于、北庭、安西、安南等都护府进行管辖,使其分隶于河北、关内、陇右、岭南四道,我国统一的多民族国家得到更空前的发展与巩固。

　　五代十国时期,中国再一次陷于纷扰割据的局面。中原先后出现梁、唐、晋、汉、周五个王朝,其中有三个为沙陀族建立。宋朝完成了局部统一,在周边还有契丹族建立的辽,党项族建立的西夏,白族人建立的大理等政权。各少数民族借助自己政权力量,加强了与汉族的交往,相互学习,逐步缩小了与汉族的差距,为元朝更大规模的民族融合和多民族国家的重新统一做了准备。

　　元朝的统一比隋唐时期又再向前推进了一步,西藏地区正式列入中原王朝的行政区划,中国各民族各地区之间的联系更加密切。明初继承和维护了元代开拓的统一局面,但大漠南北始终在蒙古鞑靼、瓦剌贵族的统治之下,西域则先后在帖木儿、别失八里、吐鲁番等封建主的统治之下。清朝粉碎了少数民族贵族与西方侵华势力分裂国家的阴谋。同时,采取了得力措施加强了地方行政管理和中央集权,使我国的统一多民族国家形式得到巩固。

　　少数民族的历史贡献　　历史上的各少数民族主要分布在我国东北、蒙古高原、西北、青藏高原和西南大部分地区。这些地区自然条件和生态环境千差万别,既有沙漠戈壁、高原盆地,又有寒冷潮湿的山地,炎热难当的亚热带丛林,大部分地区生活环境恶劣。边疆各族人民,因陋就简，祖祖辈辈坚持不懈地开发边疆，并因地制宜地创造出适合本地区、本民族生存的发展模式。如契丹、女真对东北地区的开发，藏族对青藏高原的开发等，都对边疆地区的繁荣和发展作出过重要贡献。

民族政权的局部统一是全国大统一的前奏，全国大统一是民族政权的归宿。中原地区先进的经济文化产生的巨大向心力是任何民族政权无法阻挡的。在长期的交往过程中，周边民族对中原文化的仰慕、认同，进而接受，在经济和文化上相互融合。从历史的发展规律看，中国历史上的民族政权在数量上呈现逐渐减少的态势，到清代康乾时期，全部投入祖国的怀抱，形成中华民族大家庭。边疆民族政权的建立客观上促成了秦汉、隋唐、元明清大一统时期的形成。

古代少数民族还对中华民族的统一大业作出过积极贡献。蒙古族建立的元政权，满族建立的清政权都是中国历史上的大一统王朝。元、清两朝的开疆扩土，奠定了今天中国疆域的基础。同时，清朝还采取了一系列维护国家统一和领土完整的行动。康熙年间，收复了台湾；抵御沙俄入侵，维护东北领土主权，并与俄国签订《尼布楚条约》，初步划定了中俄东段边界；乾隆中叶，平定准噶尔部叛乱，统一了新疆。以上举措，巩固了中国多民族国家的统一，增强了中华民族的凝聚力。

二　因时而置的管理机构

中原王朝为实现对少数民族的管理，创立了都护制度、属国制度、羁縻府州制度、土司制度等。这些制度既是历代封建王朝处理民族关系的重要策略，又是管辖治理少数民族的管理机构，它体现了中原王朝对少数民族地区的特殊政策。尽管具有一定的历史局限性，但对少数民族地区社会经济和政治文化的发展产生了深远影响。

两汉时期的都护府和属国　西汉时，西域民族众多，政权林立，既有从事畜牧业的乌孙、鄯善等国，又有以农耕为主的于阗、疏勒、龟兹、大宛、焉耆等国，还有以畜牧业为主也从事农耕的车师等国。西汉初年，西域处在匈奴控制之下。匈奴冒顿单于征服西域，设僮仆都尉，向各国征收繁重的赋税。汉王朝统治者在同匈奴斗争的过程中，逐渐认识到西域的重要性。建元三年（前138），汉武帝派遣张骞出使西域，沟通了西汉王朝与西域的联系。此后，汉政府在楼兰、渠犁和轮台驻兵屯垦，置校尉。这是西汉在西域最早设立的军事和行政机构，为后来设西域都护创造了条件。此后，西汉又在西域陆续设立使者校尉、伊循都尉、护鄯善以西使者等官员和机构，建立了与车师、楼兰、渠犁、龟兹等国的隶属关系。汉宣帝神爵二年（前60），以郑吉并护鄯善以西南道、车师以西北道，称都护西域骑都尉，于乌垒城（今新疆轮台东小野云沟附近）设都护府，监护西域三十六国（后分为五十余国），遂为常制。有副校尉、丞一人，司马、候、千人各二人。东汉时，设立使匈奴中郎将一人，主护南单于。护乌桓校尉一人，主乌桓。护羌校尉一人，主西羌。东汉永平十七年（74）复置西域都护府，后或省或置。班超任都护时，都护府移治龟兹。安帝永初元年（107）以后不复置。延光二年（123）以后遣西域长史屯柳中（今新疆鄯善西南鲁克沁）。西域事务遂由戊己校尉、西域长史主之。西域各地方政权所设官员除受西域都护府等管辖外，还必须经过汉朝中央政府的批准和任命，才能在其辖境内行使职权。西域都护、西域副校尉、戊己校尉由中央政府派出，均由军事武官担任，人选均出自内地。西域都护府是在西域诸国各自独立的行政体系上，叠加一个受汉朝领导的政府，实现了汉朝对西域地方政权的初步统一。

汉朝政府不仅设立护羌校尉管理西羌事务，而且建立金城属国等，管理羌人居住地区。金城属国建立于汉宣帝神爵二年（前60）。汉宣帝神爵元年，西汉政府派光禄大夫义渠安国处理西羌事务，义渠安国举措失当，激起羌人反抗，围攻金城郡，遭到西汉政府的镇压。次年，西汉在西羌属地建立金城属国都尉，治所最初在金城郡允吾县西。东汉建立后，沿袭西汉制度，继续设立金城属国。由护羌校尉代行属国都尉职权，管辖金城湟水两岸的羌族牧民。汉朝政府除设置使匈奴中郎将管理匈奴族事务外，还设置了安定属国、天水属国、西河属国、上郡属国、五原属国、张掖属国等，管理归附的匈奴族部众。在东北地区则设置了辽东属国，管理乌桓等归附的边疆少数民族。汉代实行的属国制度以属郡管理从事农耕有户籍的汉族百姓，以属国管理从事畜牧业没有户籍的牧民，在一个地区实行两套管理制度，是"因俗而治"政策的体现。

隋唐时期的羁縻府州及都护府　隋唐两代，周边各族种类既多，分布地区亦广。各族情况不尽相同，其所设施，亦因时因地而有所差异。大抵以游牧为生的民族，皆随畜迁徙，居处靡常。唐时，这些从事游牧生活的民族在内附之后，唐朝按照内地通行的制度，设置州县，并置都督府加以统辖。与内地不同的是，这些设置在边疆少数民族地区的都督府的官吏一般由部落首领担任，因此称之为羁縻府州。唐代的羁縻府州包括羁縻都护府、都督府、州、县四级，主要集中在关内道、河北道、陇右道、剑南道和岭南道，总计800多个，主要统辖于单于、安北、北庭、安东、安西、安南六大都护府。其中，安西、北庭两大都护府管辖西域；安北、单于两大都护府管辖北疆；安东大都护府管辖东北；安南大都护府管辖南疆。各大都护府设大都护、副大都护、副都护、长史、司马、录事参军等。在都护府下，一般设有军、镇、城、守捉、戍、堡等军事建置。唐代的羁縻府州，以各少数民族部落的活动范围为设置羁縻府州的行政区划的基础，都督、刺史均由少数民族首领担任，可以世袭。羁縻府州管辖下的部民不向唐政府直接交纳赋税，户口也不上报户部，但各首领要向唐政府交纳贡品。各羁縻府州由都护府直接管辖，再统于唐朝中央政府，是唐代重要的地方行政区划，也是唐王朝民族政策的重要体现。它们的设置，在保留各少数民族社会风俗的同时，实现了国家对边疆少数民族的有效管理，对于维护多民族国家的政治稳定，促进各民族之间的交往具有一定积极意义。

元代的宣政院　元朝是以蒙古族贵族为主体建立起来的封建王朝，疆域辽阔，境内民族众多。元朝建立之后，采取"因其俗而柔其人"的政策，在中央政府中设置帝师、宣政院等官员和机构，管理民族事务。帝师是元朝皇帝宗教方面的导师，同时也是管理全国佛教以及吐蕃军政事务的高级官员。元世祖忽必烈即位后，任命八思巴为帝师，授以玉印，任中原法主，统领全国教门。同时，任命八思巴管理吐蕃事务。元代帝师领吐蕃事，是元政府利用帝师的宗教地位和影响，加强对吐蕃地区管理的体现。忽必烈以八思巴为帝师后，为了使帝师既能管理佛教事务，又能对佛教有关的某些吐蕃地方事务进行处理，便在中央设置了总制院。同时，又设置了功德使司，作为帝师的办事机构。后来，两机构合并，更名宣政院。长官为院使，下设同知、副使、佥院、院判、参议等。官员由院使自选。元政府对宣政院极为重视，院使一般由蒙古王室中的重要人物担任。吐蕃如有大事，则置行宣政院前往当地处理。如涉及重大军事行动，则需要和枢密院一同商议。元政府在吐蕃地区还设置了三个宣慰使司都元帅府，隶属于宣政院，作为地方机构管理吐蕃地区。一是吐蕃等处宣慰司，管辖吐蕃东北部地区，即今甘肃、青海、四川境内的藏族居住区；二是吐蕃等路宣慰使司，管理吐蕃东部地区，即今四川、云南境内的藏族居住区；三是乌斯藏纳里速古鲁孙三路宣慰司，管理吐蕃西部和中部地区，即今西藏自治区。其官员僧俗并用，军政兼管。从此，西藏正式成为我国中央政府直接管辖的一个地方行政区域。

明代设置的奴儿干都司和土司　明朝时期，东北边疆地区除汉族外，还居住着女真、蒙古等少数民族。女真族分布在松花江、乌苏里江流域和黑龙江中下游广大地区。明朝初年，女真人逐渐南迁，形成了建州、海西、东海三大部。蒙古族主要居住在松花江、嫩江和辽河流域。明太祖、成祖时期，曾三次派遣官员到奴儿干，招抚当地各女真部落。永乐二年（1404），明朝设置奴儿干卫。七年，奴儿干首领忽剌冬奴来朝，请设元帅府。于是，明朝遂置奴儿干都司，分隶五军都督府，听命于兵部。奴儿干都司，是明朝在黑龙江下游设置的管辖黑龙江、乌苏里江流域等地区的最高地方机构。西起鄂嫩河，东至库页岛，北达外兴安岭，南濒日本海和图们江上游，包括黑龙江流域和乌苏里江流域至库页岛的广大地区。辖区内广置卫所，作为都司所属的地方军政建制。生活在这一区域内的少数民族首领，由明政府予以册封，授以都智指挥指挥千户、百户镇抚等职，使之臣属于明朝，并承担、纳税、从征等义务。奴儿干都司的设置密切了奴儿干同明朝的政治联系、经济往来和各族人民之间的友好关系，促进了当地社会经济的发展。

明代云南、贵州、两广、湖南以及四川等地，除汉族外，还生活着苗、瑶、彝、傣等少数民族。元朝曾在这些地区设置土官进行管理。明朝建立后，总结了历代羁縻统治的经验和元代土官制度的情况，形成了一套比较完整和健全的"土司制度"。土司的官职分为文、武两个系统，有宣慰使、宣抚使、安抚使、土知府、土知州、土知县等官职。这些土司官职，均由政府任命，颁发印信、号纸。世代守护其土，管理其民，世袭其职。同时，明朝在西南地区还建立了军事卫所，隶属各省都指挥使司。都司下设都司土官，将诸土司的土兵纳入都司的管辖之下，都司和卫所官员均由朝廷任命，土官可以世袭。土兵听从朝廷和都司的调发。明朝设置土司的目的是"因其俗，使之附辑诸蛮，谨守疆土，修职贡，供征调"，对于稳定南疆和少数民族地区的统治，起了一定积极作用。但土司制度也存在明显的弊端，土官世袭容易造成割据势力。明朝时，开始逐渐采取削弱土官的措施，改土司为府、州、县，由中央派官员治理，或废除府、州、县中的土官，全部由流官统治，但并不彻底。清代雍正、乾隆两朝大力推行改土归流政策，取消了土司制度，有利于提高当地各族人民的身份，改变土司割据状态，促进了统一的多民族国家的巩固。

清代的理藩院 明朝末年，皇太极统一了蒙古，于崇德元年（1636）创设"蒙古衙门"。崇德三年（1638）改名理藩院属礼部。当时官员叫"承政""参政"，全部机构不过十几人。清王朝建立后，顺治帝将"承政""参政"分别改为"尚书""侍郎"。康熙帝时，理藩院地位提高，与吏、户、礼、兵、刑、工六部相同。同时，建立了录勋、宾客、柔远、理刑四个司，成为处理各种民族事务的主要部门。康熙中叶开始，理藩院管辖地区范围也从蒙古扩及到新疆、西藏等地。到乾隆中叶，理藩院调整发展成典属、王会、旗籍、柔远、徕远、理刑六个司和满汉档房等机构，光绪三十二年（1906）又改为理藩部。理藩院大臣地位崇高，经常参与国家大政方针的讨论和执行，为清朝军国要务，特别是对边疆少数民族地区的统治筹划谋略。理藩院还会同刑部制定少数民族刑法，审理少数民族地区发生的刑事诉讼案件。同时，理藩院还管理藏传佛教事务。包括负责京师、蒙古、青海、西藏等地区所有转世活佛的登记造册；掌雍和宫金奔巴瓶掣签，决定京师、蒙古、青海等地区的活佛转世；给予喇嘛度牒、札付，办理敕印；办理呼图克图喇嘛的年班、请安，达赖喇嘛、班禅额尔德尼进贡，在京喇嘛考列等第、升迁、调补，以及奏请寺庙名号和寺庙工程。此外，理藩院的职掌还包括赈济灾荒；办理满蒙联姻；管理会盟、驿站，稽察蒙古地区户丁；管理各旗疆界，调解各部纠纷以及管理少数民族王公朝觐、贡物、燕赉、廪饩、封爵和俸禄等。理藩院官员经常参与清政府的议政和军事活动，和形形色色的分裂势力进行斗争，维护了清朝的国家统一。

第三节　独树一帜的中华法系

世界法学史上主要有五大法系，即"大陆法系""英美法系""印度法系""伊斯兰法系"以及中国传统文化所孕育出的"中华法系"。中华法系的影响范围在历史上波及整个东亚地区，日本、朝鲜、越南等国的法律都曾属于中华法系的一部分。中华法系自夏代至清朝，4000多年一脉相承，沿革清晰、内容丰富，与同时期的世界各大法系相比，其特点主要体现在：立法思想上儒家学说逐渐占据主导地位；礼所规范的宗法伦理秩序与法律相结合；立法权与司法权集中于中央，司法与行政合一，地方行政机关兼管司法；在法典的编纂结构上没有专门的民法典，但法典内部包含了刑法、民法、诉讼法、行政法、经济法等多种内容。

一　源远流长的法典编纂

制定成文法典来作为国家和社会的规范是法律发展的一种趋势，在今天，即便在有着判例法传统的英美法系中，制定法也逐渐增多。有系统地编纂成文法典正是中华法系的重要传统。这些法典的制定虽主观上意在维护等级制度，但客观上对维护国家的统一，保证政府的正常运转，维持社会秩序有着重要意义。

法的最初发展　中国最早的成文法典可以追溯到文明诞生之初。约公元前 21 世纪建立的夏王朝便有"禹刑"。继夏而起的商朝有"汤刑"。西周时期除有《九刑》《吕刑》等法典外，周王颁发的若干

"誓""诰""命"也都带有法律的性质。西周以"明德慎罚"为原则指导断罪量刑，并开启了"礼"与"刑"的结合。此外，土地所有权转移、租赁、债务等内容也开始出现在法典中。

春秋战国是一个社会剧烈变革的时期，各国纷纷立法以适应新的社会秩序。周景王九年（前536），郑国的子产将刑法铸于铜鼎之上，周敬王七年（前513），晋国也铸刑鼎，此后各国纷纷效法。在春秋时期各国广泛立法的基础上，战国初期的魏国政治家李悝又根据当时的社会发展形势制定《法经》。

《法经》分盗、贼、囚、捕、杂、具六篇。"盗法"保护私有财产；"贼法"保护人身安全并维护社会秩序；"囚法"规定了审判的原则；"捕法"用来缉捕盗贼；"杂法"用来处罚狡诈、越城、赌博、贪污、淫乱等行为；"具法"规定了定罪量刑中从轻从重等法律原则，近似于现代法律中的总则。《法经》是中国历史上第一部比较系统的成文法典，对后世影响深远，秦律、汉律皆以其为蓝本。

秦汉魏晋时期的法典　战国初期，秦国法律还比较落后，但在秦孝公三年（前359）商鞅主持的秦国变法中，借鉴李悝的《法经》形成秦律。除沿袭《法经》的六篇内容之外，秦国还发展了大量单行律文，如"田律""厩律""仓律""关市律"，等等，使得政府和社会的各个领域皆有法律依据。除"律"外，还有"令""式""例""法律答问"等多种法律形式，涵盖了法律解释、文书程式、经典判例等多种内容。

秦代法制虽严密但过于苛刻，西汉最初建立时曾以"杀人者死，伤人及盗抵罪"来短暂代替。西汉统治稳固后，简单的"约法三章"已经难以满足需要，于是丞相萧何依据秦律制定了《九章律》，除延续秦律六篇之外，还增加了"兴律""厩律""户律"，分别涉及徭役、户籍、赋税、畜牧等方面的内容。汉武帝时期（前141—前87），儒学的地位逐渐尊崇，董仲舒提倡"引经决狱"，即依据儒家经典中的原则来判决，例如对于违背"三纲五常"的行为按照经义加重处罚。这是汉朝司法官员在不破坏已有法典的前提下，对司法活动进行的儒家化改造。针对临时出现的社会问题，皇帝颁布的诏令也具有法律效力。这种诏令因事而设，更具灵活性，是律的补充，汉朝会每隔一段时间加以编纂整理。除"律""令"外，主要的法律形式还有"科"和"比"，分别是律文的补充和案例。

三国时代魏国对秦汉旧律作了较大改革，形成的魏律十八篇对后世影响较大。晋武帝泰始三年（267）制定《泰始律》，第一次将标识亲属远近的服制纳入律文，"准五服以治罪"，即亲属之间的犯罪，卑者侵犯尊者要加重处罚，反之则处罚较轻。晋律的制定标志着儒家伦常正式入律，一直沿用至东晋南朝。

北朝法律中最有成就的是北齐的立法活动，主要包括"律""令""格"三种形式，其中最重要的是"律"。北齐在总结秦汉以来各代立法经验基础上，又加以精心编纂，形成了"法令明审、科条简要"的北齐律，是隋唐律法的直接来源。

唐代立法及其的影响　隋朝刚刚建立便着手制定法典，隋文帝开皇元年（581）以北齐律为蓝本，广泛吸收魏晋以来的法典，也参考南朝齐、梁的立法成就，形成《开皇律》。唐初律法基本沿袭隋律内容，直至太宗贞观（627—649）年间才对隋律有了较大的修改。此后高宗永徽年间（650—655）和玄宗开元二十五年（737）均曾修订法律，重新颁布"律""令""格""式"。

唐律是现存最早的内容完整的法典。尤其重要的是，高宗永徽三年（652）唐朝集合全国的律学人才编写了《唐律疏议》来作为唐律的官方正式解释。《唐律疏议》总结两汉、魏晋以来立法和注律的经验，不仅对主要的法律原则和制度作了精确的解释，而且大量引用儒家经典作为律文的理论根据。《唐律疏议》的完成，是中国古代法典编纂的高峰，也是汉代以来"以礼入法"过程的总结，是中华法系的代表性法典。

唐律吸收前代立法精华，承上启下，有着深远的影响。内容分为十二篇，篇名依次为"名例""卫禁""职制""户婚""厩库""擅兴""贼盗""斗讼""诈伪""杂""捕亡""断狱"，其中"名例"相当于现代的刑法总则，规定了刑罚制度和原则，其他各篇分别针对各种犯罪而设。唐律内容完备、结构严谨、文字简明、注释准确，因而被后世奉为立法的楷模。五代时期的立法基本上取法于唐，北宋《宋刑统》的内容基本是唐律的翻版。唐律的影响还远播海外，朝鲜《高丽律》，日本的《大宝律令》《近江令》，均以唐律为蓝本。越南李太宗时期颁布的《刑法》和陈太宗时期颁布的《国朝刑律》，内容也与唐律大体相同。

唐代另一项重要的立法成就是唐玄宗开元二十五年（737）制定的《唐六典》。这部书规定了唐代中央和地方国家机关的机构、编制、职责、人员、品位、待遇等内容，是保存至今最早的一部完整的国家行政法典，对以后各代《会典》的编纂有深远影响。

宋、元、明、清在法典形式上的创新　宋代的法律形式除律、令、格、式外，还有"编敕"。敕令是皇帝针对个别事件发布的命令，内容更贴近当时的社会，因而政府便每隔一段时间把一些有较普遍意义的敕令编纂起来，成为一种独立的法律形式。宋神宗以后"敕""令""格""式"并行，而且为了便于检索还往往编纂在一起，形成了"条法事类"这一法律形式。南宋宁宗时期（1194—1224）编成的《庆元条法事类》一直保存至今。

元朝建立后，法律内容基本依循唐律，在法典形式上学习宋朝的"编敕"。如流传至今的《通制条格》，其中"条格"之意就类似于"敕"。元成宗时期，曾规定各地官府抄录元代建立后所颁布的法律文件以作为今后行政、判案的依据。现存的《大元圣政国朝典章》（简称《元典章》）就是当时地方胥吏汇抄法令的一个版本。

明朝建立后，一直基本依循唐律的篇目，直到明太祖洪武二十二年（1389）改定《大明律》，首篇仍为"名例"，但其主要内容则按照六部官制分为吏、户、礼、兵、刑、工六律，隋唐以来沿袭数百年的律文篇目结构至此大变。明清易代后，这种篇章结构也被《大清律例》所沿袭。明代另一创制为会典。《明会典》是以行政法为主体的法典，以六部官制为纲，其中"刑部"二十二章中详细汇集了包括《大明律》在内的各种法律内容。清代仿照《明会典》编纂的《清会典》规模更加宏大，康熙、雍正、乾隆、嘉庆、光绪五朝均有编纂，首尾相连，囊括了有清一代的典章制度和法令法规，是"会典"这种体裁的集大成者。

二　规整严密的司法体制

法典自身并不能自动规范社会秩序，再细密完备的法典也需要有与之相配套的司法体制来支撑。在传统司法体制中，皇亲、贵戚、官僚享有的等级特权无疑为其弊端，民刑不分、司法与行政合一等原则也有其时代局限性。但是，传统司法中从中央到地方有着规整严密的体制，而且最高司法权集中于中央，这些都对维护统一有其意义。

诉讼机构　历史上的诉讼机构大体分为中央和地方两部分。中央审判机关负有审理重大案件、复核地方送审案件、接受越级上诉案件等职责。虽然中央设有专门的审判机构，但监察、行政机关也可以审理案件。西周时期中央的审判机构为司寇。秦汉时期中央九卿之一的廷尉是负责审判的长官。秦汉以后逐渐形成的中央司法审判机构主要还有大理寺、刑部、御史。遇有重大疑难案件，须多个司法机关共同审理，如唐代的"三使"（大理寺、刑部、御史台）和明清时期的"三法司"（大理寺、刑部、都察院）。

地方并无专门审判机构，一般由行政机关兼行审判权。县以下的乡里作为最基层的行政组织具备一定的民事调解权，但决定权以及刑事案件的处理并不属于乡官。县一级的审判权由县行政长官掌握，具体司法事务有副手辅佐，如秦汉时有县丞主管司法，唐代有司法佐、史。在权限上，秦汉时期县令有权判处死刑，唐宋以后则只能断决轻罪，徒刑以上之罪皆须送交上级断决。秦汉至隋唐县级长官不必亲自问案。宋代开始要求县级长官亲自断案，以免胥吏上下其手造成冤假错案。

县以上的审判机关随着历代行政建制变化而有所不同。秦汉时期为郡县二级体制，魏晋南北朝时期为州、郡、县三级体制，掌握审判权的均为各级长官。隋唐以前地方官的司法权力较大，一般案件在州、郡一级可以解决，只有疑难案件才送交中央。唐代以后，地方审判制度日益细密规范。以宋代为例，作为州级长官的知州下设若干职位辅佐司法事务，过程一般是司理参军负责调查与审理；司法参军根据审得的事实选择适用的法律条文；判官或推官定罪量刑；知州形成最后的判词。

诉讼程序 传统社会诉讼的第一步是向有审判权的官署提起诉讼，即"告状"，这一般是告状者的个人诉求，但在一些严重危害社会秩序的案件中，"告状"也是知情人的一种责任。诉状要求实名，历代律典皆对匿名告状者有相应的惩罚。普通案件的诉讼必须要从最基层的审判机构开始。接到诉状后，审判机关会要求当事人到案接受审讯，羁押与案情有关人员，然后开始关键的审问环节。

为保证审问环节的公正性，历代法典皆规定了审问所遵循的一些制度和原则。首先是回避制度，审判官与被审问人有嫌隙或亲属关系的，应该换人审理。结案期限制度，即依据案件重要程度有结案期限，以免对涉案人员长期羁押。"依状鞫狱"制度，即只依据原告诉状来审问，避免法官滥加罪行。还有原告、被告双方对质原则。在案情比较明晰，被告嫌疑较大时，为获取口供还可加以刑讯。依据案件的疑难程度和各级审判机构的权限，重要案件须交送上级审理或复核。

传统社会判决的特色在于，宣读判决书之后还要"取囚服辩"，即只有被告亲口服罪才能结案，如若不服则可上诉。上诉既可以在一定期限内逐级向上级机关请求改正，甚至还可以通过"直诉"直接向朝廷诉冤。常见的"登闻鼓"就是一种"直诉"形式。

历代法典都规定了判决执行的期限，过期未执行要受到惩罚。还规定犯死罪的孕妇要等产后一百天才能执行，反映了律法人性的一面。死刑执行前有"复奏"制度，即多次奏请皇帝考虑是否处决，体现了对死刑的慎重。

重视证据、录囚等传统 中国传统司法中还具有一些优秀的原则。首先是重视证据。在定罪过程中，虽然是以被告人口供为最重要的定罪依据，但也广泛寻找多重证据来辨明是非。《周礼》中就要求审案时要有人证、书证、物证等证据，还要求原被告双方皆在场，不能偏听偏信，要仔细观察双方对质时的气色、眼神，借以从中发现真相的蛛丝马迹。历代律文对于证人作伪证皆有严惩。

此外，传统的司法中也很重视通过仔细观察犯罪现场、检验尸体伤痕等手段来搜集物证。秦代法律中就渗透着保护犯罪现场、及时勘验的精神。南宋宋慈著的《洗冤集录》是一部承上启下的著作，作者根据历史经验和自身摸索，系统地提出了一系列勘验规则，其中很多论述均是符合现代法医学原理的。宋慈还强调了不能轻信口供，要重视调查研究的原则。因而此书不仅是后世诸多法医学著作的蓝本，更是中国对世界法医学史的卓越贡献。

"录囚"也是古代司法中的优秀传统，是指君主或上级长官向囚犯问询决狱情况，平反冤狱，督促久未判决的案件。中央官署和地方长官录囚始于西汉。汉武帝规定，地方长官要每年派出廉洁、干练的官员巡视属境之内的狱讼情况。视察结果同时也是对地方官考核的重要依据之一。

君主录囚始于东汉，但最著名的是唐太宗录囚的故事。《新唐书》记载唐太宗曾亲录囚徒，出于怜悯，允许犯死罪的390名罪犯归家探亲，并约定第二年秋天返回受刑。第二年的约定之日，所有囚徒无一逃逸，皆回朝领罪。唐太宗赞赏这些人言而有信，因而赦免其罪。故事真实性虽值得怀疑，但也反映了录囚制度给冰冷律条所注入的温情。

第四节　德才并重的选拔制度

中国古代王朝对官员的选拔、任用、考核以及退出有着非常复杂的规定。在史籍中，这一整套制度被称为"选举"，其内涵包括两方面的内容，一是将社会中的优秀分子选拔出来成为官员；二是通过管理与考核将现任官员中的能臣干才奖拔任用、黜退庸人俗才。通过"选举"，王朝的官员群体达到新陈代谢的目的，使政权保持活力。传统社会生产力不高，交通、通信手段落后，加之我国地域广袤、人口众多，社会控制的难度远高于今日。历代王朝之所以能够长期维持大一统的局面，正是因为完善的选举制度能够有效地将社会精英吸纳入政权并有效管理，这样才使政府与社会紧密结合起来。

一　选贤任能的人才选拔

标准和范围是人才选拔制度的关键。尽管历史上有着任子、荫补等以身份为标准的制度，也有纳赀、捐官等以财产为条件的入仕，但察举、科举等制度还是体现了传统王朝力图在更广泛的社会群体中选贤任能的努力。

察举制度 夏、商、西周时期，国家与宗族结合紧密，尤其是西周有着完善的宗法制、分封制，官职主要在贵族家族内部世代相袭，即"世卿世禄"。这种环境下，身份决定了一个人的政治地位。春秋战国为剧烈变革的时代，诸国为在争霸兼并战争中胜出，皆打破旧制，以才能为准绳，网罗各种人才。在这个时期，各种方式的推荐或"毛遂自荐"成为普遍的用人方式。

西汉建立后，这种推荐的方法逐渐发展为制度性的察举。汉初就曾下诏诸侯王、公卿、郡守推荐贤良。这种不定期的下诏求贤被称为"特科"或"诏举"。此后，"诏举"逐渐发展出文学、方正、至孝、有道、敦朴、治剧、勇猛知兵法、勇猛明灾异等多种科目，从名称可以看出，这类似于不定期地求访专门性人才。

西汉武帝元光元年（前178），下诏郡国每年察举孝者、廉者各一人，是为"岁举"的开始。"岁举"除"孝廉"外还有"廉吏""秀才"（后避东汉光武帝刘秀名讳改为"茂才"），并逐渐形成了州一级举荐秀才，郡一级举荐孝廉的定制。至东汉和帝时，制度进一步规范，开始按照郡国的人口规模来确定察举员额。通过察举选出的人才到中央后，并不立即授职，而是担任郎官，承担宫廷宿卫并借此学习政务。

察举制推荐的人选既有儒生也有吏员。东汉顺帝阳嘉元年（132）确定了"诸生试家法，文吏课笺奏"的原则，即儒生出身的孝廉要测试其对经典的理解，文吏出身的孝廉要测试其撰写公文的水平。作为地方长官向中央推荐人才的察举制度有向考试制度发展的趋势。

在西汉末东汉初，察举制度施行较为严格，被举者不合标准，举荐者要承担责任。两汉的大量高级官员都出自察举孝廉。但是随着东汉政治的腐败，权贵请托、察举不实屡见不鲜，察举逐渐沦为形式。魏晋以后，门阀士族逐渐形成，由其控制的九品中正制成为高等士族的入仕捷径，尽管察举制一直未废，但实际作用已经降低。

九品中正制 九品中正制，又名九品官人法，为曹丕在篡汉前所建立。具体形式是在州郡设置由现任中央官员兼任的中正官，负责品评当地人物。中正以家世、道德、才能为标准，定出人物之"品"。"品"的等级自"上上"至"下下"共九品，但实际来说只有高下之分，一般只有二品为上品（一品虚设无人能得），其余皆为下品。中正所定为乡品，是吏部定官的依据，乡品高者入仕起点为"清官"，即清贵之官，起点高，升迁快；反之则为"浊官"，地位低，升迁慢。

东汉察举人才主要的依据是地方上宗族乡党的评价，曹魏设置九品中正制的本意在于将私人控制的评价权收归中央。但由于门阀士族控制了中正官职位，其所评定之高品也均为士族，这样选官之权全归门阀士族。制度最初施行时，在家世、道德、才能等标准中，"德""才"最重要，但随着门阀控制了中正官职位，门第逐渐成为决定性因素，发展至西晋形成了"上品无寒门，下品无势族"的局面。

尽管这种强调身份、重视出身的选官方式有其弊端，但也应看到，门阀士族这一阶层在当时除了垄断社会政治、经济资源外，他们也同时占据了文化的高峰，如以书法著称的王羲之、王献之，以文学著称的谢灵运皆是门阀士族，因而这一阶层在当时也有其先进性，只有随着文化的扩散以及门阀士族自身的腐朽，才能催生出新的选官制度。

科举制 南北朝后期，寒门庶族开始在政治上崛起，九品中正制逐渐废弛。隋文帝末年正式废罢中正官，将魏晋以来由门阀士族把持的入仕途径收归中央，但保留了察举制度中按科目举人的方法。"科举"之意就是分科举人，尤其是隋炀帝大业年间（605—617）设置的进士科，开启了此后科举制1300多年的辉煌。旧察举制中本身就包含推荐和考试两个环节，随着时代的发展，考试的因素越来越重要，而且科举制相比旧制度来说，身份的限制已经大大放宽，唐初规定士人可以"投牒自进"，即自由报名，选官标准逐渐摆脱家世，开始迈向以考试为主的时代。

唐代科举取士分制科和常科。制科由皇帝特旨召试，主要有直言极谏、贤良方正、博学鸿词等科。常科每年举行，主要有进士、明经、明书、明法、明算、秀才等科目，其中明经、进士二科最为主要。明经只考察对儒家经典的背诵能力，进士则综合考察经、史、诗赋等多方面能力,因而考中进士较难,唐代有"三十老明经,五十少进士"的说法。进士或明经及第还不算正式入仕,还要通过吏部的铨试才能正式任官,也称"释褐试",其标准主要是身、言、书、判,即外貌、言辞、书法、文笔。

唐代科举制的施行抑制了门阀士族,使更多出身寒门的学子能够进入仕途,但由于考试形式尚不严谨,加之座主、门生攀附关系、拉帮结派,也出现了不少弊端。宋代更加重视科举,逐渐革除唐制之弊病,使科举制进一步完善。首先,进士科愈发重要,为科举主流。考试分三级,包括地方官府主持的解试,中央礼部主持的省试,皇帝亲临的殿试。殿试合格者可直接按照成绩授予不同的官职。其次,宋代在考试形式上更严谨,考官在考试期间被要求禁绝与亲友的联系。考场内对号入座。记有考生信息的卷头被纸糊封。为防止阅卷者认识考生笔迹,所有试卷均由专门的书手誊录副本以供阅卷。再者,宋代科举的范围更开放,录取人数更多,对社会的影响面更广。唐代进士科每年应举者约千人,及第者多不过二三十人,宋代每科则录取百余乃至数百人。

与两宋并立的辽、金等政权也都采用科举来吸纳士人。元朝中后期也开科举取士,并开启了以程朱理学为命题判卷标准的先河。明清科举在考试形式上创新不大,精神上仍以程朱理学为指导,以"四书"为标准。值得一提的是考试文体上八股文的创设。八股文虽然形式死板,桎梏人才的自由思想,但其优点是使考试有了规整一致的形式与标准。由于中国疆域广大、地区间差异大、各地发展不平衡,形式统一、标准一致的考试制度更有利于公平选拔人才。

唐代以后直至清代,几乎每一位读书人都要经历科举的洗礼,使得科举制已经超出了单纯选官制度的意义,在政治、社会、文化所有领域均有深刻影响。清光绪三十一年(1905)废除科举,背景是近代以来整个社会结构翻天覆地的变迁。

二 人尽其才的文官管理

人才选拔制度解决了官员的来源问题,与之配套的还有官员管理制度。其内容庞杂，如任用、迁转、品级、俸禄、爵位、奖惩等等不一而足。其中的关键是建立合理的任用制度，树立正面的激励机制与迁转体系，形成有序的退休制度。如此细密的制度虽不能完全消除用人上的弊端，但其本意是要达到"人尽其才"。

任用制度 政府选拔出人才后首先面临的问题是如何合理分配其职位。秦朝时就有着试用制度，官吏先试用一年，称职才能正式任命。刘邦在起义之前就通过一段时间的试用后担任过亭长的小官。秦汉时期开始对任官年龄有了一定的限制，如举孝廉须四十岁以上，但并不严格，破格任用的例子也很多。

唐代是任用制度完善的时代。通过科举考试后还要通过吏部的考试才能正式授官，先要根据一个假设的情境书写判词，要求字体上书法优美、内容上逻辑通顺。之后还要考察其体貌、言辞，要求体正貌端、语言表达能力强，这相当于笔试后的面试。考试通过之后由吏部上于尚书仆射，尚书仆射再转门下省审核，之后才能授官。唐代还规定缺乏治事经验的人不能担任亲民官，中央官员要有地方基层任官经验，即"不历州县者不拟台省"。唐代还有若干回避制度，如不能在亲属担任长官的机构里任职，不能在原籍贯任职，这都是为了更好地避免营私舞弊。

考课制度 对官员有效管理的关键是定期考核其德行和才干的优劣。中国传统的考核制度称作"考课"，经过秦汉至唐宋的长期演进，发展出成熟的考课制度。汉代有"上计"制度，是中央到地方的纵向考课系统。地方上由各部门的长官考核其属官。每逢年终，郡国的"上计吏"携带记载本地官员功过的"计簿"到京师接受考察。每三年举行一次大的考课，以功过、政绩、德行为标准，其中政绩主要是综合考察赋税收入和户口增减。

唐代每年举行小考，三或四年举行大考。先由官员本人写出自我鉴定，概括当年的功、过、行、能，形成个人的"考状"，由长官对众宣读，定其优劣，报送中央。尚书省吏部复核各地上报的中下级官员的"考状"。复查中发现的评定不当问题，可以驳回。结果报送皇帝，并由吏部存档，作为日后官吏升降任免的依据。考核标准一方面是"四善"，分别为"德义有闻""清慎明著""公平可称""恪勤匪懈"，是笼统的道德评价；另一方面是"二十七最"，分别针对具体政治、经济、文化各个部门，是各个领域内具体业务的评价标准。

北宋对地方官考课沿用"四善"标准，并以"四最"为治理地方的具体标准，包括人口、政事、农桑、课税。对高一级的监司有"举官""劝农桑""招流亡""兴利除害""暗察部吏赃罪""部内治狱及平反狱讼""机察盗贼"等"七事"标准来考核，南宋时又增加到十五事，更加细密完备。

迁转制度 兼顾政绩与资历的迁转制度是对官员为政的正面激励。历代迁转的主要依据一般是考课的成绩，考课为优等的官员会得到升迁。这种积攒功劳有序升迁的方法为"平迁"，此外还有针对特殊人才的"超迁"，即破格任用。任职期限上，秦汉无明确规定，有的任职时间很长，如萧何、曹参均任相职超过十年。后世任官多以三年为期，但有的官员不安于任，任职未久便四处奔走图谋新职，目的是升迁迅速，宋朝针对此问题规定官员须至少任满两年才能差替，借此遏制奔走求官的风气。

政绩优良的奖励办法有时不一定是官位的升迁，也有可能是财富的赏赐。"官位"也只是个笼统的概念，还有多种附加性的官衔，如散官、勋官、爵位、食实封、宪衔。以宋代为例，官员的名衔中一般包含有"官""职""差遣"三部分，"官"标志的是官位和俸禄的高低，"职"为官名之外所获得的荣誉性衔位，"差遣"是官员实际分管的事务。这样就将官员的待遇、荣誉、工作都区分开来，为迁转提供了极大的灵活性。例如对资历已够但并无合适官阙的官员，可以只升其"官"而不变"差遣"；对于资历浅但业务能力强的官员，可以只升其"差遣"而"官"维持不变。

致仕制度 "致仕"的意义是将禄位奉还君主。为保持整个官员体系的活力，必须有合理的退出机制。传统社会在秦汉时期便形成了比较完备的致仕制度，官员年老或病重皆可致仕，并在致仕后仍部分享受俸禄待遇。南北朝时期大体因循，致仕年龄一般在七十岁，但并不严格。隋唐五代时期规定七十致仕，但可以灵活处置。中下级官员致仕，按照规定由尚书省统一办理，高官致仕则须奏请皇帝批准。

宋代致仕制度趋于细密完善，规定文官年满七十应自动申请致仕。经过逐层审查之后，确认任职履历中有无贪赃违法，如果获得批准，才能得到相应待遇致仕。宋代为加速官员队伍的新陈代谢，鼓励官员年满主动致仕，一些名士也将主动致仕当作不贪恋权位的表现。北宋政治家、文学家欧阳修就主张"早退以全晚节"，他在六十二岁时就反复向朝廷上奏请求致仕，在得到批准后，被当时舆论高度评价，认为是激流勇退的典范。主动致仕虽被赞扬，但毕竟是少数，对于那些老眼昏花、无力为政却又不肯主动致仕的官员，宋朝也有"降官致仕"的处罚。

第五节　惩防兼顾的监察制度

中国传统社会孕育了发达的文官制度，为保障这一庞大体系高效廉洁的运行，迫切需要对官员、各级官府、中央决策体制乃至君主个人进行有效的监督。这种监督、检查、弹劾的制度总的来说均属于监察制度，其特色是"治官"而不"治民"。监察对象最直接的是个别官员的违法行为，再有就是朝廷政令是否恰当，甚至君主的言行也在监督之列。对应这三类需要监督的事项，中国传统监察制度主要包含三方面内容，即御史制度（含都察院制度）、封驳制度和谏官制度。这三项制度在历史上时而分立，时而合并，形式上的变化都是为了更加有效地实施其功能，那就是惩治贪污渎职、减少决策失误、部分制约君权。尽管古代社会的专制体制决定了这种监察制度只能治标而不治本，但客观上也部分达到了将政治制度乃至整个社会生活中的隐忧防患于未然的目的。

一　监督百官的御史制度

御史制度主要职能在于监察中央和地方各级官员的不法行为，发展到明清时期也具备了谏诤的职能，在机构上逐步与封驳制度、谏官制度合一。"御史"之职自秦汉至明清则一直延续，而且对百官的监察也是整个监察制度中最重要的一环，因而御史制度是整个监察制度体系的核心。

御史制度的产生和发展 甲骨文中便已经有了"御史"一词。战国时期,御史是负责文书、记事的官员。秦国统一后在中央设御史府,御史大夫为长官,负责监察百官。西汉末,御史中丞成为主管监察事务的最高长官。魏晋南北朝时期,御史的监察职能快速发展,如两晋规定御史可以弹劾位居百官之首的"三公"。南朝为打击门阀的势力也鼓励御史弹劾权贵。伴随着权力的扩大,御史本身也成为被监察的对象。北魏规定御史台长官如有失误也要受到下属的弹劾。北齐规定尚书左仆射也掌纠察之权,以起到与御史中丞互相监督的效果。

秦及汉初在地方上派驻监御史,监察一郡之内各项政务。汉武帝时,为加强中央对地方的控制,将全国分为十三个监察区,称为"州部",每个州部设刺史一人,为专职监察官,以"六条问事"对所属各郡进行监督。魏晋南北朝时期地方上不再设置固定的监察机构,只是由朝廷不定期地派出"巡御史"监察地方官员。

唐宋元时代的御史制度 唐代在御史台内部设置台、殿、察三院,台院设置侍御史,殿院设置殿中侍御史,察院设置监察御史,监察任务主要由这三院来完成。侍御史的职责主要在于弹劾高级官员的不法行为,殿中侍御史主要负责宫廷仪式的秩序以及巡察京城不法之事,监察御史主要负责巡察中央机关及地方州县的官员。三院的监察任务各有偏重,基本涵盖了政治制度的所有领域。由于三院御史职责重大,一般选拔政治经验丰富、人品优秀的官员担任,而且升迁较快。

唐代御史对宰相的监察力度较小,极少有弹劾宰相的例子,宋代御史台的功能进一步加强,御史弹劾宰相蔚然成风,并成为定制。宋代还突破了此前御史不能言事的限制,御史开始广泛参与朝政的讨论以及对皇帝的劝谏。在机构上,北宋前期御史台保留三院的设置,神宗朝以后三院趋向于合并。御史的谏诤职能使得其与谏官制度功能重合,此二者有着合并的趋势。

元代中央设御史台,其长官御史大夫由蒙古贵族担任。在地方监察制度上创新明显,江南和陕西皆特设行御史台,为中央御史台的派出机关;将全国分为二十二道监察区,各设肃政廉访使,监察各道所属官吏。

明清都察院制度　明初创设都察院为主管监察的中央官署。都察院兼监察、进谏等多种职能于一身，已经超出了单纯的御史范畴，御史制度与谏官制度合一。至此存在1000多年的御史台之名从政治体制中消失，但御史之名仍存，都察院的长官为左、右都御史。都察院之下设置十三道监察御史，各对应一个地方监察区域。清朝建立后继承了明的都察院制度，左都御使为都察院最高长官，截至鸦片战争之前，在地方上共设立十五道监察御史。

二　保障决策的封驳制度

封驳制度主要指对皇帝的不当诏敕加以封还和驳正，是中央决策过程中的一种修正机制，属于监察制度的一环。

专职封驳机关的形成　两汉时期已经出现了一些封驳的现象，如西汉哀帝加封宠臣董贤，丞相王嘉用封还诏书的方式表示反对。东汉桓帝诏令郡国逮捕当时的名士李膺，太尉陈蕃认为李膺为海内名士，不应逮捕，因而不肯在文书上署名。

南北朝时期，逐渐形成一些专门执掌封驳之权的官职。如南朝梁规定给事中一职为专司封驳，又如北齐规定门下省的长官侍中要审核重要诏书并署名。这个时期中央的决策出令机关为中书省，为限制其权力，凡中书省所出重要诏命皆须听取另一中央机关门下省的意见，因而门下省有着发展为制度性封驳机构的趋势。但此时门下省的主要任务还是负责宫廷之内的衣食起居等生活事务。

隋朝建立后着手加强门下省的封驳职能，隋炀帝大业三年（607）将给事中一职移入门下省，并将门下省负责的宫廷生活事务剥离。至此，门下省成为专门监督中央决策的封驳机关。

唐宋时期的封驳制度　唐代中央建立了完备的三省制度，门下省的任务是审议和封驳。封驳一方面是封还皇帝的诏书，另一方面是驳回臣下的奏章。中央重要诏书形成的过程一般是，中书省以皇帝的名义起草文字，交由门下省审读，认可后才能呈交皇帝批阅，然后再颁于尚书省施行。门下省如认为诏书有不妥之处则发回重拟，甚至直接涂改后发回。门下省还对百官上奏的部分财政、人事、司法内容有审读驳正之权。唐代封驳的制度化使得朝廷每一项重大决策的形成都经历了反复讨论的过程，极为有利于形成较为正确的决策。

宋朝初建，封驳制度废弛，宋太宗淳化四年（993）才开始恢复。宋仁宗朝"通进银台封驳司"成为封驳机构，负责审核诏书。宋神宗曾试图恢复唐朝三省制度中的封驳程序，但世易时移，已经难以恢复，中书舍人和给事中成为掌握封驳职能的职位，其中中书舍人职权较重，凡给事中驳正的文书，皆须中书舍人审阅签字后才能生效。南宋正式结束了隋唐以来的三省体制，门下省的封驳制度也随之消失，给事中的封驳职能增大，成为明朝六科给事中制度的渊源。

宋代封驳制度的职能除了修正朝廷命令的失误外，还广泛参与朝廷事务讨论，尤其是对百官的奏劾，显示了封驳制度逐渐合并入监察制度的趋势。元朝虽保留了给事中一职，但已经不负责封驳，也没有专职封驳机构。明清的六科给事中兼有多种监察职能，独立的封驳制度消失。

三 规劝君主的谏官制度

传统社会中君主的地位至高无上，其所作所为直接影响国家的安危。臣下对君主的进谏有时能部分起到限制君主不当行为的作用。君主虚心求谏与士人善于进谏是传统政治文化中较为开明的一面，但究其本质仍只是对君主专制的一种修饰。

谏官制度的发展演变 传统政治中纳谏与进谏的传统非常古老。《管子》曾论述尧、舜、禹之所以成为著名君主的原因在于能够广泛听取意见。西周时期更是设立多种官职负责进谏。春秋战国时期各诸侯国皆广泛设立谏官，谏诤君主得失。秦朝设置有谏议大夫。汉朝基本沿袭秦制，又增加中大夫、太中大夫等谏官。魏晋南北朝时期，散骑常侍、黄门侍郎为君主侍从，有谏诤之责。这个时期的谏官制度和封驳制度尚未彻底分开。

唐朝时中书省、门下省都有谏诤的责任，设置谏议大夫、左右拾遗、左右补阙为专职谏官。谏官谏诤的方式有二：一是"廷争"，即当面直言得失；二是"上封事"，即书面陈述为政得失，而且规定谏官所上封事不限时间早晚，随时呈进，所有部门不得滞留谏官上书。如有必要，谏官可以随状面奏天子。谏官既可以向皇帝提意见，也可以指陈宰相的失误。在人选上多选择政治经验丰富、清正廉洁者为谏官，而且为了避嫌，宰相之子不得为谏官。

宋仁宗天圣九年（1031）设置谏院，标志着谏官机构的独立。神宗时期谏院曾一度废弃，南宋又重新建立。宋代谏官职能远超前代：首先是对皇帝的谏诤之风比唐代有过之而无不及；其次，唐代谏官仅负责谏诤皇帝，宋代谏官则还有权弹劾包括宰相在内的百官；再者，参议朝廷大政也是宋代谏官的职责。由于职能扩大，谏官与御史台的职能互相重合渗透，逐渐有着合并为单一监察制度的趋向。

元代不设谏官，由御史承担进谏职责，御史与谏官制度完全合一。明初一度设置谏官，但不久便罢谏官，新设的六科给事中包含了谏诤的责任。

君主求谏与士人进谏的传统　　进谏制度不仅是监察制度中关键的一环，更重要的是它已经超出了制度层面成为一种政治文化传统。历史上君主善于纳谏、士人勇于进谏被看作是政治清明的表现，与之伴随的往往是国家的兴盛。《战国策》中所记载的齐威王纳谏故事就是这种进谏文化的表现。齐威王为了广泛听取意见，规定国民能够当面进谏的得上等赏赐，上书进谏的得中等赏赐，私下议论朝政得失而被听取的也能得到下等赏赐。齐威王通过广泛纳谏使得齐国政通人和，不战自威，诸侯来朝。

齐威王的例子还只是一则政治寓言，并非史实，李斯的《谏逐客书》则是一个真实的直言进谏导致国家兴盛的例子。战国末期，韩国无力抵挡秦国的军事进攻，于是派水工郑国帮助秦国开凿郑国渠，实际目的是要借此消耗秦国国力。此事被发觉后，秦王嬴政怀疑仕于秦国的各国士人都想削弱秦国，下令驱逐。李斯本是楚国人，也在被驱逐之列，但他向秦王上《谏逐客书》，反复论辩，陈述利害，指出仕于秦国的各国士人对秦国强盛的重要性。嬴政采纳了李斯的建议，继续任用各国士人，最终统一中国。

唐太宗把纳谏的重要性提到了新的高度，他认为君主再聪明英武，也只是一人之力，不可能没有错误，如果错误得不到及时指出，日积月累则会酿成大祸。因此，唐太宗初即位便要求百官积极进谏，还多次下诏引导群臣进谏，打消臣下进谏的顾虑。他还注意区分进谏与毁谤，深刻认识到只有杜绝谗言诬陷，才能真正广开言路。曾任谏议大夫的魏征就前后上谏二百余事，以至于唐太宗将其比作可以照见得失的一面镜子。正是在这种君主从谏如流、群臣踊跃进谏的局面下，唐朝才出现了"贞观之治"的盛世。

第六章

精神文化

第一节 灿烂辉煌的科学文化

中国是四大文明古国之一,在几千年的历史进程中,取得了极为灿烂辉煌的科学成就。在漫长的古代文明进程中,中华民族在科学技术领域群星璀璨,科学成就在一个相当长的历史时期居于世界领先地位。英国著名的中国科技史家李约瑟曾言:"中国在公元3世纪到13世纪之间保持了一个西方所望尘莫及的科学知识水平。"英国科学史家贝尔纳也说,中国"许多世纪以来,一直是人类文明和科学的巨大中心之一"。学习和了解中国古代科学文化,不仅有助于培养民族自尊心和爱国热情,更有助于了解中国古代科学赖以生存和发展的社会背景和文化背景,并在中外和古今比较中加深对现代中国科学文化的认识。

科学文化主要可以分为两大部分,一为技术发明,一为理论创新。技术发明方面,中国古代最为世界瞩目的即为陶瓷、建筑、纺织这三大技术及造纸术、指南针、火药、印刷术这四大发明,前文均已有详细介绍。理论创新方面的璀璨成就则主要集中于天文学、算数学、地理学以及医药学四大领域。

一 独步一时的天文学

中国是世界上最早进行天文观测和记录的国家之一,许多观测成就不仅在当时处于世界前列，即使在现代也仍然有着重要的研究意义。与其他科学门类相比，天文学在中国古代具有十分特殊的重要地位，历代王朝中都设有专职官员进行天文观测记录，且历代正史中也多设有"天文志"。相比中国古代天文学，西方天文学在16世纪以前发展较缓慢，只是在近几百年随着其他自然科学的发展才取得突破性进展。

历法修订 历法，是根据天象变化的自然规律，判断气候的变化，预示季节来临的法则。中国是传统的农业社会，农作物的种植收割与天时变化关系密切，因此极为重视历法的修订。在一定意义上说，中国古代天文学史就是一部历法变革史。据不完整统计，中国古代历法共计100余部，其中获官方正式颁行的有50余部。与西方公历仅反映地日关系相比，中国古代历法的一个突出特点是世界上传承年代最长的阴阳历，即用地月关系的阴历计月，反映月亮的朔望圆缺；又用日地关系的阳历纪年，反映的回归年变化。中国古代历法对朝鲜半岛、日本、东南亚的历法产生了深远影响，这些地区有很多传统节日，都是受中国古代历法影响而产生、传承的。

由甲骨文和史籍记载可知，早在商代，我国就已经建立起较为完善的历法系统，出现了最早的阴阳历。西汉太初元年（前104）编订的《太初历》是有文字记载的我国第一部比较完整的历法。南北朝时期，祖冲之首次将东晋虞喜发现的岁差引用到他编制的《大明历》中，并且定出了45年11个月差一度的岁差值，开创了中国历法的新纪元。唐代最为著名的历法是僧一行编订的《大衍历》。僧一行（683—727），本名张遂，祖籍河北巨鹿，唐代著名天文学家。僧一行主张在实测的基础上修订历法，所编订的《大衍历》首创了九服晷漏计算法，比较准确地反映了太阳运行的规律。另外，为了《大衍历》的编制，僧一行还制造了黄道游仪和水运浑天俯视仪，并进行了世界上第一次地球子午线的测定。元代郭守敬编订的《授时历》则是中国古代历法修订的巅峰。郭守敬（1231—1316），字若思，顺德邢台（今河北邢台）人。至元十三年（1276），郭守敬制定《授时历》，推算出一年有365.2425天，距近代观测值365.2422仅差26秒，精度与公历（指1582年《格里高利历》）相当，但比西方早了300多年。《授时历》通行了360多年,是中国采用时间最长的一部历法,也是当时世界上最先进的一种历法。

三大宇宙学说 中国古代关于天体构造有"盖天说""浑天说""宣夜说"等三大宇宙学说,这三大学说均在两汉时期形成了完整体系。其中"盖天说"为中国最古老的宇宙学说,起源于商末周初,以成书于西汉中期的《周髀算经》为代表。该学说认为天地构造为"天圆如张盖,地方如棋局",因此又被称为"天圆地方说"。"浑天说"以东汉著名天文学家张衡为代表人物。张衡(78—139),字平子,南阳西鄂(今河南南阳市石桥镇)人。他所主张的"浑天说"认为天体就像是一个鸡蛋,天像鸡蛋壳,而地球就犹如其中的蛋黄。浑天说比盖天说进了一步,最先提出了天不是一个半球形,而是一整个圆球的观点。"宣夜说"则认为天是没有形体的无限空间,明星辰都布于一个"天球"上,而日月五星则附于"天球"上运行,这与现代天文学的天球概念十分接近。

天象观测 中国古代的天象观测记录是当时世界上最丰富,最有系统的。在几千年的历史传承中,先民所留下的关于日月食、太阳黑子、彗星、流星、新星等各种记录,不仅内容详实,年代延续,而且还创造了诸多的世界之最。例如,《尚书》中记载的夏朝仲康年间的一次日食,是世界上最早的一次日食记录。而《诗经》中《小雅·十月之交》一诗所记载的发生在周幽王六年(前776)十月初一的日食,则是世界上最早有明确时间的日食记录,比古巴比伦最早的日食记录要早13年。《左传》记鲁庄公七年(前687)"夏四月辛卯夜,恒星不见,夜中星陨如雨",是世界上最早的天琴座流星雨记录。《春秋》中载鲁文公十四年(前613)秋七月,"有星孛入于北斗",则是世界上最早的一次哈雷彗星记录,比西方早了几百年。战国时期,我国出现了世界上第一部天文学著作《甘石星经》,书中记录了800颗恒星的名字,测定了121颗恒星的方位,后人称其为《甘石星表》,这是我国也是世界上最早的恒星表,比希腊天文学家伊巴谷编制的欧洲第一个恒星表大约早200年。汉代出现了世界上最早的太阳黑子记录和新星记录。宋代为中国古代天象观测的顶峰时期,两宋时期共进行了5次恒星位置的系统测量，现在世界闻名的"苏州石刻天文图"即为其中元丰年间的观测结果，这是世界上最早的全天星图之一。这些丰富的天象观测记录至今对现代天文学的研究仍起着重要的作用，是一份极为珍贵的文化遗产。

天文仪器 为了准确观测天象，我国先民创造性地设计和制造了许多种精巧的观察和测量仪器。中国古代的天文仪器种类繁多，有测量用的圭表、浑仪、简仪和仰仪等；有计时用的漏刻、日晷、更香；有演示天象用的浑象、假天仪等；还有集测量、演示、计时于一身的综合仪器，如水运仪象台等。其中最古老、最简单的天文仪器是用来度量日影长短的圭表，也叫土圭，早在春秋时期就已经开始使用。而最具代表性的则是浑仪。浑仪的具体出现年代已不可考，据现存史籍推断，最晚战国中期类似仪器就已出现，以后历代均有革新。元代郭守敬完成了浑仪的最终革新，发明了简仪。英国科学家约翰逊认为"无论是亚历山大里亚城或马加拉天文台，都没有一件仪器能像郭守敬的简仪那样完善、有效而简单"。

除了简仪之外，中国享誉世界的天文仪器还有苏颂创制的水运仪象台。苏颂（1020—1101），字子容，福建泉州同安人，北宋天文学家、药物学家。他所创制的水运仪象台是集观测天象的浑仪、演示天象的浑象和计量时间的漏刻于一身，以水力推动的综合性观测仪器。据苏颂《新仪象法要》记载，水运仪象台是一座底为正方形、下宽上窄略有收分的木结构建筑，高大约有12米，底宽大约有7米，共分3层：上层是一个露天的平台，设有浑仪一座，用龙柱支持，下面有水槽以定水平；中层是一间没有窗户的"密室"，里面放置浑象；下层包括报时装置和全台的动力机构等。这台仪器是11世纪末我国杰出的天文仪器，也是世界上最古老的天文钟，英国科学家李约瑟曾指出水运仪象台"可能是欧洲中世纪天文钟的直接祖先"。

二 自成体系的算数学

数学是中国古代科学技术史中最具有独立性和系统性的门类之一。从有文字记载算起，已有3000多年历史，形成了别具一格的计算、推理、论证及理论形式，反映了古人独特的数学思想。

数字与算具　数字出现之前，先民的记数方式为结绳计数。距今约6000年前的新石器时代晚期，我国就开始出现了可以称得上数字的刻画符号，而且这些刻画符号还证实了十进制记数法已经开始使用，因此中国是世界上最早使用十进制的国家。至迟到商代，我国已经有了完整的十进位数值系统，并出现了固定的大数名称十、百、千、万等，至少可以写出三万以内的任意自然数。到春秋战国时代，又出现了亿、兆、京、垓等单位。

数字出现之后，算数方式及工具也随之出现。中国古代的算数工具主要是算筹和算盘。算筹，一种长短相同的细条，又称"筹策"，一般用竹制成，也有铁制和骨制的，摆放方式分为横放和纵放两种。算筹出现极早，春秋时期就已经普遍化，秦汉时期更是已制度化。在长达2000年的历史中，算筹一直是中国古代主要计算工具，直到元明时期才被另一种工具——算盘所取代。算盘的最早出现时间，现在学术界还没定论，主要有汉、唐、宋、元等多种说法，但是其在明代普及则无异议。这主要是因为明代商业发达，算数需求较大，而且到明代之时，各种便捷运算口诀都已出现，必然促进运算工具的革新。算盘普及带动了明代珠算书籍大量产生，其中流传至今，影响最大的是程大位的《直指算法统宗》。由于算盘制作简单，价格低廉，珠算口诀便于记忆，且运算简便，所以在中国古代被普遍使用，并且陆续流传到了日本、朝鲜、美国和东南亚等国家和地区。如今，算盘已被列入了联合国教科文组织"非物质文化遗产"备选目录。

名家与成就　中国古代数学曾长期处于世界上的领先地位，这源于中国古代数学名家辈出，他们以其突出成就为世界数学发展作出了杰出贡献。现择其要者，简介一二。刘徽（约225—295），山东邹平人，三国时期魏国著名数学家，中国古典数学理论的奠基人之一，其著作《九章算术注》和《海岛算经》是中国古代最宝贵的数学遗产，也是世界数学史上不可多得的重要典籍。南北朝时期的祖冲之、祖暅父子两人，均为杰出的数学天才。祖冲之（429—500），祖籍今河北涞水，生于南朝宋，字文远，其最著名的数学成就是第一个将圆周率精确到了小数点后七位。除此之外,祖冲之还著有《缀术》一书,其死后,其子祖晅修补编辑,并增写一卷。在《缀术》中,祖晅提出了"等积原理",这比西方早了1100多年。

宋元时期为中国古代数学发展的巅峰时期,这一时期数学领域的诸多成就,代表了当时世界数学发展的水平。其中成就最为卓著的即为宋元四大家秦九韶、李冶、杨辉、朱世杰。秦九韶(1202—1261),字道古,四川安岳人。他所创造的"大衍求一术",提出关于一次同余组问题的相当完整的理论和算法,不仅在当时处于世界领先地位,在近代数学和现代电子计算设计中,也起到了重要作用,被称为"中国剩余定理"。李冶(1192—1279),字仁卿,号敬斋,祖籍河北栾城,生于金,亡于元,晚年曾隐居于河北元氏封龙山下。他的主要成就集中于"天元术"方面,他所提出的"天元术"将之前解方程的方式大大简化,已与现在代数学中方式基本相同。杨辉(1127—1279),字谦光,南宋末年钱塘人,以其著作《详解九章算法》中所附被称为"杨辉三角"的二项式系数三角阵而闻名于世。朱世杰(1249—1314),字汉卿,号松庭,元代燕山(今北京)人。他的数学代表作有《算学启蒙》和《四元玉鉴》。前者是一部总结和普及数学知识的通俗数学名著,曾流传海外,影响了朝鲜、日本数学的发展。后者则是中国宋元数学高峰的又一个标志,其中最杰出的成就"垛积招差术"比1715年泰勒提出的有限差分法早400多年。

教育与算书 中国古代数学教育起源极早,西周时期,数学就已作为礼、乐、射、御、书、数这"六艺"之一被列入教育内容。专门化的数学教育则从隋朝开始,隋朝国子寺下设国子、太学、书学、算学四科,数学为其中之一。到唐朝的国子监中改设明经、进士、秀才、明法、明书、明算六科,数学仍为其中单独一科。中国古代不仅数学教育起源早,数学专著的出现也极早,且成果斐然。迄今考古发现最早的算书是1983年在湖北江陵张家山出土的竹简算书——大约成书于西汉初年(约前2世纪)的《算数书》。而算书中最具代表性的著作为《九章算术》。

《九章算术》作者不详,成书年代据考证最迟在东汉前期,内容十分丰富，系统总结了中国古代战国、秦、汉时期的数学成就。现传本《九章算术》收录有246个与生产、生活实践联系密切的应用，其中每道题由问（题目）、答（答案）、术（解题的步骤）三部分组成，按计算方法分属方田（土地面积计算）、粟米（谷物换算）、衰分（按比例分配）、少广（据面积、体积求边长）、商功（土木工程计算）、均输（摊派赋税运算）、盈不足（借有余、不足以求隐含之数）、方程及勾股（直角三角形运算）等九章。该书的这种编纂体系确立了中国古代数学理论体系的框架，影响极为深远，以至之后中国古代数学著作大体采取两种形式：或为《九章算术》作注，或仿其体例著书，甚至西算传入中国之后，人们著书立说时还常常把包括西算在内的数学知识纳入九章的框架。《九章算术》的问世标志着中国古代数学系统理论的实际形成，也标志着具有独特风格的中国数学这一科学门类在世界数学史上的确立。

唐朝时，李淳风等人编订了《算经十书》作为国子监"明算"一科的教材。《算经十书》指从汉至唐1000多年间的十部著名数学著作，分别是：《周髀算经》《九章算术》《海岛算经》《张丘建算经》《夏侯阳算经》《五经算术》《缀术》《辑古算经》《五曹算经》《孙子算经》。

三　成就显著的地理学

中国古代地理学的发达，主要表现在重视地理学著作的编修上，除历朝历代的官方编修之外，还有数量极多的私人编修。中国古代的地理学著作大体可分为三类：一是沿革地理，例如从《汉书·地理志》起，以至二十四史中的地理志和唐代的《括地志》《元和郡县图志》及宋代的《太平寰宇记》，等等；二是军事地理，如明末清初顾炎武的《天下郡国利病书》、顾祖禹的《读史方舆纪要》和晚清何秋涛的《朔方备乘》，等等；三是人文地理，如北魏郦道元的《水经注》、唐代玄奘的《大唐西域记》、明代徐霞客的《徐霞客游记》，等等。

最早的地理学专著《禹贡》　　《禹贡》为《尚书》中的一篇，是中国古代最早的具有系统性地理观念的著作。该书托名为大禹所作，但其成书年代大概应在春秋末期和战国初期。《禹贡》文字精练，叙事概括，全文仅 1000 多字，以荆、衡、岱、太华四山，河、济、淮、黑四河和海为分界，将全国划为冀（今山西、河北，辽宁辽河以西）、青（今山东东部）、兖（今山东西部）、徐（今山东南部、江苏北部、安徽北部）、扬（今江苏南部、安徽南部、浙江北部、江西北部）、豫（今河南）、雍（今陕西、甘肃）、荆（今湖南、湖北）、梁（今陕西西南、四川）等九州，分州叙述了各州内山川、湖泊、土壤、物产以及田赋等级、贡品名目和水陆运输线等内容。《禹贡》最后一部分是一个理想的政治地理制度，即"五服制"。它以距王都距离的远近进行区划，以 500 里为别，由王都向外依次分为甸、侯、绥、要、荒五服，并规定了相应的管理方法及赋役交纳等级。《禹贡》对后世地理学发展的影响巨大，清代学者李振裕曾说"自禹治水，至今四千余年，地理之书无数百家，莫有越《禹贡》之范围者"。

裴秀与"制图六法" 裴秀（223—271），字季彦，今山西闻喜人。西晋时著名地理学家、制图理论家，曾被英国科学史家李约瑟称为"中国科学制图学之父"。他编制的《禹贡地域图》18 篇，是世界上最早的历史地图集。在《禹贡地域图》中，裴秀提出了著名的"制图六体"，第一次明确建立了中国古代地图的绘制理论。"制图六法"是指绘制地图时必须遵守的六项基本原则，即：分率（比例尺）、准望（方位）、道里（距离）、高下（地势起伏）、方邪（倾斜角度）、迂直（河流、道路的曲直）。前三条讲的是比例尺、方位和路程距离，是最主要的普遍的绘图原则；后三条则是因地势起伏变化、倾斜缓急、山川走向而须考虑的问题。"制图六法"是裴秀对中国地图学所作出的巨大贡献，是中国古代唯一的系统制图理论，为编制地图奠定了科学的基础。它一直影响着清代以前中国传统的制图学，在中国地图学的发展史上具有划时代的意义，在世界地图学史上也占有重要地位。

郦道元与《水经注》 北魏时期，中国出现了一部宏大的地理著作——郦道元的《水经注》，它的出现给我国后来的地理学和史学发展都带来了深刻的影响，自明清以后不少学者从各方面对它进行了深入细致的专门研究，形成了一门内容广泛的"郦学"。郦道元（约 470—

527），字善长，北魏范阳涿县（今河北涿州）人。他所撰写的《水经注》40卷，是对三国时期《水经》一书所作注释，故称《水经注》，它与《三国志注》《世说新语注》《文选注》，并称"四大名注"。《水经注》以《水经》所记137条水道为纲，将其支流等增补发展为1252条，并详细记载了这些河流相关的郡县、城市、物产、风俗、传说、历史等。其所含内容大体可分为以下三个方面：其一在自然地理方面，所记大小河流，从河流的发源到入海，凡是干流、支流、河谷宽度、河床深度、水量和水位季节变化，含沙量、冰期以及沿河所经的伏流、瀑布、急流、滩濑、湖泊等等都广泛搜罗，详细记载。同时，对河流流经各地地貌也有详细描述，仅山岳、丘阜、地名等就记载了近2000处。其二在人文地理方面，所记的县级城市和其他城邑共2800座，古都180座，除此以外，小于城邑的聚落包括镇、乡、亭、里、聚、村、墟、戍、坞、堡等10类，共约1000处。其三在交通地理方面，包括水运和陆路交通均有记载，其中仅桥梁就记有100座左右，津渡也近100处。除了这些惊人数据之外，《水经注》在语言运用上也是出类拔萃的，文笔绚烂，语言清丽，散文骈文并行，多用修辞，在古代文学史上也占有极为重要的地位。

徐霞客与《徐霞客游记》 徐霞客（1587—1641），原名弘祖，字振之，别号霞客，明朝南直隶江阴（今江苏江阴市）人，中国著名的地理学家、旅行家和探险家，被称为"千古奇人"，英国科学史家曾经赞誉徐霞客是"真正的地理探险家"。出身书香世家的徐霞客，幼年好学，有兴趣的是看古今史书，尤其是地方志，从而立下了遍游名山大川的志愿。他自21岁开始游太湖，到54岁从云南抱病回家为止，前后30余年经常出游名山大川，行踪南至云贵、两广，北至燕晋，遍及现的16个省区，旅途中备尝艰险。在游览途中，他写有天台山、雁荡山、黄山、庐山等名山游记17篇和《浙游日记》《江右游日记》《楚游日记》《粤西游日记》《黔游日记》《滇游日记》等著作，除佚散者外，遗有60余万字游记资料。死后由他人整理成《徐霞客游记》。游记中，徐霞客对所经各地的地理、水文、地质、植物等情况都有详细记载。徐霞客在地理学上的最大贡献是对喀斯特地貌的考察和描述，堪称世界第一。他记载了峰林、石芽、溶洞、石笋、地下河、地下湖、洞穴瀑布等 20 多种岩溶地貌特征，并将它们分别予以定名和分类。《徐霞客游记》所记载的地表岩溶地貌类型和数量之多，当时在世界范围内是绝无仅有的。西方直到 19 世纪 50 年代，克维治克的《岩溶现象》才超越了徐霞客的《徐霞客游记》。

四 辨证施治的中医学

中医是我国人民长期与疾病作斗争的智慧结晶，自古远的夏商开始问世，一直延续至今，是古文化中的一颗璀璨明珠。它不仅在历史上为中华民族的繁衍昌盛作出了贡献，今天仍然在我国人民的医疗事业中发挥着重要作用。中国古代医学一直以来都是以辨证施治为基本原则，以针灸和草药为主要治疗手段。

辨证施治 辨证施治是中国古代医学认识疾病和治疗疾病的基本原则，是中国医学对疾病的一种特殊的研究和处理方法。"辨证"是指通过望、闻、问、切等四诊法将所收集的症状和病人体征等资料，以阴、阳、表、里、寒、热、虚、实为八纲进行总结分析，辨清疾病的病因、性质、部位，以及邪正之间的关系，概括、判断为某种性质的病症。"施治"，即根据确定的病症结果，确定相应的治疗方法。望诊，是指观察病人形体、面色、舌体等变化，确定病位、病性；闻诊，是指从病人发出的各种声音，根据其高低、缓急、强弱、清浊测知病性；问诊，是指通过询问病人及其家属，了解现有症状及其病史；切诊，是指通过切脉了解病情。"四诊法"起源极早，据《史记》记载春秋战国时期的名医扁鹊就已非常精通四诊法了。《史记·扁鹊传》载：有一次扁鹊行医到晋国，正遇上赵简子患重病，五天，不省人事。他的家臣请扁鹊来给赵简子治病。扁鹊通过切脉，察觉赵简子的心脏还在轻微跳动，又通过问诊，了解到当时晋国的政治斗争非常激烈，于是断定赵简子是由于用脑过度，一时昏迷，并没有死。经过扁鹊精心治疗，三天之内，赵简子的病情好转。"四诊法"现在仍是中医辨证的主要方法，而辨证施治也一直是中医临床的基本原则。

针灸学　针灸是中国古代医学重要组成部分，它是以经络学说为理论指导，通过针刺和灸法熨烫等手段防治疾病的一种方法。针灸与经络学说息息相关，《灵枢》中就曾言："凡将用针，必先诊脉。"经络学说是中国古代特有的医学基础理论之一，南宋医书《扁鹊心书》中曾言"学医不知经络，开口动手便错"。经络是经脉和络脉的总称，其中经是经脉，是经络系统的主干，其特点是纵行分布；络是络脉，犹如网络，是经脉的分支，其特点是纵横交错，遍布全身。经络当中，经脉可分为正经和奇经两类。正经有十二，即手足三阴经和手足三阳经，合称"十二经脉"；奇经有八条，即督、任、冲、带、阴跷、阳跷、阴维、阳维，合称"奇经八脉"。针灸经络学说的起源，现存古籍中并无详细记载，但其产生必然离不开古人的针灸实践。据考古资料证实，针刺在新石器时代就已产生，艾灸的产生时间与其基本相同。针灸学说完整理论系统的形成则是以《黄帝内经》的成书为标志。

《黄帝内经》是中国古代第一部医学理论经典，托名黄帝所作，但据学者考证，其成书应非一人一时之功，开始书写应起于春秋战国，成书于两汉。《黄帝内经》分为《素问》和《灵枢》两部分各9篇，主要论述人体解剖、生理、脉学、病理、病因、诊断、治疗等方面的内容。《素问》主要从阴阳五行观念来解释生理和病理现象；《灵枢》主要阐明针灸疗法，故《灵枢》又称"针经"。北宋针灸学说得到了极大发展，天圣五年（1027）铸造了两座铜人，是我国最早的针灸模型，对辨认经穴与教学起了很大作用。明代是针灸学发展昌盛的朝代，此一时期杨继洲撰写了《针灸大成》，内容丰富，直到今天它仍是学习针灸的主要参考著作。至清代末叶，针灸学开始走向衰落。

草药学　草药包括植物、动物和矿物等，其中植物药占绝大部分，故草药学在中国古代名为"本草学"。传说中国的草药学起源于神农，神农尝百草的故事妇孺皆知，神农更是因此被尊为"药王神"。此虽为传说，但其也大体体现了中国草药学的起源极早。据考古资料表明，在七八千年前先民就发明了采药的石器，五六千年前又出现了碾药用的石窝、姜窝、碾槽等。汉代出现了我国第一本草药学专著《神农本草经》，这比古希腊和古罗马的"草学"历史要早数百年。《神农本草经》

托名神农所作，成书年代大约在东汉。全书分3卷，载药365种，当中植物药252种，动物药67种，矿物药46种。书中还首次提出了"君臣佐使"的方剂理论，一直被后世方剂学所沿用，在几千年的用药实践中发挥了巨大作用，是中医药物学理论发展的源头。它的问世，对中国草药学的发展影响极大，古代几部具有代表性的草药学著作，如南北朝陶弘景的《本草经集注》、唐苏敬的《新修本草》、宋唐慎微的《经史证类备急本草》等，都是渊源于此发展而来。

中国古代草药学的集大成之作则是明代李时珍的《本草纲目》。李时珍（1518—1593），字东璧，明代湖北蕲州（今湖北蕲春县蕲州镇）人。他所著《本草纲目》一书，是我国古代草药学的最高成就。该书共52卷，约190万字，载有药物1892种，收集药方11096个，绘制了插图1160幅。书中对植物的科学分类，要比瑞典的分类学家林奈早200年。《本草纲目》不仅为中国药物学的发展作出了重大贡献，更是先后被译成10余种文字在国外出版，对世界医药学、植物学的发展也产生了深远的影响，被誉为"东方医药巨典"，达尔文更是称其为"中国古代百科全书"。

医家医典 中国古代医学，名家辈出，其中最为著名的有：春秋战国时期的扁鹊是我国有文字记载的第一位名医。扁鹊，姓秦，名越人，渤海郡鄚（今河北任丘市）人。由于他的医术高超，被认为是神医，所以人们借用传说中神医"扁鹊"的名号来称呼他。他最大的成就是奠定了中医学的切脉诊断方法，被后代奉为"脉学之宗"。东汉末年，出现了被誉为"神医"的华佗和"医圣"的张仲景两位名医。华佗（约145—208），字元化，一名旉，沛国谯（今安徽亳州）人。他医术全面，尤其擅长外科，发明的麻沸散，比西方早1600多年，被后人称为"外科鼻祖"。华佗在医疗体育方面也有着重要贡献，仿照虎、鹿、熊、猿、鸟等动作创立了著名的五禽戏。张仲景，名机，南阳郡涅阳（今河南邓州）人。他所著《伤寒杂病论》是中国医学史上影响最大的著作之一，是后学者研习中医必备的经典著作。在这部著作中，张仲景创造了三个世界第一：首次记载了人工呼吸、药物灌肠和胆道蛔虫治疗方法。唐代最为杰出的医学家为孙思邈。孙思邈（581—682），京兆华原（今陕西铜川）人，后人誉为"药王"。他的代表性著作为《千金方》，书名取意"人命重于千金"。全书共计233门，收录方论5300首，全面总结了历代和当时的医药学成果。

金元时期，中国古代医学产生了许多流派，最具代表性的是刘完素、张从正、李东垣和朱震亨，被称为金元四大家。刘完素（1120—1200），字守真，号通玄处士，金代河间（今属河北）人。他一生著述颇丰，《素问玄机原病式》《黄帝素问宣明论方》《素问病机气宜保命集》均为其代表作。医学理论上，他大力倡导火热论，治疗上以清热通利为主，善用寒凉药物，后世称为寒凉派。张从正（1156—1228），字子和，金代睢州考城（今河南兰考）人。他家为医药世家，代表作为《儒门事亲》一书。治疗方式上他善于运用汗、吐、下三法去邪，因此人称攻下派。李东垣（1180—1251），字明之，名杲，号东垣，金代真定（今河北正定）人，著作有《脾胃论》《内外伤辨惑论》《兰宝秘藏》等。他的医术思想中心是"内伤脾胃，百病由生"，因此治疗以升发脾阳为主，人称为补土派。朱震亨（1281—1358），字彦修，号丹溪，元代婺州义乌（今浙江义乌）人，著作有《格致余论》《局方发挥》《本草衍义补注》等书。他在治疗上提倡滋阴降火之法，人称滋阴派。

第二节　和谐包容的哲学思想

哲学家方东美先生曾将中国哲学的核心理念归纳为"广大和谐"。和谐包容思想一直是中华民族的重要凝聚力，这主要体现在三个方面：一是和谐是中国人个人修养、家庭整治、国家治理，乃至国际关系处理的理想境界；二是和谐还延伸至人与宇宙万物的关系，视宇宙万物为有情物，有情者莫不相互感应，相互感应者则莫不和谐，所以有天人感应、天人合一、道法自然之说；三是和谐还体现在中华传统文化的儒道佛合一上。儒释道三家的哲学，充满了普遍和谐、圆融无碍的智慧，它们深刻塑造了中国人的思维方式和基本心态。可以说，和谐是中国人最普遍的价值观之一，它不但能满足自我的要求、社会的要求，也能满足超越的形而上的要求。

一　天人合一的儒家

儒家思想是中华优秀传统文化的核心，是构建中华民族精神的重要因素。和谐包容是儒家思想的重要标志，其特点主要体现在"中庸之道""天人合一""自我身心和谐""人际和谐""和而不同"等思想中。

中庸之道　由于中华传统文化遭到长期破坏，中庸之道受到严重误解，人们经常把中庸看作"和稀泥"的折中主义、平均主义、滑头主义，而实际上孔子却把中庸当作道德的最高标准，称："中庸之为德也，其至矣乎！"并将中庸作为处理事物的基本原则和方法论，其内涵是执两用中。在这里，中庸思想是"学"，而"执两用中"是其"术"。只有正确把握事物对立的两端，做到执两用中，才能解决问题，达成目的。《中庸》记载，孔子总结大舜的治国方法时说："执其两端，用其中于民，其斯以为舜乎？"即是说要掌握两种对立的极端，用中道来治理人民。所谓中道就是要把握事物的"度"，在对立的两端之间寻求解决问题的办法。人们之所以误解中庸的涵义，主要是错误地理解了"中"的涵义。"中"不是简单的"中间"的意思，而是"适当""合宜""正确"之意。如刚和柔是对立的两端，所谓"执其两端"就是要把握刚和柔；所谓"用中"，并不是要取其刚和柔之间的中间部分，既不刚也不柔，而是要当刚则刚，当柔则柔，这才是对刚柔相济准确理解。晚清曾国藩的成就多得益于他将中庸思想化为执两用中之术，将中庸的理念和方法全面贯彻到他的治学、治家、立身、处世、带兵、为官等方方面面。正因为中庸的重要意义，被誉为韩国国师的金容沃先生著有《中庸：人类最高的智慧》一书，书中称："倘若中国的人民和历史忽视《中庸》，便是拒绝自身生命的本原，而拒绝的结果，唯有死亡和败落。"金先生自称是怀着对中华民族重建自身固有的价值，以及开辟人类历史新局面的殷切期待，将这本书献给中国人民的。从中可见金先生对中庸思想的推崇。

中庸思想的和谐包容智慧的特色是什么呢？《中庸》说："中也者，天下之大本也。和也者，天下之达道也。致中和，天地位焉，万物育焉。"这是说，"中"的状态是天下众人的共同基础。"和"的状态是天下众人通行的正路。天下众人皆能做到"中"与"和"，即"致中和"，则天地万物就能各安其位，自然化育。人类社会和自然万物安顿祥和，各随其性便是儒家的理想。因此，"中和"二字就是中庸之道的和谐思想内核，是人类实践活动所追求的最高境界。

天人合一 天人和谐讲的是天道与人道的关系，涉及人的终极关怀问题。在这个问题上，儒家总的思想特征是强调天人合一。天人合一是指天道与人道、自然与人为相通、相类和统一。中国古代贤哲心目中的天，不是物质性的天，而是赋予了生命性的天，包括除人之外的一切现象。中国传统智慧认为人与自然万物，与鸟兽、山川、草木、瓦石是统一的整体。

西汉大儒董仲舒特别强调天人之间的感应。他认为人是天生的，所以天与人是同类的。天跟人一样有喜怒之气、哀乐之心等。天与人同类，所以天与人会相互产生精神感应。皇帝做了好事，上天就降下祥瑞相应；皇帝做了错事，上天就降下灾异，来谴告皇帝。宋代大儒张载有一句名言叫"民吾同胞；物吾与也"。意思是说，宇宙就是一大家庭，天地为人的父母，天地之体便是人的身体，天地之性就是人的本性。人类和万物都是天地的子女，应视民如兄弟，以万物为朋友。这包括了人与自然、人与人的双重和谐。哲学家二程兄弟则强调天道与人道没有分别，只是一个道。明代大儒王阳明则明确提出天地万物与人原是一体，风雨露雷日月星辰，禽兽草木山川木石与人原指一体。他解释《大学》中"亲民"，即是亲亲人，而仁爱百姓；仁爱百姓，而爱及万物。不仅亲爱我的父兄与他人的父兄，使他们成为一体，而且与鸟兽草木瓦石也成为一体。所以由修身齐家治国而平天下，其一体的过程一步步实现，逐渐达到天人合一的境界。

因此，天人合一不仅是指人与自然的和谐关系，而且还包括自我和谐、家庭和谐、国家和谐、人与人和谐的最高形态的和谐。儒家天人合一思想的根本目的便是以和谐的态度来处理人与自然、人与人、人与社会，以及人自身的各种关系，来实现人自身、人与外界的和谐发展。天人合一是儒家文化的最高的人生修养境界，也是中国文化的最高信仰。

自我身心和谐 人的自我结构主要由身和心两个方面构成。身即人的身体；心是指人的心灵或精神世界。人的身心有不同的需求，只有满足这些需求，并处理好两者的关系，人才能建立起身心的和谐与健康。当今社会越来越浮躁，每个人好像都戴着面具，人格的分裂严重，幸福感不断降低，这就是身心不和谐。儒家学说主张修身是一切的起点和根本，自我的和谐也须从个人的修养做起。

儒家强调个人通过自身坚持不懈、持之以恒的道德修养，即可以成为完人、圣人，实现完美的人格和理想的道德境界，从而实现人的身心和谐。孔子明确提出了道德修养的目标、根据、内容和方法。他说："志于道，据于德，依于仁，游于艺。""德之不修，学之不讲，闻义不能徙，不善不能改，是吾忧也。"道德修养的目标是伦理道德（"志于道"）；道德修养的根据是人的道德信念（"据于德"）；道德修养的依靠是"仁"（"依于仁"）；道德修养的内容是礼、乐、射、御、书、数的六艺（"游于艺"）；道德修养的方法是不断学习和实践，就是德要修，学要讲，闻义要徙，不善要能改。孔子主张学习和实践并重，既要学习掌握道德规范，又要不断实践道德信念。

孔子认为，自我修养是一个长期磨炼的过程，从学习道德知识到确立道德信念，再到认识和把握事物规律，最终走向自由。孔子自述自己一生的学习、立志、思考、践行的自我修养过程，说："吾十有五而志于学，三十而立，四十而不惑，五十而知天命，六十而耳顺，七十而从心所欲不逾矩。"这是一个随着年龄增长，思想境界逐步提高的过程，从学习领会，到不受环境左右，再到身心合一，自我修养达到了最高境界。人只要不断加强修养，提高自己的精神境界，就不会为物欲所动，就能保持内心的淡泊与宁静，得失顺其自然，这就实现了人自身的和谐，在此基础上就会进一步实现人与人的和谐。

人际和谐 所谓人际和谐，就是人与人之间的和谐，包括群己和谐，人与社会的和谐等。孔子思想的核心是"仁"。"仁"字从字形看，从人从二，寓意"二人为仁"，因此儒家为学的目的就是要处理好人与人之间的关系。儒家认为人与人之间的关系可以归结为五个方面，即五伦：君臣、父子、夫妇、兄弟、朋友。五伦是构成社会最重要的五种人际关系，"父子、君臣"构成纵向的上下关系，"夫妇、兄弟、朋友"构成横向的平行关系，其他的关系皆可以由此延伸扩展。父子关系可以延伸为师生、师徒关系；君臣关系在今天早已不存在，但上级和下级的关系还是存在的；兄弟关系可以延伸为同学、同事关系；朋友关系可以延伸为同仁、同道关系等。这五伦关系及其延伸扩展的各种关系，纵横交错构成人伦的网络。

五伦反映了个人在家庭、社会和国家中的责任，是处理人与人之间关系的基本道理和行为准则，《中庸》称为"五达道"。所谓"达道"，即天下古今所共由之路。朱熹明确提出为学的目的，就是要"明人伦"，即处理好这五种人际关系。只有学会处理好这五种社会人际关系，学会做人，才能够治国、平天下。人际和谐的具体要求是什么呢？孟子把处理这五伦关系的准则概括为："父子有亲，君臣有义，夫妇有别，长幼有序，朋友有信。"这些人伦内涵奠定了中国传统社会的伦理基础，塑造了中国人的生活方式和社会风俗，对中华文明的延续发挥了极其重要的作用。虽然有些伦理关系的基础已经不复存在，或有些内容已经不符合当代社会状况，但对传统人伦关系进行新的诠释后仍然具有重要现实意义。人际和谐是儒家和谐思想的主要内容。人是社会生活的主体，也是社会和谐的主体，离开人际交往，社会和谐就无从谈起。仁爱是儒家人际和谐理论的出发点，道德规范等礼乐制度是实行社会和谐的保障。

和而不同　中国古代贤哲不仅认识到"和"的价值，而且深刻认识到"和"与"同"的本质差异。西周思想家史伯曾指出："和实生物，同则不继。"这就是说任何事物都是由不同成分的东西和合在一起而形成的，如果是相同东西重复相加，就不可能有新事物的产生。春秋时期齐国的政治家、思想家晏婴也强调"和"与"同"的差异。在一次讨论君臣关系时，他对"和"与"同"的区别进行了阐述，指出"和"必须是不同事物之间形成的和谐，而不是相同，如同美食，必须有多种原料和调料，加以烹调而成，彼此"济不及，泄其过"，相互补充不足的味道，冲淡过强的味道，达到适度可口。"和"又如同音乐，必须有"五声、六律、七音"以相成，"疾徐、哀乐、刚柔"以相济，才能形成富于变化、优美动听的乐章。晏婴以美味制作和悦耳音乐喻指君臣关系。他说君臣之间，臣对君不能一味服从，君认为行，臣也认为行；君认为不行，臣也认为不行。这是没有不同意见的"同"。君认为行的，其中有不行的，臣应该指出不行的部分，使行的部分更加完备；君认为不行的，其中有行的，臣应指出行的部分，去掉不行的部分。臣要有批评有建议，使正确的主张更完备，不正确的及时纠正，这才是"和"。臣对君言听计从，好比是"以水济水""琴瑟之专一"，不会有美味佳肴，也不会有美妙的音乐。

孔子也是提倡"和"反对"同"，并把前人的"和同之辨"提升为"和而不同"的原则，提出："君子和而不同，小人同而不和。"孔子认为一个有道德的君子在为人处事时应力求与周围的人和睦相处，但并不是盲目地附和，或朋比成党。此外，孔子还提出了"和而不流"的概念。意思是说，君子应该和别人协调一致，而不随波逐流，无原则地迁就他人，而是在遵守道德原则的前提下与别人和谐相处。孔子认为人与人之间应该形成敢于提出不同意见的风气。孔子的弟子颜渊对孔子十分崇拜，以至对孔子亦步亦趋，从不提反对意见。为此孔子也曾批评爱徒对自己的话过于心悦诚服，以至于对自己缺乏帮助。

二　道法自然的道家

和谐也是道家思想的重要内容，道的本质就是和谐。道家和谐观的内涵包括以下几个方面：第一，强调"和"是人与自然和谐、人与人和谐，以及人自我的身心和谐，称之为"天和""人和""心和"，认为实现这三"和"是人的重要责任。第二，"和"是"常"。郭店楚简《老子》曰："和曰常，知和曰明。"强调和谐是事物的常态，而且只有认识到了和谐才算是明白了事物的真正道理。第三，"和"是"美"。《文子·上礼》曰："其美在和。"意思是说，治理国家的理想境界是和谐。第四,"和"是"乐"。道家认为天地人和谐就是快乐的境地。

道家的和谐思想贯穿于道家文化的诸多领域,但最重要的还是体现在天人关系问题上。道家在天人关系上重天道、自然,由"天道"到"人道",把人统一于天,即以人合天。以人合天的思想就集中体现在老子的"道法自然"命题之中。"道法自然"是道家的天人关系思想与和谐精神的最直接明了的概括,因而是道家文化最根本的精神,与儒家天人合一论有着明显区别。儒家讲人伦、教化,由"人道"到"天道",即从社会现实出发,把人世的伦理道德提升到本体的高度,使现实世界符合天理。

道家的"道法自然"思想认为人是自然界的一个有机部分,人从属于自然。老子把"道"看成是宇宙的物质本原和自然界的普遍规律。天地万物均由道而生,人要服从自然规律。老子明确指出人应该效法天道自然无为,按天地本来的状态来生存。老子说:"天地不仁,以万物为刍狗。"就是说天地没有价值取向,也没有喜爱憎恨,对万物一视同仁,是大公无私的,任凭万物自然发展,以保全其本性。庄子继承了老子天道自然的思想,坚决反对人为,主张返璞归真,顺应自然。庄子认为,人类之所以会产生种种纷争和冲突,是因为人们过于注重人为,丧失了自然本性。要想消除纷争和冲突,就必须抛弃人为和造作,恢复本真。天道是人道的大本大宗,最终人要遵循天道。从而"人道"应当合于"天道"。在道家看来,自然是一种完美的自足、自美的和谐状态。对于自然的任何人为举动,都会破坏这种状态。对于天地万物,应该让万物按自身的本性去生存,而不应人为地加以改变。

如何使"人道"合于"天道"呢?老庄提出了各自的修养方法。老子提出要减少知识和欲望,心存无"为"的意念,最后便达到无为的境地。无为的结果,万物自然生长,各得其所。庄子的方法是,忘却自己的肢体,退除自己的听觉和视力,脱离身体并抛弃了智慧,通过"坐忘""心斋"等一系列修养的工夫,达到物我两忘、逍遥无待的状态。

道家的"道法自然"不同于儒家的"天人合一"。道家追求的是一种自然无为的精神状态,坚决反对对自然界的任何改造利用。不是以人为依归，而是以天地、自然为依归。道家反对儒家干预人的自然属性的"天人合一"思想，强调"我无为，而民自化；我好静，而民自正；我无事，而民自富；我无欲，而民自朴"。主张绝仁弃义、绝圣弃智、绝巧弃利，以保持人的纯洁的天性，一切因任自然。

三　圆融无碍的佛家

中国佛教的和谐包容思想主要体现为其圆融无碍的精神特质。佛教作为外来文化，在中国传播发展的过程中，对中华传统儒道文化始终采取吸收和融合态度。中国佛学在自身发展中，对佛教不同经典和学说采取包容和会通态度。之所以如此，主要是基于佛教自身理论的和谐包容精神。

佛教的无我观和解脱观，对于人的自我观念转化、心理调节、心灵完美，进行了系统论述，其目的是使人摆脱烦恼，达到自身的圆融无碍。佛教的缘起论认为万事万物都是因缘和合而生，没有独立永恒的本性，因而无我。就是说，世界上没有独立的、自我存在、自我决定的永恒事物，一切事物都是相对的和暂时的。无我是佛教的基本观念，其内容包括无我执、无我见、无我爱和无我慢等。我执是对自我的执著，执著我为实有。我见是执著有实我的虚妄见解。我爱是对自我的爱执，亦即我贪。我慢是指以自我为中心的傲慢心态。由我执必然带来我见、我爱和我慢。佛教认为我执是万恶之源、烦恼之本，因此，主张无我。无我要求消除人在认识、欲望和心理诸方面的偏执、错误。佛教以解脱为众生的终极理想。佛教认为众生有许多烦恼，贪欲、憎恨和愚痴就是三种基本的烦恼，这些烦恼妨碍人的善根成长，使众生在生死苦域中流转，永无尽期。解脱就是要从烦恼痛苦和生死流转的束缚中解放出来，获得自由，从而进入理想境界。佛教宣扬"一切唯心造"，认为众生的轮回和解脱都取决于心，因此强调要改造人心，完善心灵，提升人性，转舍心的迷妄，开启心的觉悟。强调依靠自身的觉悟、功德和智慧，来求得解脱，同时还强调解脱不是孤立的、个人的事，只有自我觉悟与他人觉悟同时完成，才能获得真正解脱。佛教解脱观的实质是生命意义的超越、精神境界的提升。这种对超越和提升的追求，使人能用长远的终极的目光，客观冷静地审视人生的历程和自身的缺陷，并不断努力规范自己，提高境界，达到自我的身心和谐。

对于人与人的关系，缘起论主张自利利他。在社会中，每个人的生存和发展都是相互依赖的，人无法只通过自身而不藉他人他物获得独立自足的存在和发展。因此，对别人有利的行为，最终会有利于自己；有害于别人的，最终也会有害于自己。而且，佛教主张自利利他是以利他为先，不是从利自向利他扩展，而是通过普遍性的利他回到个体性的利自。佛教主张人与人的平等。平等意味着尊重，意味着和平。人与人之间互相尊重，就会减少或避免人与人之间的冲突，使人类和平共处。佛教的慈悲思想强调对他人的同情、关爱，帮助人解除痛苦，提倡和解，同样有助于消除仇恨，远离战争，实现和平。佛教反对杀生，也是尊重生命、尊重他人精神的表现。布施是佛教的重要的修持功夫，要求以慈悲心施与他人福利，为他人造福。佛教的去恶从善、一体平等、慈悲为怀、自利利他的道德规范和伦理准则，渗透到人际关系中，必将有助于缓解人与人之间的冷漠、对立乃至敌对的关系，有助于建立人与人之间的友爱、和谐与诚信的关系。人必须认识到他人的重要性，彼此之间相互尊重、亲和友爱、自利利他，从而建设一个和谐平衡、持续发展的社会。

缘起论认为万事万物皆依赖因缘和合而生而存，生必相生，存必共存，不能自生自存，万物一体平等、相生共存。所以，自身的意义都是在与他事物的相互联系中获得的。因此，无一物比他物更重要，也无一物不重要，任何一个事物都是不可替代的。人、动物、植物乃至一切生命、非生命体，均一体平等，相生共存，和谐无碍。万物在一体平等中，生生不息，相互涉入，和谐共处。

对于人与自然的关系，缘起论指出人的命运与整个自然界的命运息息相关，两者相待而生，相待而存。人并没有优越于自然界的其他生命或事物的特殊的生存地位。人的肉体，需要自然界的食物、阳光和空气，人的劳作休息需要以大地为场所，人的情感需要自然界的山水、草木、光色来滋润，人的精神与自然界息息相通，相生共存。因此，佛教主张尊重他者、尊重异类、尊重生命，以及众生都有佛性、皆能成佛的众生平等观。佛教既不主张"人类中心主义"，也不主张"环境中心主义""生物中心主义"，而是主张人与自然一体平等。佛教认为人、社会、自然界是"一损俱损、一荣俱荣"的整体。因此，人的生存和发展，取决于个人、社会、自然界的相生共存、共同发展。人必须认识到他人的重要性，彼此间相互尊重、亲和友爱、自利利他，从而建设一个和谐平衡、持续发展的社会。

第三节 丰厚博大的历史典籍

中华民族在文明进程中，形成了自身独特的文化传统，留下了蔚为大观的文化遗产，其中最具特色的就是浩如烟海的文献典籍，盛世修书是中国古代历史的独特人文景观。中国之所以被誉为文明古国，中华文明传承之所以延续数千年而从未中断，在相当程度上得益于这一独特的文化传统。在中国古代历代典籍修纂中，又以史书编修和类书、丛书编纂成果最为丰厚广博。

一 经世致用的史书编修

中国号称史学发达的国度，自古以来就非常重视历史的传承和记载。夏商时期已有"左史记言，右史记事"的记载。唐贞观年间，设史馆，以宰相监修国史，标志着史书由私修到官修的转变。历代史书编修中，一直秉承着"经世致用"的优良学术传统，唐太宗就曾言"以史为鉴，可以知兴衰"。中国史书编修之宏富，堪称世界之最，内容涉及之广几乎囊括了社会生活的各个方面。按照编修体裁，史书大体可分为编年体、纪传体、纪事本末体、典志体几大类。

编年体 在诸种史书编修体例中，以时间为中心，按年、月、日编排史实的编年体出现最早。这种编修体裁的最大特点就是注重时间的顺序性与持续性，对于了解一个朝代的发展大势极为方便。《春秋》为我国最早的一部编年体史书，记载了从鲁隐公元年（前722）到鲁哀公十四年（前481）的历史。相传《春秋》出于孔子之手，旧时有"文王拘而演周易、仲尼厄而作春秋"之说。但后世亦有不同说法，认为其为鲁国史官的作品。虽然春秋之作者有争议，但其经过孔子之手修改，则无大异。春秋末年，鲁国史官左丘明注解《春秋》作《左传》，形成了我国第一部叙事完备的编年体史书。《左传》原名为《左氏春秋》，汉代改称《春秋左氏传》，简称《左传》，与《公羊传》《谷梁传》合称"春秋三传"。在中国传统史学中《左传》占有极为重要的地位，被评为继《尚书》《春秋》之后，开《史记》《汉书》之先河。

东汉末年，荀悦删改《汉书》作《汉纪》，使得编年体史书更为成熟。荀悦（148—209），字仲豫，汉献帝时做过侍讲，后来任秘书监、侍中。其所作《汉纪》共30卷，18万余言，内容上主要取材于《汉书》，体裁上仿效《左传》但却更加严整，并且开创了编年体中连类列举法，即在有关史实之下记载与之有重要联系的人物和制度，这使得编年体体例更为严谨，从而使编年体史书发展到比较成熟的阶段。后人袁宏称其"才智经纶，足为佳史"。

北宋司马光所编《资治通鉴》，是中国第一部编年体通史，达到了古代编年体史书的最高峰。司马光（1019—1086），字君实，号迂叟，陕州夏县（今山西夏县）涑水乡人，世称涑水先生，历仕仁宗、英宗、神宗、哲宗四朝，卒赠太师、温国公，谥文正。他所编《资治通鉴》历时19年告成，共294卷，记述了从周威烈王二十三年（前403）到五代时后周世宗显德六年（959），共16朝1362年的历史。该书成书之后，宋神宗认为该书"鉴于往事，有资于治道"，钦赐名为《资治通鉴》。宋末元初胡三省评价此书："为人君而不知《通鉴》，则欲治而不知自治之源，恶乱而不知防乱之术，为人臣而不知《通鉴》，则上无以事君，下无以治民"，将其作为君臣治国的教科书对待。《资治通鉴》对后世史学影响极大，不但出现了专门研究《资治通鉴》的"通鉴学"，而且续编和仿作之作不断。鉴于《资治通鉴》重要的史学成就，后人将其与《史记》并称为"史学双璧"，将司马光与司马迁并称为"史学两司马"。

纪传体 纪传体是以本纪、列传为纲，时间为纬来反映历史事件的一种史书编修体例。从体裁的形式上看，纪传体是本纪（帝王事迹）、世家（诸侯贵族历史）、列传（著名人物生平）、书志（典章制度）、史表（排列历史大事及人物）的综合。它最重要特点是突出了人在历史上的地位，以大量的人物传记为中心内容，把中国传统的左史记言和右史记事进一步结合起来。西汉司马迁所著《史记》是中国第一部纪传体通史，开创了纪传体史学的先河，之后所修历朝正史，基本都沿袭纪传体这种体裁形式。其中最具代表性的，当推二十四史，即：《史记》《汉书》《后汉书》《三国志》《晋书》《宋书》《南齐书》《梁书》《陈书》《魏书》《北齐书》《周书》《隋书》《南史》《北史》《旧唐书》《新唐书》《旧五代史》《新五代史》《宋史》《辽史》《金史》《元史》《明史》。关于历代正史，除二十四史之说外，又有二十五史、二十六史两说。二十五史是在二十四史基础上加上《清史稿》，二十六史则是在二十五史的基础上加上《新元史》。二十四史当中司马迁《史记》、班固《汉书》、范晔《后汉书》、陈寿《三国志》又被称为"前四史"，编著最为精良。

司马迁（前145—90），字子长，西汉夏阳（今陕西韩城南）人，后世尊称为史迁、太史公、历史之父。其所编著《史记》分12本纪，10表，8书，30世家，70列传，共130篇，52万余字，记载了中国从传说中的黄帝到汉武帝太初四年（前101）长达3000年的历史。《史记》的最大史学成就就是创制了纪传体这一史书编修体裁，从此以后，从东汉班固的《汉书》到民国初期的《清史稿》，近2000年间历代所修正史，虽在个别篇目上有些增改，但都绝无例外地沿袭了《史记》的本纪和列传两部分。同时，司马迁善用白描刻画人物，因此《史记》还是一部优秀的文学著作，在文学史上有重要地位，被鲁迅赞誉为"史家之绝唱，无韵之《离骚》"。

班固（32—92），字孟坚，东汉扶风安陵（今陕西咸阳东北）人，与司马迁并称"班马"。其所著《汉书》为我国第一部纪传体断代史，开创了"包举一代"的断代史体例。全书共120卷，80余万字，主要记述了上起西汉的汉高祖元年（前206），下至新朝的王莽地皇四年

(23)，共220年的史事。《汉书》承继《史记》，然亦有不少其独特之处，如《汉书》将《史记》"本纪"改称"纪"，"列传"改称"传"，"书"改称"志"，取消了"世家"，汉代勋臣世家一律编入"传"。这些变化，均被后世正史修纂所沿袭。另外，《汉书》十志比《史记》八书多出了《刑法志》《五行志》《地理志》《艺文志》四志。其中，《地理志》是中国最早以疆域政区为主体的地理著作，开创了疆域地理志和沿革地理的体例，在中国古代地理学史上具有重要意义。汉以后的15种正史地理志和各种地理总志，大都是以其为典范编修的。

《后汉书》记事上起东汉光武帝建武元年（25），下至汉献帝建安二十五年（220），共195年。《后汉书》中"纪"十卷和"列传"为南朝刘宋时期范晔著。北宋时，有人把晋朝司马彪《续汉书》"志"30卷，与之合刊，成为今天我们所见的《后汉书》。《后汉书》在体例上的最大创新是新增加了《党锢传》《宦者传》《文苑传》《独行传》《方术传》《逸民传》《列女传》7个类传，其中《文苑传》和《列女传》为后世史书所传袭。

《三国志》是由西晋陈寿所著，最早以《魏书》《蜀书》《吴书》三书单独流传，到北宋咸平六年（1003）三书合为一书。全书一共65卷，其中《魏书》30卷，《蜀书》15卷，《吴书》20卷。《三国志》名为志，其实无志。《魏书》有本纪、列传，《蜀书》《吴书》二书仅有列传。原因是陈寿是晋朝朝臣，晋承魏而得天下，所以《三国志》尊魏为正统，为曹操、曹丕、曹叡列纪，刘备、孙权等均只有传，没有纪。

纪事本末体 纪事本末体是以事件为中心，将有关材料集中一起，每一历史事件单独成篇，按时间顺序记述事件始末的史书体裁。首创者为南宋袁枢，代表作《通鉴纪事本末》。袁枢（1131—1205），字机仲，建州、建安（今福建建瓯）人。《通鉴纪事本末》共42卷，始于三家分晋，终于周世宗征淮南，共1362年史事。全书文字全部抄自司马光《资治通鉴》原文，但是改变了编修方式。该书将《资治通鉴》所记史实，以事件为中心，归纳为239个专题，加上66条附录，共记载了305个历史事件。每一专题为一大事经过始末，按时间顺序排列，开创了纪事本末体的先河。《通鉴纪事本末》成书之后不久，南宋孝宗时的章冲即仿作《春秋左氏传事类始末》，理宗时的杨仲良仿作《皇宋通鉴长编纪事本末》。到明末清初，纪事本末体史书的编修达到了高峰，纪事本末体成为一个体系，代表作主要有：明朝，陈邦瞻《宋史纪事本末》、《元史纪事本末》，张鉴《西夏纪事本末》；清朝，谷应泰《明史纪事本末》，马骕《绎史》，高士奇《左传纪事本末》，李有棠《辽史纪事本末》、《金史纪事本末》，李铭汉《续资治通鉴纪事本末》，等等。纪事本末体相对于纪传体和编年体来说，每一历史事件独立成篇，按时间顺序编写，能够完整地反映历史事件全过程，可补编年体与纪传体之不足；缺点在于将错综复杂的历史有机整体，分割为一些孤立的历史事件，使其失去相互之间的内在联系。

典志体 典志体，又称"典制体"，是以历代典章制度及其沿革为中心，由纪传体史书中"书"或"志"部分发展而来的一种史书体裁。典志体又分为典志体通史和典志体断代史，其中典志体通史以"十通"为代表，典志体断代史则以各朝编修会要为代表。十通为《通典》《通志》《文献通考》《续通典》《续通志》《续文献通考》《清朝通典》《清朝通志》《清朝文献通考》《清朝续文献通考》等10部著作的统称，其中又以《通典》《通志》《文献通考》这三通最为优良。

《通典》，唐代杜佑著，是我国第一部典志体通史，也是我国第一部典志体史书。杜佑（735—812），字君卿，京兆万年（今陕西西安附近）人，官至宰相。《通典》全书200卷，分为食货、选举、职官、礼、乐、兵、刑、州郡、边防等九门，门下有子目，子目1500余条，共计190万字，记述唐天宝以前历朝典章制度及疆域沿革。该书开创了典志体史书编修先河，从此典制史成为传统史学中的一个重要门类。《通志》，南宋郑樵编著。郑樵（1104—1162），字渔仲，南宋兴化军莆田（今福建莆田）人，世称夹漈先生。其所编著《通志》200卷，有帝纪18卷、皇后列传2卷、年谱4卷、略51卷、列传125卷。全书当中"略"部分价值最大，"略"是由纪传体史书中书志部分发展而来，共计二十略，其中《氏族》《六书》《七音》《都邑》《草木昆虫》等略，为旧史所无，是郑樵独创；至于《礼》《乐》《职官》《选举》《食货》诸略则与唐代杜佑《通典》相同。诸略涉及诸多知识领域，堪称世界上最早的一部百科全书。"二十略"后来独立成册，称《通志二十略》，简称为《通志略》。《文献通考》，元代马端临所撰。马端临（1254—1323），字贵舆，号竹洲，饶州乐平（今江西乐平）人。其所撰《文献通考》为中国古代典志体史书集大成之作。全书共348卷，记述了上起夏商周三代，下至南宋宁宗嘉定五年（1212）的典章制度沿革。全书以《通典》为蓝本，但又有创新和发展，共分田赋、钱币等24门，其中经籍、帝系、封建、象纬、物异五门为作者自创。在编写体例上也有独到之处，顶格排行的条目，是叙事部分，也就是所谓的"文"；低一格排行的，为引用臣僚奏疏、他人评论等内容，即所谓的"献"；低二格排行的，为自己议论，即所谓的"考"；"通"则是会通之意，故书名《文献通考》。

我国第一部典志体断代史为北宋王溥编《唐会要》。王溥（922—982），字齐物，并州祁县（今山西祁县）人。其所编《唐会要》100卷，分门别类地具体记载了唐朝各种典章制度及其沿革，保存了许多《新唐书》《旧唐书》未载的史实，向来为唐史研究者所重视。《唐会要》所开创的这种会要形式的典志断代史，为以后历朝所承袭，其中最为重要的为《宋会要》。但是可惜的是，《宋会要》原书已散佚，现在所见的《宋会要辑稿》为清代人徐松根据《永乐大典》散见内容辑录而成。

二 囊括百科的类书丛书

类书，是中国古代的一种工具书，其体例是辑录各门类或某一门类的书籍资料，依照内容或字、韵分门别类编排以供检索、征引，相当于西方的百科全书。中国类书编纂起自曹魏时期的《皇览》，之后历代均有编修，最为著名的则是明代的《永乐大典》。丛书，则是由很多书汇编成集的一种集群式图书，体例是按一定的目的，在一个总名之下，将各种著作汇编于一体。古代丛书编纂始自宋代，清代达于鼎盛，乾隆年间所编《四库全书》堪称中国古代丛书之最。

《皇览》 我国第一部见于著录的类书，由三国曹魏黄初元年（220）魏文帝曹丕诏命王象、刘邵等人编纂。据《魏略》记载，此书分 40 余部，每部数十篇，约 800 余万字。因其内容源自五经群书，以类分篇，供皇帝阅读，故名《皇览》。宋代王应麟《玉海》称"类事之书，始于皇览"，可见《皇览》开创了中国古代大型类书编纂的先河，以后历代类书，大都沿袭了《皇览》的体例格局。可惜的是，《皇览》原书在唐代已佚，清人孙冯翼从各书中辑出佚文一卷，但仅存冢墓记等 80 余条，不及 4000 字，收入《向经堂丛书》。由于所存寥寥无几，也难以窥其原貌。

宋初四大类书 自《皇览》问世以来，历代王朝为显示其文治，在开国之初集天下文士编修类书，极大推动了类书编纂的发展。隋唐时期，出现了大型官修类书，隋代的《长洲玉镜》《编珠》，唐代的《艺文类聚》《文思博要》《三教珠英》《瑶山玉彩》《初学记》等，都是著名的官修类书。宋代的官修类书，卷帙之宏大，种类之繁多，编纂之精良，都超越了前代。北宋初年出现了著名的"宋初四大类书"：小说类编的《太平广记》、百科汇总的《太平御览》、诗文总集的《文苑英华》和施政鉴戒的《册府元龟》，代表了宋代类书编纂的最高成就。

《太平广记》为李昉、扈蒙等奉宋太宗之令编纂，始于太平兴国二年（977），次年（978）完成，因其成书太平兴国年间，故取名为《太平广记》。全书 500 卷，目录 10 卷，取材以汉代至宋初的野史小说为主，按题材分为 92 类，又分 150 余细目，查阅极为方便。全书共引用书目 400 余种，其中许多书目早已失传，仅在本书内存有佚文，有些六朝志怪、唐代传奇，全赖此书而得以流传。书中最值得重视的是杂传记 9 卷，《李娃传》《柳氏传》《无双传》《霍小玉传》《莺莺传》等唐代传奇名篇，多数仅见于此书。

《太平御览》为宋太宗太平兴国二年（977）令李昉、扈蒙等编纂，历时七年于太平兴国八年（983）成书。该书初名《太平总类》，书成之后，宋太宗拟"日览三卷，一岁而读周"，故更名为《太平御览》。全书共 1000 卷，按照天、地、人、事、物为序，分为 55 部，取意《周易·系辞》"凡天地之数，五十有五"之说，以表明该书内容包罗万象。在各部下又分若干类，部分类下又有子目，大小类目共计约5474条。据马念祖统计，《太平御览》引用书籍共计2579种，其中所引古书十之七八早已失传。清代阮元曾说："存《御览》一书，即存秦汉以来佚书千余种矣！"可见该书是一部保存古代佚书最为丰富的类书之一。

《文苑英华》由李昉、宋白等自太平兴国七年（982）开始纂修，雍熙三年（986）完成。该书是大型诗文总集，全书共1000卷，选材时间上限与南朝萧统所编《文选》相衔接，上自南朝梁，下至五代，分赋、诗等38类，各类中又分为若干门目，共收录作者近2200人，作品近2万篇，其中唐人作品占十分之九。《文苑英华》成书之后，曾经多次修订，今天所见中华书局版本为南宋周必大在告老辞官之后与胡柯、彭叔夏校订而成。

《册府元龟》为景德二年（1005），宋真宗赵恒命王钦若、杨亿等18人一同编纂，历时八年完成。全书共1000卷，分31部，部下再分门，共有1100多门，其规模居宋初四大类书之首，数倍于其他各书。该书取材严谨，仅及经传子史，不录野史、小说、杂书、家传，专收上古至五代的君臣事迹，尤重唐、五代，按照人物阶层身份，分门别类排列，故初名《历代君臣事迹》，后赐名《册府元龟》。所谓"册府"，指古代帝王典藏书籍之府，"元龟"即"龟鉴"之义，故其书义是指从历代帝王藏书之中，撷取精义，为君臣治国提供借鉴。

《永乐大典》 《永乐大典》于永乐年间，由明成祖命解缙、姚广孝等，历时六年（1403—1408）编纂而成，初名《文献大成》，后改名为《永乐大典》。全书广收各类图书七八千种，共计22877卷，11095册，约3.7亿字，以搜罗最富、卷帙最大、引文最详而著称。郭伯恭在《永乐大典考·自序》中言："《永乐大典》囊括百家，统驭万类，卷帙之富，为历代官书所未有。"该书规模远远超过了前代编纂的所有类书，即使是清代编纂的规模最大的类书《古今图书集成》也只有10000卷1.6亿字，不到《永乐大典》的一半，西方同时代的典籍更是望尘莫及。它被公认为世界上最早、最大的一部百科全书。另外，《永乐大典》的3.7亿字，都是书手们用明代官用的楷书馆阁体一一抄写出来的，其中所绘山川器物也全用白描手法，精丽工致。《永乐大典》在永乐年间纂修完成后，只抄录了一部，称作"永乐正本"；到嘉靖朝，怕大典有损，又重录了一部，称为"嘉靖副本"。两部大典完成之后一直深藏皇宫，没有刊印，流传稀少。可惜的是，正本于明亡之际被毁，嘉靖、隆庆年间所摹的副本，在八国联军入侵北京时大部分被焚毁，其余部分则被劫掠而去。现存的《永乐大典》不到800卷。

《永乐大典》所收录之书以宋元时期著作较多，到清代之时，原书只有十之一二存留，而且《永乐大典》收录的典籍除流传较多的儒家经典、历代史籍、名人文集外，还收录了大量的方舆志乘、小说戏曲、医学方技、佛道典籍等，所以明清两代学者都把《永乐大典》看作辑佚之渊薮，通过他们的爬梳整理，使得许多佚书得以重现人世。明嘉靖年间张四维从《永乐大典》辑出南宋《名公书判清明集》17卷，是最早的辑佚之作。清乾隆年间，辑出经、史、子、集四部书共385种4946卷，其中著名的有后来被列入二十四史的《旧五代史》、两宋重要史籍李焘《续资治通鉴长编》、李心传《建炎以来系年要录》、记载唐人姓氏郡望的林宝《元和姓纂》、南宋陈振孙目录学著作《直斋书录解题》以及郦道元《水经注》，等等。清嘉庆中叶修《全唐文》，从中辑出大量唐文，学者徐松又辑出《宋会要》500卷、《宋中兴礼书》300卷、《中兴礼书续编》80卷等。近现代以来，戏曲、地方志、科技书籍和医学著作开始被人们重视和辑录，较著名的有郭沫若辑《大德南海志》，钱南扬的《永乐大典戏文三种校注》辑录《小孙屠》《张协状元》《宦门子弟错立身》三出南戏剧本等。

《四库全书》 《四库全书》是中国历史上规模最大的一套官修丛书。清乾隆三十八年（1773）由永瑢（乾隆帝第六子）负责，于敏中（字叔子，一字重棠，今江苏金坛人）任正总裁，纪昀（字晓岚，今河北沧县人）任总纂官，另有著名学者戴震（字东原，今安徽休宁人）、陆锡熊（字健男，今上海人）等人参与，开始编纂，历时9年完成。曾参与编撰并正式列名的文人学者多达3600人，而抄写人员也达到3800人。《四库全书》所收书籍底本来源有五：一、内府本，即政府藏书；二、赞撰本，即清初至乾隆时奉旨编纂图书，包括帝王著作；三、征进本，即各省督抚征集和私人进献的图书，其中私人献书当中，以鲍士恭、范懋柱、汪启叔、马裕四家所献书最多，各被赐予《古今图书集成》一部；四、通行本，即采集自社会上流行的书；五、《永乐大典》本，即从《永乐大典》中辑录出来的佚书。

编纂时，收集来的图书都要经过筛选，按"著录书"及"存目书"分别收入，其中"存目书"不录全书，只摘部分内容，而"著录书"则经过整理、校勘、考证后，按特定格式抄写存入，抄写完成后，还要与原本反复校勘。据统计，全书共著录先秦到清乾隆年间图书3461种79309卷，存目书籍6793种93551卷，二者合计达10254种，约8亿字，按照内容分为经、史、子、集四部，故名《四库全书》。其中，经部主要收录儒家"十三经"及相关著作，共十大类；史部主要收录历朝史书，共十五大类；子部主要收录诸子百家著作和类书，共十四大类；集部主要收录文章诗词总集和专集等，共五大类，四部共计44类。

乾隆四十九年（1784）《四库全书》编纂完成之后，共抄录七套：第一套存于紫禁城皇宫文渊阁，第二套存于奉天故宫文溯阁，第三套存于圆明园文源阁，第四套存于承德避暑山庄文津阁，合称"内廷四阁"（或"北四阁"），只准大臣官员、翰林等阅览；后又以江浙地区人文鼎盛，就再抄正本三套，分别存镇江金山寺文宗阁、扬州大观堂文汇阁和杭州圣因寺文澜阁，即"江浙三阁"（或称"南三阁"），方便士子入院抄阅。除此七套正本之外，又另抄副本一套存于京师翰林院。其中文渊阁本最早完成，校勘最精、字体也最工整。《四库全书》完成至今的200年间，中国历经动乱，《四库全书》也同样饱经沧桑，七套正本中现今只存三套半。其中，文源阁本在咸丰十年（1860）英法联军攻占北京、火烧圆明园时被焚毁；文宗、文汇、文澜阁本在太平天国运动期间被毁，其中文澜阁本后由藏书家丁氏兄弟收拾、整理，抢救回原书的四分之一，于光绪七年（1881）再度存放入修复后的文澜阁，民国以后经过一次大规模修补后，大部分内容已经恢复，现藏杭州浙江省图书馆；文渊阁本原藏北京故宫，现藏台北市"国立故宫博物院"，这是保存较为完好的一部；文溯阁本民国十一年（1922）险些被卖给日本人，1966年中苏关系紧张时，为保护《四库全书》安全，将文溯阁《四库全书》秘密从沈阳运至兰州,作为战略书藏于戈壁沙漠中;文津阁本于 20 世纪 50 年代由避暑山庄调拨到中国国家图书馆,这是目前唯一一套原架原函原书保存的版本。

第四节　兼容并包的宗教文化

宗教起源于人类意识的觉醒,是人类摆脱蒙昧,开始探讨自身精神世界的初始。世界各部落、民族、国家的形成,几乎都与宗教相关,并对各民族、各色人种的社会生活与精神世界,发挥着不可估量的作用。中国亦复如是,5000 年来,中国的政治思想、哲学伦理、文学艺术、科技经济、中外交流,乃至于民风民俗等等,无一不与宗教休戚相关。中华文化富含开放性、包容性,形成了兼收并蓄、相即相融的优良传统。因此,中国的宗教除了本土萌生的道教之外,其他外来的佛教、伊斯兰教、基督教、天主教等也都获得了生存发展的空间。

一　追求彼岸的佛教

佛教,公元前 6 世纪至前 5 世纪起源于古印度,主张慈悲平等,以超越阶级、种族为特色。创始人释迦牟尼(约前 624—前 544),原名乔达摩·悉达多。他在恒河流域传播佛法 40 余年,佛教遂呈丽天之势,成为古印度的主流宗教。其后,广泛传播于亚洲及世界各地,对许多国家的社会政治、思想文化、生活习俗产生了重大影响,与基督教、伊斯兰教并列为世界三大宗教。佛教在传入中国之后,与中国本土文化的大融合,持续了整整 800 年,终于缔造出了中国佛教的磅礴大气与灿烂辉煌——在其发源地日渐湮灭的佛教,反而在中国得到了极大发展,并完成了自身的中国化,最终形成了中华古代文化的基本架构——儒、佛、道三分天下,中国可谓是佛教的第二故乡。

佛教东传　西汉文帝时期,大月氏为避匈奴而入北印度建贵霜王朝——印度与西域通,贵霜王朝三世王迦腻色迦效法阿育王尊信佛教,在境内推行佛法，举行结集，一时大乘佛教兴盛。西汉武帝时为抑制匈奴而经略西域——西域与中国通，打通了佛教传入中国的通道。佛教传进中国内地的具体时间，目前学界存在争议。主流观点认为竺法兰、摄摩腾来华是佛教传入中国之始。据史籍记载东汉明帝永平十年（67），明帝夜梦金人飞入殿庭，第二天问于群臣。太史傅毅回答说："西方有大圣人，其名曰佛。陛下所梦恐怕就是他。"明帝于是派遣中郎将蔡愔等18人前去西域，访求佛法。蔡愔等人于西域遇到竺法兰、摄摩腾二人，并得佛像经卷，用白马驮还洛阳。明帝特建立精舍给他们居住，称作白马寺。白马寺成为我国第一座寺院。竺法兰与摄摩腾在白马寺里译出的《四十二章经》一般认为是中国翻译的第一部佛经。佛教传入中国之后，到了东汉末年桓、灵二帝时期（147—189），才渐渐传播开来，当时西域的佛教学者相继来到中国，如从安息的来安世高、安玄，从月氏来的支娄迦谶、支曜，从天竺来的竺佛朔，从康居来的康孟详，等等。由此翻译佛典渐多，法事也渐兴。此时出现了史籍记载最早出家的汉人严佛调。但也有史籍认为严佛调当时只是居士，真正的汉人僧侣是在曹魏嘉平二年（250），中天竺沙门昙柯迦罗（法时）来到洛阳，建立羯磨法，创行受戒之后才出现的，当时登坛受戒的朱士行才应该是中土沙门之始。民间修寺立佛像则是开始于汉献帝时期。

汉传佛教宗派 中国境内流传的佛教按照地域划分大体可分为三大派别，即流行于云南傣族、布朗等少数民族地区以小乘佛教为主的南传佛教，流传于西藏、四川、蒙古等藏、蒙少数民族地区以密宗为主的藏传佛教，以及流传于内地大部分地区以大乘佛教为主的汉传佛教。中国古代佛教以汉传佛教为主，在魏晋到隋唐时期形成了以天台宗、三论宗、法相宗、禅宗、净土宗、律宗、密宗、华严宗等八大宗派为主的诸多宗派。其中，天台宗，因创始人智𫖮常住浙江天台山而得名，其崇奉经典为《妙法莲华经》，故亦称法华宗；三论宗，隋朝吉藏创立，因依龙树菩萨所作的《中论》《十二门论》和提婆的《百论》等三论立宗得名，着重阐发诸法性空理论，故又称"法性宗"；法相宗，唐玄奘创立，因剖析一切事物（法）的相对真实（相）和绝对真实（性）而得名，又因强调万法唯识之妙理，亦称唯识宗，还因玄奘及其弟子窥基常住大慈恩寺，故又称慈恩宗；律宗，实际创始人为唐代道宣，因着重研习及传持戒律而得名，也因为依据五部律中的《四分律》建宗，也称四分律宗，还因为道宣住终南山，又称南山宗；净土宗，实际创立者为唐代善导，因专修往生阿弥陀佛净土法门得名；华严宗，实际创立人为唐代法藏，因以《华严经》为根本典籍得名，又因法藏号贤首，也称贤首宗，还因以发挥"法界缘起"的思想为宗旨，被称为法界宗；密宗，亦称密教、秘密教、瑜伽密教、金刚乘、真言乘等，因修习三密瑜伽而获得成就得名；禅宗，实际创始人为唐代慧能，因主张修习禅定得名，又因主张通过参究，彻见心性本源为主旨，亦称佛心宗。

需要特别指出的是，八大宗派中禅宗的出现，彻底实现了佛教的中国化。从某种意义上说，所谓中国佛教特色，即是禅宗特色——禅宗是印度所没有的、深受中国文化影响而诞生的佛教最重要的宗派。铃木大拙说过，禅宗之所以诞生在中国，是因为中国人的脚踏实地，热爱且享受劳动。中唐之后，丛林化、平民化的禅宗，也给中国佛教带来了另一大特色——入世化。以禅宗为主流的中国佛教，主张"世间与出世间不二""劳作即佛事，日用即禅修"，将佛法与生活、工作打成一片，创造性地提出"人间佛教""生活禅"等理念。禅宗的实际创始人慧能，也被称为"中国佛教始祖"。慧能（638—713，亦称惠能），新州（今广东新兴）人。他高扬"顿悟"大旗，一举改变了汉传佛教的格局——所谓中国佛教，特质在禅。他之《坛经》是中国僧人撰述中唯一被尊为"经"的著作，他之"顿悟成佛"思想标志着印度佛教中国化的完成。慧能对中国传统文化贡献之巨，可与"孔、孟"相媲美，堪与"老、庄"互比肩。

佛教对中国文化的影响　佛学体系宏博严密，蕴含深芜，崇尚理性，主张通过缜密推理和因明逻辑来认识世界。这种理性特质，为中国思想界带来重知识、重学术的新风。尤其是随着佛教华严宗、法相宗、禅宗等宗派诞生，其认识论、思辨方法对中华文化影响深远。至宋明理学，更是深摄佛教思想，梁启超称之为"儒表佛骨"。佛教对道教的影响更是全面的，几乎左右了其后来的理论体系。正是禅宗心性思想启发，道教才发展出心性理论、心灵哲学等核心内容。

佛教强调"五明",即声明、工巧明、医方明、因明、内明。因此伴随佛法传来的,还有建筑工程、医药科学、雕塑绘画、音乐舞蹈、文学艺术、天文历法……佛教对中国社会各个领域的影响,可以说无所不有,无处不在。我国现存的古代文化遗迹,大多与佛教有关。以河北省为例,首批全国重点文保共23处,其中佛教遗存有11处之多。这些文物不但是文化载体,往往也是所在地最亮丽的名片,更是最重要的旅游资源,为当地的经济文化建设起到了重要作用。河北正定一个区区县城,之所以能与古都西安、首都北京一样成为首批全国历史文化名城,主要原因就是保存了众多佛教建筑——四古塔八大寺。天下名山僧占多。其实是因为寺院建筑与佛教文化,这些山川才得以知名。山西五台、浙江普陀、四川峨眉、安徽九华,分别供奉文殊、观音、普贤、地藏菩萨,从而成为中国佛教四大名山。

二 注重今生的道教

在我国宗教中,唯有道教是中华大地上土生土长的宗教。它源于先秦,形成于东汉,扩展于魏晋南北朝,兴盛于唐宋,分宗于金元,明清以来,又以多种形式流传,至今已有1800多年的历史。道教被称为东方科学智慧之源,对中国的政治经济、思想哲学、文学艺术、科学技术、民风民俗等方面,都产生了深远而广泛的影响。

道教的形成 早在几千年前,华夏先民不断探索心灵奥妙,追求超凡入圣,希望长生不老,祈求得道成仙。在漫漫求索过程中,创造出了丰富多彩的原始宗教文化。道教是在整合了许多原始宗教的基础上形成的,其宗教性的内容可以追溯到原始社会母系氏族时期的原始宗教传统。在文化传统上,承传了中国古代的传统礼乐文明;在理论上,吸收了春秋战国时期老子、庄子的道家思想;在宗教实践上,继承了先秦时期方士的神仙修炼经验和成果。可以说,道教是中华民族本土宗教文化集大成者,灵光独耀,特色独具。

道教正式形成于东汉末年,这一时期主要有两大教派,一为张角创立的太平道,一为张修创立的"五斗米道"。太平道,为汉灵帝建宁年间（168—171），由钜鹿人（今河北平乡）张角与两个兄弟张宝、张梁三人创立，主要是受《太平经》的影响立教，故名太平道。其教义主要是宣称在天上有鬼神监视人们的行为，因此要求人们多行善事，少做坏事。张角自称"大贤良师"，把自己看成大众的先觉者。他把全国信徒按照地区，建立了军政合一的组织"方"，共设36方，各方首领称"渠帅"，在民间产生了极大的影响。由于当时社会腐败，政治黑暗，民不聊生，所以张角就顺势而起，提出了"苍天已死，黄天当立，岁在甲子，天下大吉"的口号，发动了黄巾大起义。在起义失败后，太平道也就基本上销声匿迹了。五斗米道，实际创始人为巴郡（今重庆）人张修，后张鲁杀张修，取得了教权，并编造出张道陵、张衡、张鲁的"三张"传说和天师崇拜。因其供道限出五斗米，故得名"五斗米道"。到南北朝时期，经过寇谦之、陆修静等人努力和改革，五斗米道演变成为北天师教和南天师教，道教正式成为与佛教并列的中国正统宗教。寇谦之（365—448），名谦，字辅真，祖籍上谷昌平（今属北京），是中国古代首位被官方认可的"道教天师"。他对早期道教的教义和制度进行了全面的改革，吸取儒家五常观念，同时融合儒释规戒，建立了比较完整的道教教义和斋戒仪式，并改革道官职位的世袭制度，主张唯贤是举，信守持戒修行，形成了北天师道。陆修静（406—477），字元德，吴兴东迁（今浙江吴兴东）人。他对江南地区的天师道组织形式进行了改革，同时制定了道教斋仪，形成了南天师道。

全真教与正一教 金元时期，出现了延续至今的两大道教派别全真教和正一教，这也是道教两大标志性教派。

全真教，创教祖师是王重阳，发扬光大于丘处机。王重阳（1112—1170），金代陕西咸阳人，相传48岁时悟道出家，曾在终南山筑墓穴居，自称居处为"活死人墓"。金大定七年（1167）到山东一带传教说法，收马钰、谭处端、刘处玄、丘处机、王处一、郝大通、孙不二等七人为徒，史称"全真七子"。王重阳的主要主张就是融合儒、释、道三家思想，主张三教合一，提出"儒门释户道相通，三教从来一祖风"，这也是全真教道法的最大特点。王重阳之后，以丘处机对全真教发展贡献最大，他曾于南宋嘉定十二年（1219）远去西域行宫会见成吉思汗，大受推崇，回燕京（今北京）后驻长春宫（今北京白云观）开坛说法，弟子四处立观度人，弘道传教，使全真教组织发展到极盛。当时全真道宫观遍布北方各省区，"虽十室之邑，必有一席之奉"。全真教仿效佛教禅宗，不立文字，在修行方法上注重内丹修炼，反对符箓与黄白之术，以修真养性为正道，以识心见性、除情去欲、忍耻含垢、苦己利人为宗。全真教规定道士必须出家住道观，不蓄妻室，并制定了严格的清规戒律，在北方地区影响较大。

正一教，由东汉的天师道发展而来，其正式形成以元成宗大德八年（1304）敕封张道陵第三十八代孙张与材为"正一教主，统领天师、上清、灵宝三山符箓"为标志，成为与全真教相并行之两大中国道教流派，一直流传至今。正一教的主要特点包括：一、以张道陵后嗣为首领，自三十八代天师张与材于大德八年做"正一教主"后，后继的历代天师皆袭此职。明清时，天师封号虽被取消，正一教主之名也非皇帝敕封，但在其教内仍把张道陵子孙视为当然的首须。二、在组织上，主要是统和了龙虎宗、茅山宗、阁皂宗等大派以及神霄、清微、东华等小派新旧符箓各派而成，故而也被称为符箓派。三、以《正一经》为共同奉持的主要经典，主要做法是画符念咒、祈禳斋醮。四、正一道士可以不住宫观，可以娶妻生子，被称为"火居道士"。其祖庭在江西龙虎山，因此在南方地区影响较大。

道教文化的影响与价值　道教是在中华古代文明的基础上形成的，承袭了远古时期先民的原始信仰。其后，又在漫长的发展过程之中，与儒家、佛教互相渗透融合、吸收促进，从而成为中国古代主流文化之一。因此，道教对中国社会的影响，远远超出了宗教范畴。

从思想史来说，道教玄学在理论思辨方面非常精致，是隋唐时期重要的哲学流派之一。兴盛于宋元的道教内丹心性论，是中国古代心性哲学的重要组成部分。历史学家蒙文通曾说："儒家心性之论，亦以兼取道家而益精。"

由于修炼方法特殊，道教徒在科技领域中进行了上千年的实验与探索。中国古代四大发明中，火药、指南针、印刷术与道教有密切关系。道教在炼丹实践中，对中国古化学和冶金学有重要贡献。道教医药学，在中国医学史上占有独特地位。英国李约瑟曾说："道家思想乃是中国的科学和技术的根本。"

道教的自然观以及所遵循的法则，深切影响了国人的世界观、人生观、价值观。见素抱朴，少私寡欲，知足不辱，知止不殆，这些理念蕴含着深厚的道德底蕴，对于当今消解矛盾、稳定社会是必不可少的。道教萌发于民间，植根于民间，形成了一套人与自然和谐相处的生态智慧。道法自然，天人合一，这种以自然为人类精神家园的观念，表现了人类文化的深邃智慧，为构建现代可持续发展的生态文化，提供了智慧源泉。

除了佛教之外，中国的外来宗教还包括伊斯兰教、基督教及天主教。伊斯兰教以唐永徽二年（651），阿拉伯使者首次来华为初传中国的标志。唐宋时期，中、阿通商十分活跃，为伊斯兰教大规模传入提供了便利条件。元朝将色目人（多为信仰伊斯兰教的民族）置于仅次于蒙古人的地位，且重用"回回"人，中国伊斯兰教因而进入了鼎盛时期。基督教的一个派别聂斯脱利派曾于唐贞观九年（635）传入中国，被称为景教，元代称为也里可温教。天主教则是在元至元三十一年（1294）随着意大利方济各会约翰·孟高唯诺神父来华正式传入中国。基督宗教在明清两代来华传教人员较多，影响也逐渐扩大。因为中华文化所具有的开放性及包容性，这些外来宗教都得以在中国流传、推广，共同构成了中国兼容并包的宗教文化。

第五节　推陈出新的文学成就

中国文化古老而悠久。这份古老悠久的一个重要体现就是我们拥有一个几千年不曾中断的文学传统。从《诗经》《离骚》，到汉朝的辞赋，再到盛唐的诗歌，以及其后的宋词元曲、明清小说。中国的文学不断推陈出新，给人以新的惊喜，创造出新的辉煌。它是传统文化中最具活力与亲和力的部分，生动而深刻地体现着中国文化的基本精神，具有永恒的艺术魅力。

一 歌以咏志的诗歌

中国的诗歌，可以约略分为诗、词、曲三个大的类别。与今天的自由体诗相比，它在形式上有着种种严格的要求，所以创作极其繁难。有人说这是对作家天才的束缚，但我们更愿意把它看作是戴着镣铐的舞蹈。正是在格律的约束之下，中国的诗歌展现了作家极高的艺术才华，取得了极为辉煌的成就。

诗 诗的历史最为久远悠长，早在文字出现之前，就已经有原始歌谣在先民之间口头流传了。不过这些原始的歌谣，早已随着先民的长眠而烟消云散了。我们今天所能探寻到的，就是中国诗歌的两大源头：《诗经》与《楚辞》。《诗经》是我国最早的一部诗歌总集，共收录了西周初年到春秋中叶的诗歌共 305 篇。就内容而言，它全面反映了上古时期我国人民的生产生活和情感律动，具有深厚丰富的文化内涵；就艺术而言，它在语言、体裁、结构等各方面都具有开创和示范意义，后世诗歌无不深受其影响。它牢笼千载，衣被后世，是中国诗歌的光辉起点。"楚辞"的主要作者是屈原，代表性作品则是《离骚》。楚国的文化环境与屈原的生命气质铸造了楚辞独特的美学风格和灿烂的艺术成就，并使屈原成为我国历史上的第一位伟大诗人。

《诗经》《离骚》之后，经历了两汉魏晋南北朝的探索，诗歌不断走向成熟。在这一过程中，涌现了大批优秀的诗人和杰出作品，如三曹父子（曹操、曹丕、曹植）、陶渊明、谢灵运等。在这些诗人的探索中，诗歌在题材走向、艺术技巧、格律形式等各方面都取得了巨大的成就，积累了丰富的经验技巧，终于在唐朝迎来了它的巅峰与辉煌。

诗歌在唐代取得辉煌，有客观的原因，那就是强盛的国力、繁荣的经济、兼容并包的思想，以及文化上的中外融合；也有主观的原因，就是唐代知识阶层昂扬进取的精神、朝气蓬勃的风貌，以及开阔恢宏的气度。所有这一切，造就了唐诗的云蒸霞蔚、气象万千。唐代诗人云集，灿若星河；作品众多，佳作如林，仅流传至今的就有作品 55000 多首，作家 2300 多人。在这些作家中，最杰出的是号称"诗仙"和"诗圣"

的李白、杜甫。李白以其雄睨一世的才华、神奇浪漫的想象、豪放飘逸的气质,将诗写得既浑然天成,又变幻莫测;既气势浩瀚,又明丽自然。盛唐诗歌气来、情来、神来的特点,在李白的诗歌中体现和发挥得淋漓尽致。杜甫的身上,则更多地体现了传统儒者的仁爱精神。他以清醒的洞察以及深切的忧患意识,深刻而全面地反映了当时的社会现实,为那个时代提供了最为生动的历史画卷,因而又被称为"诗史"。除李白和杜甫之外,唐代还有其他一大批优秀的诗人,如山水田园诗派的王维、孟浩然,边塞诗派的高适、岑参,元白诗派的元稹、白居易,韩孟诗派的韩愈、孟郊等。

唐代之后,宋人另辟蹊径,在内容上追求深折与透辟,在表达上注重理性与节制,创造出一种不同唐诗的理性之美。因此诗歌在宋代仍有一定的发展,也涌现了一批自有其美学风貌的杰出诗人,比如欧阳修、王安石、苏轼、黄庭坚、杨万里、范成大、陆游等。不过无论如何,与号称一代之文学的唐诗相比,终究是稍逊一筹。至于以后的金元明清各朝,虽然也都有那一时代的翘楚,如金元的元好问、萨都剌、杨维桢;明清的钱谦益、吴伟业、王士禛、黄仲则等,但都已经是风流余响,难追唐人项背了。

词 词是配合音乐的一种文学,因为其主要功能是在宴乐场合供给伶工歌女歌唱,所以原来就叫做"曲子词"。因为其长短错落的句式,又被称为"长短句"。词兴起于初唐,到晚唐时已经取得相当的成就,出现了温庭筠、韦庄、冯延巳等名家,但成就尚不足以与唐诗比肩。

词真正取得突破并成为一代之文学是在宋朝。词在宋朝得到繁荣,主要得力于当时城市经济的繁荣,歌舞伎乐的发达,以及宋朝士大夫阶层对这一文体的钟爱。与诗歌相比,宋人更喜欢在词中描写个人生活、抒发个人情感,所以它在表现上更加含蓄蕴藉,具有一种绵邈不尽的情致。在宋朝文人的手中,词摆脱了晚唐以来被视为"小道"的境遇,取得了与诗歌相提并论的地位。宋词流派众多,名家辈出,然大体来说,不外婉约与豪放两派。其中婉约派是正宗,代表作家包括柳永、晏殊、晏几道、秦观、周邦彦、李清照;豪放派兴起较晚,代表作家有苏轼、张元干、辛弃疾、贺铸等。

宋朝之后，因为音乐风潮的变化，词逐渐与音乐脱节，因而生命力大受影响，虽然创作者与欣赏者代不乏人，然终究难以再现宋时的辉煌。词作为一种诗体的最后一次中兴是在清朝的前中期，最杰出的代表就是满族词人纳兰性德。其词作基调哀郁凄婉，感情真挚自然，风格婉丽清新，具有很高的艺术成就。

散曲 散曲是诗词之外的另一体式。所以称之为"散曲"，是与元杂剧整套剧曲相对而言的。剧中之曲，服务于剧情需要，粘连宾白科介，是杂剧的有机组成部分。若将之从杂剧中抽取出来纯粹以之抒情，就成为独立存在的一种新诗体"散曲"了。它的体式有三，单片只曲的小令、若干曲牌联缀而成的套曲，以及介乎二者之间的带过曲。与传统的诗词相比，散曲的最大特点就是灵活多变、伸缩自如的句式，以及自然酣畅、明快显豁的审美风格。它刻有更多俗文化的印记，带有明显的市民趣味。散曲的兴盛主要在有元一代，代表作家前期有关汉卿、王和卿、白朴、马致远；后期则有张可久、乔吉、张养浩等。

二 关注现实的小说

近代之前的中国，小说被看作不登大雅之堂的末技，但这并不妨碍它在中国社会所起到的巨大作用。与西方以宗教作为普及道德、传播伦理共识的手段不同，在中国相当长的历史时期，是包含小说在内的通俗文艺承担起了这一极其重要的功能。"话须通俗方传远，语必关风始动人。"关注社会人生，主动承担伦理责任，是中国小说的优良传统。

小说的源头 中国小说的源头，可以追溯到上古神话。大禹治水、女娲补天、精卫填海……这些富有原创力与想象力的故事和思维方式，为后世的小说提供了源源不断的故事素材和精神源泉。

而"小说"文体的得名，则源自《庄子》。在《外物》篇中，庄子讲了一个故事，说任公子在东海钓鱼，以巨铁为钩，以肥牛做饵，耗时一年，终于钓得一头巨鲸。任公子钓得大鱼的事情传开，惊动了远近的人们，他们也纷纷赶来垂钓，可凭着他们手中那些竹枝做的钓竿、丝线做的钓绳，也就顶多能钓到些鲫鱼、鲇鱼之类的小鱼罢了。在故事的末了，庄子作了一个引申，说那些四处兜售自己浅薄见解的说客，和那些用小钩小线想钓大鱼的人是一样的，他们"饰小说以干县令，其于大达亦远矣"——凭借他们那些浅薄的言论，是根本达不到高远的目标的。在庄子的笔下，"小说"这两个字首次成为一个词语，它虽然和今天作为一种文体的"小说"概念有着很大的不同，但意义却极为深远而重大。它的影响在于三点：一是"小说"作为词语第一次出现，二是其通过故事讲道理的言说方式，三是其中所含有的轻视意味——中国的小说，一直到近代以前，其文体地位都不高，与庄子就有着很大的关联。

与诗歌有着古体诗、近体诗等不同的存在方式一样，小说也有着几种存在的具体样式：志人小说、志怪小说、传奇小说、话本小说，以及章回小说。这几种体裁的小说，各有其特点，各有其辉煌的时代，也各有其代表性的典范之作。

志人小说 志人小说，就是记录人物言行的文言短篇小说。志人小说的兴盛在魏晋时期，而所以如此，有两点很关键的原因：一是当时流行的品评人物的风气。那时还没有科举制度，选拔人才很关键的一点，就是对考察对象言行以及相貌的仔细观察，以此窥见被考察人的气质、修养，乃至秉性的高下善恶。在此背景下，品评人物就成了最热门的学问。一是魏晋以来英才辈出的时代格局。曹操、孙权、刘备、诸葛亮、司马懿、关羽、张飞、赵云、王羲之、顾恺之……可以说是灿若群星，令人目不暇接。这两点的共同作用，造就了志人小说的辉煌成就，其代表性的作品则是刘义庆的《世说新语》。它记录了众多名士的玄言高论和特立独行，篇幅简短而意蕴深远，着墨不多而入木三分，号称"名士教科书"，在中国的文学史乃至文化史上，都有着极高的地位和深远的影响。

志怪小说 志怪小说，就是记录怪异之事的文言短篇小说。志怪小说的兴盛同样在魏晋时期。魏晋是中国历史上最为动荡的时期，而一般来讲，现实生活越是动荡，人们就越是需要在宗教中寻求安慰。正是在现实的动荡中，佛教与道教取得了极大的繁荣。为了宣传自己的信仰，宗教徒们创作了一大批志怪小说，而其中的代表作，则是干宝的《搜神记》、刘义庆的《幽冥录》以及任昉的《述异记》等。这些小说的一大共同性是其"发明神道之不诬"的有神论立场，其要旨则在于告诉人们，神仙世界是真实存在的，与世间短暂的人生、众多的烦恼比起来，神仙的生活惬意而永恒。如果你也想过这样的生活，你就要勤加修炼，早日加入神仙的队伍。就算不能，也要对神仙保持一份敬畏，因为他们是超自然的、远远高于你的一种客观存在。

传奇小说 它由志怪小说发展而来，但内容已经更多地偏重于人间的世情百态。尤其特别的一点，是它已经不再是对所见所闻的简单记录，而已经加入了作者有意识的想象与虚构。按照今天的标准，虚构是小说的核心要素。在这个意义上，我们也可以说，从唐传奇开始，中国才真正有了严格意义上的小说。传奇的出现和高峰期都在唐朝，主要有两个原因：一是唐朝国力强盛，物质丰饶，交通发达，文人的漫游之风极盛，这就极大地扩大了他们的见闻，刺激了他们的想象力；二是唐代的科举考试不糊名，读书人要想考上，就得提前"行卷"——拿着自己的作品去拜访考官或能够对考官施加影响的权贵，而传奇正是那个时代最通行的行卷手段。唐传奇的名篇佳作很多，如《补江总白猿传》《李娃传》《霍小玉传》《虬髯客传》《莺莺传》《任氏传》《昆仑奴传》《聂隐娘传》等。唐代之后，传奇小说逐渐式微，不过到清代前叶，却又一次借助天才作家蒲松龄的《聊斋志异》达到了再度的辉煌。

话本小说 话本小说，就是古代的白话短篇小说。宋元时期，市井流行一种说书艺人讲说故事的"说话"技艺（约略相当于今天的评书），说话不能没有底本，这些底本整理出版，就是所谓话本小说了。话本小说在宋元时期就已经存在，但一直不成气候。到了明代中叶，随着城市经济的发达，市民阶层的壮大，以及出版印刷技术的进步，话本小说才真正迎来了发展的黄金时期。话本小说的巅峰之作是冯梦龙的"三言"即《警世通言》《醒世恒言》《喻世明言》，以及凌濛初的"二拍"即《初刻拍案惊奇》《二刻拍案惊奇》。"三言""二拍"中名篇众多，比如《杜十娘怒沉百宝箱》《卖油郎独占花魁》等，许多故事至今仍可谓家喻户晓、妇孺皆知。

章回小说 章回小说，就是分章回叙事的白话长篇小说。它是我国古代长篇小说存在的唯一样式。章回小说在明代达到了艺术上的完全成熟，也形成了几类相对固定的表现题材，即历史演义、英雄传奇、神魔小说、世情小说，各自的代表作品则是今之所谓"四大奇书"：《三国演义》《水浒传》《西游记》以及《金瓶梅》。其中，《三国演义》是章回小说的开山之作，在结构、人物等方面有着开创与示范意义；《水浒传》以其生动的艺术形象、鲜活的艺术语言，奠定了中国长篇小说的白话传统；《西游记》糅合三教，构建了一个宏大的神话世界，重塑了中国人对于世界的理解；《金瓶梅》则将艺术关注的目光从帝王将相、英雄豪杰以及神仙鬼怪转移到了寻常人的日常生活，开掘了长篇小说发展的新题材，昭示了小说发展的新方向。清代的长篇小说在明代的基础上继续发展，终于由曹雪芹创作出了号称"封建时代百科全书"的《红楼梦》。它体魄上宏大雄伟，具有史诗般的波澜壮阔；细节处精雕细琢，具有诗歌般的细腻缠绵。它是汉语所能达到的极致，是我国整个小说创作领域的巅峰之作，代表了中国小说的最高成就。

三　浓缩精华的戏剧

再没有一种艺术样式像戏剧这样汇集起如此众多的中国元素，富有如此深厚的中国意味了。它是诗歌，它是音乐，它是舞蹈，它是绘画。在唱念做打、载歌载舞中，它将中国人的社会百态与人生理想作了最为生动的展示。人生如戏，戏如人生。

中国的戏剧，约略包含杂剧、南戏、传奇及以京剧为代表的各地方剧种。

杂剧　杂剧兴起于元。元杂剧的诞生，宣告了中国戏剧的正式形成。元杂剧的体式是四折一楔子，每折由一个宫调的若干曲子构成；角色分为末、旦、净三种，一般由末或旦一人主唱到底。杂剧在元代得到兴盛发展，有其历史的原因。这就是城市经济的繁荣、市民阶层的壮大为戏曲演出所提供的广阔市场，蒙古贵族对这一文艺样式的欢迎，以及关汉卿等一大批天才作家的鼎力加盟。在这些合力的作用下，元杂剧取得了极大的成就，成为中国戏剧史上的辉煌开篇。在元杂剧作家中，最为杰出的代表人物是关汉卿和王实甫。关汉卿活跃于元初剧坛，是当时名震大都的梨园领袖。他的剧作，在内容上反映了元代广阔的社会生活，揭露了那一时代所存在的种种黑暗与不公，充满了对下层民众的关注与同情，具有震撼人心的正义力量；在艺术上"曲尽人情，字字本色"，"一空依傍，自铸伟词"，具有一种汪洋恣肆与慷慨淋漓之美。其代表性作品，除家喻户晓的《窦娥冤》外，尚有《单刀会》《救风尘》《望江亭》等多种。王实甫与关汉卿约略同时而稍后。与关汉卿的题材丰富、佳作众多不同，王实甫是以一部《西厢记》而流芳千古、风光无限的。《西厢记》以五本二十一折的宏大篇幅，描写了一个曲折而动人的爱情故事，将年轻人对爱情的热烈向往和勇敢追求展现得淋漓尽致，其"愿天下有情人终成眷属"的美好祝愿，更深镌在后世一切有情人的心间，得到他们的强烈共鸣。作品情节曲折，扣人心弦；人物形象鲜活，极具个性；语言优美，极富文采与诗情，是元杂剧公认的巅峰之作。除关汉卿与王实甫外，元代剧坛尚有白朴（代表作《梧桐雨》《墙头马上》）、马致远（代表作《汉宫秋》）、郑光祖（代表作《倩女离魂》）、纪君祥（代表作《赵氏孤儿》）等优秀作家。

南戏 元代剧坛，除杂剧之外，尚有南戏。南戏因为最早出现于浙江温州，所以又称"温州杂剧""永嘉戏曲"（温州旧称永嘉）。与杂剧盛行全国不同，南戏主要在南方流传。它以南方方音演唱，内容多表现爱情、婚姻、家庭题材，音乐风格轻柔婉转，演唱形式不局限于一人，篇幅上一般也较杂剧为长。南戏最杰出的作品是元末高明的《琵琶记》，以及号称"四大南戏"的"荆""刘""拜""杀"，即柯丹邱的《荆钗记》、无名氏的《刘知远白兔记》、施惠的《拜月亭记》、徐仲由的《杀狗记》。

传奇 明代以及清朝前期，戏剧的主体是传奇，特别是其中的昆曲。传奇发端于南戏，具有南方戏剧的典型特征，与此同时，又吸收了北曲声腔以及元代杂剧的精华，具有体制宏大、结构完整、人物丰富、画面瑰丽的优长，所以一经问世，就席卷大江南北，渐成戏剧的主流。传奇声腔众多，明初到嘉靖年间，流播最为广远的是号称"四大声腔"的弋阳腔、余姚腔、海盐腔以及昆山腔。嘉靖中叶，魏良辅对昆山腔进行了改革，使得融合弋阳腔、余姚腔、海盐腔三大声腔的新昆腔最终从四大声腔中脱颖而出，并自此雄踞剧坛榜首，长300余年。在此300余年间，最为优秀的作品，当属明代汤显祖的《牡丹亭》、清代洪升的《长生殿》以及孔尚任的《桃花扇》。特别是《牡丹亭》，更是与《西厢记》一起成为中国戏曲史上的两部登峰造极之作。它情节曲折，将杜丽娘与柳梦梅之间生生死死的情感故事写得动人心魄、荡气回肠；它形象生动，将一位"情不知所起，一往而深"的至情女子形象刻画得血肉饱满、感人至深；它曲词优美，极富缠绵婉转与典雅绚丽之致，具有诗歌般的魅力。

京剧 昆曲独领风骚近300年后，从康熙末年，剧坛开始发生了新的变化，这就是以京腔、秦腔、弋阳腔、梆子腔为代表的地方戏的勃兴。到乾隆年间，各地方剧种在内容与形式上都取得了突飞猛进的进展，竞相入京演出并大获成功。到道光初年，楚调演员王洪贵、李六等搭徽班在北京演出，吸纳二簧、西皮，以及昆、京、秦的优长，采用北京方言，形成了京剧这一堪称国粹的艺术。京剧的结构体系与以往的戏曲如杂剧、传奇都不相同。它不再采用曲牌联缀的形式，而采用以一种曲调为基础进行变奏，构成唱腔的板腔体；演唱的基本单位不再是一首格式固定的曲子，而是一对七字或十字的上下句；增加了由器乐伴奏的"过门"这一重要环节，极大增加了艺术的表现力与感染力；艺术审美的重心，也由曲文转换到了对角色唱、念、做、打等表演艺术的欣赏上。这些变化，都适应了观众的审美需求，所以产生不久，即风靡大江南北，终于取得压倒昆腔的优势，成为影响最大的全国性剧种。这一时期京剧传统剧目日益丰富，如三国剧目的《击鼓骂曹》《群英会》《定军山》，水浒剧目的《挑帘裁衣》《坐楼杀惜》，隋唐剧目的《当铜卖马》，杨家将剧目的《四郎探母》等。这些剧目，在艺人们一代代的传承与琢磨中达到很高的艺术水准，具有非凡的艺术魅力。在长期的舞台演出实践中，一大批优秀的京剧演员，在唱腔和表现上形成自己独特的风格，同治、光绪年间，涌现出以程长庚、梅巧龄、杨月楼等为代表的"同光十三绝"。清末民初，京剧更是名家辈出，尤其老生演员谭鑫培博采众家之长，融于演唱之中，创造出独具艺术风格的"谭派"，后被余叔岩、言菊朋、高庆奎、马连良等借鉴，形成"无腔不宗谭"的局面。民国时期，京剧舞台上流派纷呈，涌现出梅兰芳、程砚秋、尚小云、荀慧生为代表的"四大名旦"和以谭富英、马连良、奚啸伯、杨宝森为代表的"四大须生"。

京剧舞台艺术在文学、表演、音乐、唱腔、锣鼓、化妆、脸谱、服饰等各个方面，通过无数艺人的长期舞台实践，构成了一套互相制约、相得益彰的格律化和规范化的程式。京剧中的舞台角色分为生、旦、净、丑四大行当，用以表现人物的性别、年龄、身份、地位、性格、气质等。表演程式分为唱、念、做、打、舞"五法"，用来叙述故事、刻画人物，表现人物的"喜、怒、哀、乐、惊、恐、悲"等思想感情。京剧形成后，其表演艺术更趋于虚实结合的表现手法，最大限度地超脱了舞台空间和时间的限制，以达到"以形传神，形神兼备"的艺术境界。表演上要求精致细腻，处处入戏；唱腔上要求悠扬委婉，声情并茂；武戏则不以火爆勇猛取胜，而以"武戏文唱"见佳。20世纪20年代，京剧被称为"国剧"，后与国画、中医、武术并称中国的"四大国粹"。

地方戏曲由于中国地域辽阔、民族众多，各地的方言不同，除京剧外，还形成了丰富多彩的地方戏。据统计，中国的地方戏遍及全国各地，有300多种。影响比较大的有豫剧、越剧、评剧、黄梅戏、河北梆子等。

豫剧是发源于河南省的一个地方剧种，因其音乐伴奏用枣木梆子打拍，故又称河南梆子。在清末民初形成祥符调、豫东调、豫西调、沙河调和高调五大声腔，后五大声腔出现相互融合的趋势，涌现出常香玉、陈素真、马金凤、阎立品、崔兰田等豫剧旦角名家。豫剧以唱腔铿锵大气、抑扬有度、行腔酣畅、吐字清晰、韵味醇美生动活泼、善于表达人物内心情感著称，代表剧目有《花木兰》《宇宙锋》《对花枪》《桃花庵》《秦香莲》等。现代丑角以牛得草为代表，擅演剧目有《卷席筒》《唐知县审诰命》等。现代生角以唐喜成为代表，擅演剧目有《南阳关》《三哭殿》等。

越剧发源于浙江绍兴地区，主要流行于浙江、上海、江苏、安徽、江西等地。长于抒情,以唱为主,声音优美动听,表演真切动人,唯美典雅,极具江南灵秀之气。越剧多以"才子佳人"题材的戏为主,代表剧目有《梁山伯与祝英台》《红楼梦》《西厢记》《碧玉簪》《孟丽君》《柳毅传书》《盘妻索妻》《何文秀》《五女拜寿》等。越剧艺术流派纷呈,以女演员为主,代表人物有尹桂芳、袁雪芬、傅全香、范瑞娟、徐玉兰、竺水招等。

评剧是在清末河北滦县一带流行的"对口莲花落"的基础上形成的,俗称"蹦蹦戏"。上世纪初,河北滦南县人成兆才对"蹦蹦戏"进行改革,去掉乐队中的竹板,改用鼓和梆子按拍,增加了板胡和笛子,并采用河北梆子锣鼓经,同时吸收皮影、乐亭大鼓、京剧等的唱腔、过门和身段,从而提高了艺术表现力。同时删除淫词秽语,改造鄙俗表演,采用冀东连花落的"平调",为评剧的形成做出了巨大贡献。成兆才一生创作了100多个评剧剧本,较有代表性的有《占花魁》《花为媒》《杜十娘》《杨三姐告状》《枪毙驼龙》等。20世纪30年代以后,评剧表演在京剧、河北梆子等剧种影响下日趋成熟,出现了李金顺、刘翠霞、白玉霜、喜彩莲、爱莲君等流派。评剧具有活泼、自由、生活气息浓郁的特点,擅长表演现代生活。新中国成立后新凤霞主演的《刘巧儿》、韩少云主演的《小女婿》等都是反映现实生活题材的评剧经典剧目。

黄梅戏是安徽省的地方戏之一,旧称黄梅调或采茶戏,主要流行于安徽及江西、湖北的部分地区。它起源于湖北黄梅的采茶歌,后来逐渐融入了青阳腔和徽剧的音乐和表现形式。传入安徽安庆地区后,又吸收了当地的民间音乐,并以当地方言讲唱,发展形成了这个剧种。黄梅戏载歌载舞,韵味丰富、曲调悠扬,富有浓厚的,生活气息,受到了人们的普遍欢迎。著名演员有严凤英、王少舫等,演出的传统剧目有《天仙配》《女驸马》《牛郎织女》等。

河北梆子初名"直隶梆子",后直隶省改称河北省,始改今名。它渊源于陕西秦腔的梆子系统。大约在清代中叶以后,由山西蒲州梆子流入河北逐渐演变而成。清末曾在北京盛极一时。后来梆子和皮黄曾同台演出,互相交流、吸收,使梆子在艺术上日趋完整。北京的直隶梆子吸收皮黄精华之后，又称"京梆子"。辛亥革命后，出色的梆子演员不断涌现，如田际云、魏连升、侯俊山、赵佩云（小香水）、王莹仙（金刚钻）都以唱腔高亢优美、变化多端而为广大观众所热爱。河北梆子的音乐唱腔高亢激越，悠扬婉转，具有浓厚的抒情韵味。大慢板善于表现人物的抑郁、愁烦、缅怀、沉思等情绪。正调二六板如行云流水，从容舒展。而反调二六板则哀怨缠绵、凄楚悱恻。新中国成立后，北京、天津、河北等地的河北梆子院团得以恢复，涌现出王玉磬、银达子、韩俊卿、贾桂兰、张慧云、刘玉玲裴艳玲等名家，代表剧目有《辕门斩子》《打金枝》《钟馗》《南北和》《大登殿》《陈三两》等。

除上述地方戏曲外，陕西秦腔、山西晋剧、山东吕剧、上海沪剧、江苏淮剧、广东粤剧、云南滇剧、湖北汉剧、四川川剧、北京曲剧、黑龙江龙江剧、吉林吉剧、内蒙古二人台等也较有影响。

四　词约义丰的散文

中国古代散文有广义与狭义之分。狭义的散文专指古文，即不讲骈偶、对仗的散体文章；广义的散文则指诗歌、戏剧、小说之外的一切文学体裁，它所包含的范围，除古文之外，尚有赋以及骈文三类。其中，古文（也就是狭义的散文）是主体，从先秦到明清一直在不断发展；赋、骈文虽是偏锋，但在个别历史阶段，也曾反客为主，并放射出璀璨夺目的光华。

古文　在古代散文的三种形式中，古文的历史最为悠久，功用也最为广泛。它可以议论，可以记事，可以抒情，于是人们又根据其功用而分为历史散文、说理散文等不同的类别。

先秦两汉是古文诸体逐渐确立和完备的时期。

我国古代史官文化非常发达，所以首先确立的，就是记载历史事件的叙事散文。《尚书》和《春秋》提供了记言记事的不同体例，《战国策》《左传》《国语》等历史散文在叙事状物、刻画人物、语言铺陈等方面达到了很高的水平，标志着叙事文的成熟。历史散文中具有里程碑意义的杰作，当属被鲁迅尊为"史家之绝唱，无韵之离骚"的《史记》。它的结构框架贯通古今，颇具匠心；它的叙事脉络婉转多变，详略有度；它的人物刻画各具姿态，个性鲜明；它的文笔挥洒自如，具有浓郁的悲剧气氛和强烈的传奇色彩。它是传记文学的典范，也是后世散文的楷模，从写作技巧到文章风格、语言特点，备受推崇，对后世影响深远。

说理散文的形成较记事散文稍后。它的形成，是与"百家争鸣"以及诸子散文的出现和发展相一致的。儒家和道家的代表人物孔子及老子的《论语》《老子》，言近旨远、词约义丰，对后世说理散文影响深远。《孟子》长于论辩，在论辩中常使用比喻，富于形象性，具有极大的感染力。《荀子》《韩非子》中的专题论文已经能够非常娴熟地运用归纳、推理等说理方面，则标志着我国古代说理文体制的完全成熟。先秦说理散文中文学性最强的非《庄子》莫属。《庄子》善以寓言说理，这些寓言想象丰富，恢诡谲怪，构成了一个瑰丽恢宏的艺术世界；它的语言如行云流水，汪洋恣肆，跌宕跳跃，具有诗歌一样优美。此后的秦代，由于时间短暂，所以在文学上建树不多，但吕不韦召集门客编成的《吕氏春秋》和李斯的《谏逐客书》仍值得称述。汉兴以后，陆贾、贾谊、刘安等人总结前代历史教训和诸子百家之说，其文铺张扬厉，纵横捭阖，犹有战国之风。董仲舒的对策和刘向的奏议叙录以如何巩固中央集权为讨论重点，雍容典重，宏博深奥，形成汉代的议论文风格。王充的《论衡》、王符的《潜夫论》则代表了东汉政论文的最高水准。

唐宋是古文大发展的时期，而发展的契机，就是韩愈、柳宗元发起的"古文运动"。这场运动，自内容而言，是主张文以载道，强调文章的现实功用；自形式而言，是摆脱魏晋以来骈体的束缚，强调散文的自身特征。在这场运动中，成就最为突出的，当属笔力雄健，"文起八代之衰"的韩愈。他的政论文有为而发，大气磅礴；他的杂文构思精巧，寄托遥深；他的序文言简意赅，形式多样；其他如传记、碑文等，也都表现出极高的叙事才华。与韩愈同时而齐名的古文大家是柳宗元。柳宗元最出色的作品当首推山水游记。这些游记，善于选取深奥幽美的景物，经过一丝不苟的精心刻画，展现出高于自然原型的艺术之美，将胜境呈现人间。它们表现出一种永恒的宇宙情怀，带有作者浓烈的个人感伤色彩。另外，他的杂文、政论、寓言也都极富美感，代表了唐代古文的极高水准。

韩柳之后，古文再一次得到振兴，是在宋朝。韩愈等人的主张，得到宋人的热烈响应，他们沿着唐人的道路发展，而成就超过了唐代。后人总结的"唐宋古文八大家"中，除韩柳外，欧阳修、王安石、曾巩、苏洵、苏轼、苏辙均为宋人。作为古文大家，他们虽各有风格，但与韩愈的雄肆与柳宗文的峻切相比，文从字顺、平易畅达、简洁明快却是其整体特点。宋代散文成就最高者非苏轼莫属。他的散文，有孟子的理直气壮、纵横家的纵横捭阖、庄子的汪洋恣肆，既气势雄放，又平易自然。此外，欧阳修的纡徐委婉，平易自然；王安石的论点鲜明，逻辑严密等，也都具有很高的艺术价值。

明清两代则是古文的新变期。明朝初期散文，宋濂与刘基是值得注意的两位作家。宋濂文风简朴清雅，被推为"开国文臣之首"。刘基的寓言吸收了先秦散文寓言故事的传统，夹叙夹议，形象生动，深入浅出，简洁质朴。嘉靖年间，文坛又有以王慎中、唐顺之、茅坤、归有光为代表的唐宋派，其中文学成就最高的是归有光。其散文善于捕捉生活中一些平常的琐事，状情写态，细心刻画，寄托作者的生活感受，富有感情色彩，真实生动，令人回味无穷。明代晚期，小品文崛起。它体制短小，轻灵隽永，真实细腻地反映出作者的生活情趣，形成了个人化、生活化以及写实求真的创作特征，代表了明代散文的最高成就。代表性的作家有袁宏道、屠隆、张岱等，而以张岱的成就最为突出。清代最大的流派为桐城派。它以"义法"为基础，讲究"义理""考据""辞章"的配合，具有严密的理论体系，切合古文发展的格局，遂成为纵贯清代的最大散文派别，代表作家为方苞、刘大櫆、姚鼐。进入近代后，在西方观念的冲击以及报纸杂志等新媒体的影响下，古文的格局发生了翻天覆地的变化，以梁启超为代表的"新文体派"是古文的最后一次辉煌，梁启超本人的《少年中国说》《新民说》《自由书》等都是脍炙人口的名篇。此后，古文逐渐让位于白话文体，淡出了历史的舞台。

除古文外，古代散文还有两种形式：赋与骈文。

赋 "赋"的名称最早见于战国后期荀况的《赋篇》。"赋"字用为文体的第一人应推司马迁。作为一种文体，赋介于诗和散文之间，而更接近散文。它是远承《诗经》，近接《楚辞》，兼收战国纵横家和先秦诸子之长，最后综合而成的一种新文体。在句式上，它错落有致并追求骈偶；语音上，它要求声律谐协；文辞上，它讲究藻饰和用典；内容上，它侧重写景，借景抒情。赋的兴起和辉煌时代均在汉朝。它是汉代最具代表性、最能彰显其时代精神的一种文学样式。汉赋最具代表性的作家为枚乘与司马相如。枚乘《七发》，辞藻丰富，多用比喻和叠字，以叙事写物为主，标志着汉赋体制的确立。司马相如的大赋则达到了这一文体的巅峰。其代表作是《子虚赋》《上林赋》。这两篇作品，气势恢宏，波澜起伏，血脉贯通，一泻千里。在许多方面都超越前人而成为千古绝调，是汉赋的典范之作，也成为后世赋类作品的楷模。汉朝之后，赋虽然辉煌不再，但依然代有作者，代有佳作。如杜牧的《阿房宫赋》、欧阳修的《秋声赋》、苏轼的《前赤壁赋》等，都是赋中的名篇。

骈文 骈文是与散文相对而言的。其主要特点是句式上以四六句为主，讲究对仗；声韵上讲究运用平仄，韵律和谐；修辞上注重藻饰和用典。因句式两两相对，犹如两马并驾齐驱，故被称为骈体。起源于汉末，形成于魏晋，盛行于南北朝。唐犹承其余绪，至宋代而没落，于清代而有所复兴。由于骈文过于注重形式技巧，所以内容的表达往往受到束缚，但运用得当，也能增强文章的艺术效果。骈文的代表性作品有西晋陆机的《文赋》《叹世赋》，南北朝时庾信的《哀江南赋》，以及唐代王勃的《滕王阁序》等。

第六节 匠心独运的艺术创造

现代艺术主要分为绘画、雕塑、建筑、音乐、文学、舞蹈、戏剧、电影等八大门类，中国古代的艺术成就则主要集中在书法、绘画、音乐、舞蹈、雕塑等五个方面。书法可以说是具有中国独特性或特有性的一种艺术门类，世界上有书法艺术存在的国度，如朝鲜、日本等都是深受中国影响而形成的。古代绘画与西方绘画相比，有着自己显著的特征。西洋画主要用透视、体积和色彩来塑造形象，空间感、体积感极强；而中国画却是以线和墨作为造型手段，讲求"气韵生动"，追求一种"妙在似与不似之间"的意境。中国古代的音乐、舞蹈除了娱情功能之外，还是礼仪教化的重要手段，古代一直礼、乐并举，其中的"乐"即包含诗歌、音乐、舞蹈三个方面。古代音乐以其鲜明的民族特色，与欧洲、阿拉伯音乐构成了世界三大音乐体系；古代舞蹈则一直以"圆、转、曲"的审美形态为最高追求。古代雕塑深受中国书画美学思想的影响，注重意象表现，追求意余象外，这与西方雕塑所追求的真实与完美有很大差别。

一　抽象审美的书法

汉字不是人类历史上最早产生的文字，却是产生之后一直沿用不替的文字。比它久远的古埃及文字、楔形文字都早已湮没不传，汉字却穿越数千年的历史风云，顽强地"生存"至今。超稳定的汉字，铸就了汉文化内在的凝聚力和生命力。这极大地影响着中国人的思维方式和艺术创作模式。在很大程度上，通过"书写"汉字来传达美感，寄寓性情的书法，是中华文化、艺术的核心体现。

文房四宝　笔墨纸砚，古称"文房四宝"，是文人雅士挥毫泼墨、行文作画必不可少之物。在古代文人眼中，它们不只是实用工具，更是精神上的良伴，因此四物当中品质上乘之物，如南唐时的宣城诸葛笔、徽州李廷圭墨、澄心堂纸、婺源龙尾砚，宋之后的湖笔、徽墨、宣纸、端砚等，被历代文人视如珍宝，称为文房清玩。

湖北省随州市曾侯乙墓中发现的春秋时期毛笔，是目前发现最早的笔。关于毛笔的传说极多，导致其别称也较多，如毛颖、毛锥子、中书君、管城侯、管城子，等等。因为毛笔为古代文人须臾不可离之物，所以他们都极为重视毛笔的品质，这就造就了历代名笔辈出。如魏晋南北朝时期，因鼠须笔劲强有锋芒，为书家所喜。唐代何延之曾记载王羲之写《兰亭序》以鼠须笔。唐宋之时，鼠须笔已不易得，这一时期的名笔是宣州诸葛笔。宋梅尧臣《宛陵集·次韵永叔试诸葛高笔戏书》诗云："笔工诸葛高，海内称第一。"元以后，则以湖笔为最佳，被誉为"笔中之冠"。

现知最早的烟墨，是在湖北云梦睡虎地秦墓和江陵凤凰山西汉墓中发现。东汉时期，今陕西省千阳县的愉糜产墨较为著名。唐、五代是徽墨的肇兴时期。五代十国时期的南唐出现了徽州制墨名家奚超、奚廷珪父子，因替后主李煜制墨，被赐姓李。李廷圭墨以松烟、珍珠、龙脑、白檀、鱼胶为原料，制成的墨坚硬如玉，可长期入水而不化。宋代徽州制墨流派纷呈，名家众多，如歙州的潘谷、黟县的张遇、新安的吴滋，等等，其中以潘谷墨最为驰名，所制如"松丸""狻猊""枢庭东阁""九子"等名墨，具有"香彻肌骨，磨研至尽而香不衰"的优点，被称为"墨中神品"。清代徽墨，则以胡开文墨名冠海内外，久传不衰。

纸张自汉代出现以来，制造技艺不断改进，出现了各式各样的纸张名品。唐五代时期传世名纸有薛涛笺、水纹纸、澄心堂纸等。宋元时期的名纸有金粟笺纸、谢公笺、玉版纸，等等。明清时期的著名品种则主要有宣纸、粉蜡笺，等等。宣纸，因产于宣州而得名，其特点是质地绵韧，纹理美观，洁白细密，搓折无损。在其上面书写绘画，墨韵层次清晰，写字骨神兼备，作画墨韵生动，能完美呈现出中国书画虚实相生的独特风格。另外它还耐老化、防虫蛀，适宜长期保存，有"千年美纸""纸中之王"的美称，是现在作书绘画的主要用纸。

早期的砚，是用一块小研石在一面磨平的石器上压墨丸研磨成墨汁。汉代时，砚上开始出现雕刻、石盖，下带足。唐代则以形同簸箕的箕形砚为常见砚式。从清代开始，石砚中的端砚、歙砚、洮河砚及陶砚中的澄泥砚并称为"四大名砚"。其中端砚，被誉为"群砚之首"，因产于端州（今广东肇庆）而得名。其砚石长年浸于水中，温润如玉，故而端砚具有细腻嫩爽、发墨不伤毫和呵气可研墨等特点，《端溪砚史》中曾形容说："体重而轻，质刚而柔，摩之寂寂无纤响，按之如小儿肌肤，温软嫩而不滑。"端砚除了本身易于发墨之外，还极具观赏性。例如其独有的石眼特征，在端砚雕刻艺术中起着极大的装饰美化作用，被文人视为珍宝。

书道千秋 与其他文字一样，汉字曾经专属于少数人，是以"王（天子）"为核心的精英阶层控制、统驭全社会的有力工具之一。这使得汉字在保持必要实用性的同时，不可避免地要走上被"象征化"乃至"神化"的道路。商、周时代铸造在青铜礼器上的族徽符号，字数不多，却因代表族氏而被视同祖先降临，所以无不精心"书写"，务求尽善尽美，于是就有了那些美轮美奂的青铜器铭文。人类爱"美"的天性，一旦和对上天的敬畏，对祖先的崇拜结合起来，受益的一定是"形式"及其塑造过程，也就是"书法"。就这样，即使在属于少数人时，汉字和书法就已经成为中华民族不可或缺的文化工具和艺术形式。

孔子开办私学，实行"有教无类"式的教育，打破阶层，广招学生，极大地推动了汉字的社会流传范围，但直到汉武帝"罢黜百家，独尊儒术"后，文字、书法教育才真正走向民间。在《论衡·自纪》中，王充说自己八岁进入"书馆"接受识字、书法教育，"书馆小僮百人以上，皆以过失袒谪，或以书丑得鞭"，就是民间文字、书法教育的生动写照。有了这样广泛、深厚的社会基础，书法在汉代以后发展迅速。

经典迭出 东汉以来，中国书法名家辈出，经典迭现，如张芝、崔瑗、崔寔、蔡邕，三国时期的钟繇、索靖、皇象、卫瓘，等等，但最有代表性的莫过于东晋王羲之、王献之父子。王氏父子出身名门，受到过当时最好的教育，并有机会进入政治核心。由于多种原因，他们的仕途并不如意。这看似不幸，反倒使他们可以"全心全意"地投身于书法。把古朴的钟繇小楷改造成曼妙的王体楷书之外，父子二人分别把行书、草书提升到前所未有的高度，写出了公认的经典——《兰亭序》《鸭头丸帖》。他们不仅把看似简单、实用的"书写"，与社会，与人生，与思想紧密连接在一起，而且大幅度提升其艺术品质，将其推进到"达其性情，形其哀乐"的高度。从他们开始，书家与文人，成为中华文化中不可分割的一对矛盾统一体。因为这一缘故，父子二人都被尊称作"书圣"。

沿着"二王"父子开创的道路，欧阳询、颜真卿、柳公权、赵孟颜等人把楷书之美推进到新的高峰，被誉为"楷书四大家"；张旭、怀素等人，把草书的艺术性淋漓尽致地发挥了出来；苏轼、董其昌、康有为等人，把行书写得跌宕起伏，姿态横生；李阳冰、邓石如、赵之谦、吴昌硕等，把古老的篆书和隶书写出了新意。在不同的时代，他们都写出了动人的篇章。

实用之美 战国晚期，汉字由篆书发展为隶书。到汉代，隶书又先后派生出草、楷、行三体。但汉字的基本作用是记录语言，表达意思，所以在充分表现书法的艺术性的同时，古人也没有忽视它的实用功能。特别是科举制成为选拔官吏的基本途径后，工整、美观的楷书更是每个读书人的主动追求，进而把"识文字，通书法"融为中华民族的文化基因。在今天看来，那些古代普通读书人的字迹或许称不上是艺术品，但其平稳、安详的形式，却凸显了人类对"美"的普遍理解。没有这一基础，仓颉、史籀、李斯、程邈、张芝等人，既没有具体的著作传世，又没有具体的文化成就，甚至有些还只是传说中的人物，就不可能单纯因创造、整理文字、推动书体发展而流誉千古。

雕版印刷的古籍，是展示汉字实用美的另一载体。古籍刊刻，先由书手在木板上书写反字，再由刻工精心雕刻后，才能进行印刷。明代以前的雕版书，几乎把唐、宋、元的名家书法风格一网打尽。但因实用因素的制约，其文字最终归结为横细竖粗的"宋体"。

方寸大千 "篆刻"最初指书写和精心为文，后引申为过分修饰文字。明清以来，专指雕刻印章。无论是阴（白）文，还是阳（朱）文，篆刻都是书法、章法、刀法三者完美的结合，既有豪壮飘逸的书法笔意，又有优美悦目的绘画构图，更兼得刀法生动的雕刻神韵，可谓"方寸之间，气象万千"。

战国、秦汉、魏晋六朝时期是古代篆刻的第一个高峰。这时的金属印章以铸造为主，雕刻为辅，其他玉石、牙、角等则应用了碾磨工艺。唐、宋、元时期，楷书取代了篆书，同时官印、私印也从根本上分流，篆刻艺术不可避免地走向衰微。元末，画家王冕发现花乳石可以入印，使篆刻复兴成为可能。

明清以来，篆刻迎来了它的第二个发展高峰期。明末，文征明的儿子文彭偶然发现"灯光石"冻石可以当做治印材料。经过他的倡导，石材被广泛的应用。此后，篆刻艺术流派纷纷呈现，出现了程邃、丁敬、邓石如、黄牧甫、赵之谦、吴让之等名家、大师，直至近现代的吴昌硕、齐白石，篆刻艺术呈现出一派繁荣的景象。

二 气韵生动的绘画

中国绘画的起源，和文字、书法一样，都来源于对物象的描摹，所以唐代张彦远《历代名画记·叙画之源流》有"书画同体"之说。但与汉字抽绎概念，再演为字形不同，绘画走的是"再现"形象，以图教益之路。后来，随着社会条件的变化，绘画逐渐成为公认表现心、性的重要载体。

图形铭功 谢赫《古画品录》指出绘画可以"明劝戒，著升沉，千载寂寥，披图可鉴"，古代帝王、圣贤是古人有意创作的最初主题，伊尹就曾以"九主"之像打动商汤。后来，孔子也在宗周明堂见到过官方绘制的关于古代帝王的壁画。而汉武帝托孤霍光之意，也是通过《周公负成王朝诸侯图》委婉地表达出来的。当然，图画带给人的也有反向刺激。建安二十四年（219），关羽在樊城水淹七军，魏国名将于禁势穷投降。后来，于禁回到洛阳，魏文帝曹丕见他"须发皓白，形容憔悴"，不忍责罚，于是派他到邺都拜谒曹操的高陵。曹丕预先派人在高陵房屋的墙壁上"画关羽战克、庞德愤怒、禁降服之状"，于禁看到后，惭恨交加，不久就死了。

汉魏之际，天竺"佛画"随佛教传入，中国的人物画技巧得以丰富，出现了擅长"巨幅画像"的曹不兴。南北朝时，齐、梁间的谢赫提出了"六法"，北齐的曹仲达能以细笔画梵像，衣纹紧束，似披薄纱，因有"曹衣出水"之誉。到盛唐时期，吴道子则以圆转飘逸之笔法，传神生动地绘出"窈眇欲语"的执炉女子。其画线条饱满，如迎风飘曳，时誉"吴带当风"，其绘画风格也被称为"吴家样"。

山水怡情 汉魏以后，世族（又称"士族"）不仅政治地位优越，经济上也拥有规模宏大的庄园，甚至"封山占水"。优渥的地位，使他们开始追求精神愉悦，一些精通绘事的士人逐渐把山水纳入视野。南朝晋、宋之际，"妙善琴书图画，精于言理"的宗炳在江陵（今属湖北）任职，常常整日游山玩水，乐在其中。其足迹西逾三峡，东至庐山，南界衡山，因为喜爱衡岳之美，他还曾产生在那里结庐终老的想法。因病不得不回到江陵后，他感叹"老疾俱至，名山恐难遍睹"，把游历过的山川"皆图之于室"，自谓"唯澄怀观道，卧以游之"，又"抚琴动操，欲令众山皆响"。山水和山水画俨然成为他生活的一部分。

从传世隋代展子虔《游春图》来看，其作品应为先用线条勾勒外廓，再敷染色彩而成。到唐代，这种画法逐渐演变为李思训、李昭道父子的"青绿山水"。同时代的吴道子，虽能在一日之内画出嘉陵江三百里美景，但也只是勾勒线条，上色则由助手完成。与此同时，唐代还出现了水墨山水画，代表画家有王维、张璪、王墨等，张璪提出的"外师造化，中得心源"，在后世逐渐成为中国文人画的核心观念之一。

五代和北宋是山水画发展的重要时期，出现了荆浩、关仝、董源、巨然、李成、范宽等杰出画家，他们已能准确地表现山川、树木、溪涧甚至季节之美，构图饱满，气势磅礴。到南宋时，马远、夏圭皆善用留白，时有"马半边，夏一角"之说。循此而下，山水画逐渐向写意发展，并成为文人画的主流。

花鸟求真 花鸟画在魏晋时期已经萌芽。曹不兴为孙权画屏风时出现笔误，点上一个墨点，改画为苍蝇。孙权见到后，还伸手去弹。王献之为桓温题扇，也出现笔误，乃就势画为牛，并题《牸牛赋》。历隋唐五代，到北宋时期，特别是工书擅画的宋徽宗设画院，置翰林待诏以后，花鸟画已跃居画坛主流。宋代花鸟画特重写实，以能不差分毫地表现"春时日中"的月季为美。

元、明时期，大体延宋之风，以"复古"为能事。但到晚明，则出现了开创大写意花鸟画风的徐渭。徐渭于山水、花卉、人物、走兽、鱼虫、瓜果等，无一不能，无一不工。其《老树寒鸦图》，先以泼墨呈现苍劲野莽的老树，再画出积满白雪的湖边茅屋，最后用淡墨横扫出云层和点点飞来的寒鸦，江南冬天的潮湿与阴冷扑面而来。他还喜欢画雪竹，常用破笔、瘦笔、断笔为之，刚开始时绝不类竹，以淡墨勾染之后，竹态乃出，且枝间、叶上都有积雪，雪竹神形遂跃然纸上。

晚清时，有些画家也开始尝试借鉴西洋画。吴昌硕以大写意花鸟著称，常常使用深红古厚的西洋红，与老健朴茂的用笔相结合，形成元气淋漓，动人心魄的风格，在极其世俗的"大红大绿"中表现出高古的韵味。

三 声韵悠扬的音乐

中国传统音乐是人类历史上起源最早的音乐之一，据考古发掘来看，新石器时代，我国就出现了乐器。后经历朝历代的发展，中国音乐日臻成熟，形成了以五声调式为基础，多民族融合，特色鲜明的音乐体系。这一体系不仅深深植根于中国各民族的音乐文化之中，还被传播到世界很多国家和地区，成为世界音乐体系中的重要组成部分。

传统乐器 中国传统乐器种类繁多，根据制作使用的材料，可分为金、石、土、革、丝、木、匏、竹等八类，称为"八音"。其中，金类指金属所制，如编钟、方响等；石类指玉石所制，如磬等；土类指陶制乐器，如埙等；革类指皮革所制，如各种鼓等；丝类，指丝弦类乐器，如古琴、瑟、筝、琵琶等；木类指木材所制，如柷、木鱼等；匏类，指用匏瓜（葫芦）作音斗的乐器，如笙、竽等；竹类指竹管所制，如笛、箫等。在此八音当中，又以丝、竹最为重要，故而古代往往用"丝竹之音"来指代音乐。

根据考古发现，传统乐器中，以吹奏类乐器出现最早，例如我国发现的最古老的乐器就是距今约7800—9000年前的河南舞阳骨笛，另外，在河姆渡遗址还发现了距今约6700—7000年前的陶埙。新石器时代，鼓也已经出现。先秦时期是我国乐器发展史的第一个高峰，"八音"分类法即在这一时期形成。这段时期的乐器以击奏类为主，出土实物以曾侯乙编钟影响最大，音乐也是以钟鼓乐为代表。古琴也是在这时期出现，并很快成为一种十分重要的独奏乐器。隋唐时期是我国传统乐器发展的又一个高峰期。这一时期的突出特点是源于域外的乐器，如筚篥、琵琶、胡琴等大量为中原音乐采纳，并被改良发展，逐渐替代了本土乐器，体现了极大的多民族融合性。唐诗中曾形容这种音乐风尚说"洛阳家家学胡乐""伎进胡音务胡乐"。清末，西方音乐和乐器进入中国，广东音乐首当其冲，首先，吸收西方和声方法，发展了乐队合奏的音乐。时至今日，广东音乐仍然以其独特的魅力，在中华乐坛占据一席之地。

在众多的传统乐器中，古琴的文化地位最为崇高，位列中国传统文化四艺"琴棋书画"之首，有"士无故不撤琴瑟"和"左琴右书"之说。古人曰"琴者，情也；琴者，禁也"，很好地概括出了古琴的两大文化内涵：一为寄情，一为正德。首先，古琴因其清、和、淡、雅的音乐品格寄寓了文人风凌傲骨、超凡脱俗的处世心态，因此千百年来一直是文人雅士爱不释手之物，留下了诸多脍炙人口的佳话美谈。如春秋时期，孔子酷爱弹琴，无论在杏坛讲学，或是受困于陈蔡，都操琴弘歌之声不绝；春秋时期的俞伯牙和钟子期"《高山》《流水》觅知音"的故事，一直是后世交友的典范；魏晋时期的嵇康说"众器之中，琴德最优"，在刑场上弹奏《广陵散》作为生命的绝唱；陶渊明虽不解音律，却蓄无弦琴一张，曰"但识琴中趣，何劳弦上音"，经常抚弄以寄其意。其次，古琴在寄情之外，还可达到人心，教化于民。唐人薛易简在《琴诀》中讲："琴为之乐，可以观风教，可以摄心魄，可以辨喜怒，可以悦情思，可以静神虑，可以壮胆勇，可以绝尘俗，可以格鬼神，此琴之善者也。"

传统民乐 民乐主要是指用民族乐器演奏的曲目。中国传统民乐极为丰富，按照演奏乐器，大体可以分为丝竹乐、吹打乐、弦索乐、锣鼓乐、笙管乐等几类，其各自的演奏特点如下：

丝竹乐，指的是用弦索乐器（如琵琶、扬琴等）与竹制吹奏乐器（如笛、箫等）合奏的音乐。早在《晋书·乐志》中就有记载，其特点是演奏风格细致，多表现优美抒情、轻快活泼的情趣，代表曲目有江南丝竹的《三六》《行街》，福建南曲的《八骏马》《梅花操》，二人台牌子曲《南绣荷包》《推碌碡》等。

吹打乐指的是用吹（如唢呐、笙等）、打（如锣、鼓、铙钹等）两类乐器演奏的音乐，早在汉代就已出现。今天留存下的吹打乐，包含着自唐至清不同时期的多种曲牌，主要演奏场合为庆典、节日、婚丧和迎神赛会等。演奏方式有"坐乐"（室内演奏）与"行乐"（道路行进演奏）两种，曲风宏伟壮阔、磅礴浩大。在演奏曲目和风格上，又分为粗吹锣鼓和细吹锣鼓两类。粗吹锣鼓多用唢呐、管、长尖等乐器，代表曲目有十番锣鼓中的《将军令》、晋北鼓乐中的《大得胜》等；细吹锣鼓则常用竹管主吹，有时辅以丝弦，代表曲目有浙东锣鼓中的《万花灯》、十番锣鼓中的《满庭芳》等。

弦索乐是指以丝弦类乐器演奏为主的音乐，又称"弦乐""弦诗""细乐"，由于风格典雅，而有"雅乐"之称，又由于历史悠久而被称为"古乐"。早期多见于宋元戏曲、曲艺的伴奏，常用的乐器有筝、琵琶、扬琴、三弦、胡琴等，代表性曲目主要有北京"弦索十三套"中的《十六板》《合欢令》《琴音板》《清音串》等；山东"碰八板"中的筝奏《汉宫秋月》、扬琴奏《满洲乐》、胡琴奏《丹浙》、琵琶奏《双凤齐鸣》等；河南"板头曲"中的《打雁》《小飞舞》《和番》《思乡》等；广东"潮州细乐"中的《昭君怨》《平沙落雁》《柳青娘》等。

锣鼓乐是指用打击类乐器演奏的音乐。这种演奏形式，民间又叫清锣鼓和素锣鼓，如西安铜器社、土家族打溜子、山西威风锣鼓、绛州锣鼓等。

笙管乐是用笙管类乐器，如唢呐、笙、笛、箫等演奏为主的音乐，以辽宁建平十王会最具代表性。

如果按照演奏使用乐器数量来分，中国传统民乐又可分为独奏乐、重奏乐和合奏乐三类。其中以独奏乐历史最早，代表曲目较多。早在先秦时期，我国的独奏乐已有高度发展，最晚到隋唐时期，今天的各种独奏形式，大多就已出现。经典曲目主要有琴曲《广陵散》《梅花三弄》；琵琶曲《十面埋伏》《夕阳箫鼓》；筝曲《渔舟唱晚》《寒鸦戏水》；唢呐曲《百鸟朝凤》《小开门》；笛曲《五梆子》《鹧鸪飞》；二胡曲《二泉映月》，等等。合奏乐是指用多种乐器组合演奏的音乐，代表曲目有广东音乐《雨打芭蕉》《步步高》《走马》《双声恨》；丝竹乐《小冕裳》《春江花月夜》；玄索乐《金蛇狂舞》，等等。

传统民歌 民歌是劳动人民在生产生活中为表情达意而口头创作的一种歌曲形式。中国诗词就是起源于上古民歌，先秦时期出现的我国最早的诗歌总集《诗经》及第一部骚体类文章总集《楚辞》都与民歌息息相关。《诗经》中的国风就是当时各地民歌的荟萃，楚辞也是由楚国诗人在吸收南方民歌精华的基础上所创作形成的。其后又有汉魏乐府和南北朝民歌，明代又兴起桂枝儿等山歌。一直到现在，传统民歌仍然具有强大的活力和影响力，是人民群众喜闻乐见的一种音乐形式。民歌源于实际生活，因此都具有强烈的民族或地域特色，集中体现了一个民族或地域的精神、性格、气质、风土人情和审美情趣，等等。我国少数民族众多，各民族大都有自己独具特色的民歌，如藏族的花儿，蒙古族的长调、短调，壮族的对歌，等等。汉族民歌按照地域划分，大致可分为西北、华北、东北、西南、江浙、闽粤台、湘鄂、江淮等几个色彩区。其中的代表性曲目主要有：河北民歌《回娘家》《放风筝》《小放牛》，晋陕民歌《走西口》，陕北民歌《信天游》，湖北民歌《龙船调》，湖南民歌《浏阳河》，江浙民歌《茉莉花》《采红菱》，等等。

四 婀娜灵动的舞蹈

中国传统舞蹈大体可分为两大体系：一为宫廷乐舞，一为民间舞蹈。宫廷乐舞又可分为两大类：一是礼仪舞蹈，主要在重大祭祀礼仪活动，如册立太子、纳后、元旦、冬至、朝会、宴会等中使用，主要是通过表现帝王圣人的丰功伟绩，以实现礼仪教化的目的，是中国礼乐文化的重要组成部分；二是娱乐舞蹈，主要用于宴乐之时。民间舞蹈相对于宫廷舞蹈来说，更注重娱乐性，且地域性、民族性色彩浓重。

宫廷乐舞 西周时，我国即已形成了完备的礼乐制度，出现了宫廷乐舞。周公旦将传说中尧舜时代的《云门》《咸池》《箫韶》三部乐舞与歌颂大禹治水的《大夏》、颂赞商汤功绩的《大濩》及赞扬武王伐纣的《大武》合为六部，称为"六代之乐"，并规定祭祀天神时表演《云门》，祭祀地神时表演《咸池》，祭祀四方山川时表演《大韶》或《大夏》，祭祀祖先时表演《大濩》或《大武》，这可算作是宫廷礼仪乐舞的起源。春秋战国之时，诸侯割据，礼崩乐坏，一些诸侯开始越礼使用乐舞。比如《论语》中记载："孔子谓季氏，'八佾舞于庭，是可忍也，孰不可忍也。'"与此同时，被指斥为"郑卫之音"的"新乐"（倡优女乐）也进入了宫廷，使原先的雅乐受到民间俗乐的影响。为此，孔子发出了"恶紫之夺朱，恶郑声之乱雅乐"的感慨。民间俗乐舞进入宫廷，使得宫廷舞的娱乐功能加强，舞蹈更加轻盈、飘逸、柔媚，为后世宫廷舞蹈的发展奠定了基础。西汉时期宫廷娱乐舞蹈，以戚夫人和赵飞燕舞技为最高。戚夫人擅长"翘袖舞""折腰舞"，赵飞燕则能以气轻身，擅长"掌上舞"。唐代时，宫廷乐舞获得了极大发展，代表性的宫廷舞蹈有唐太宗李世民亲自制作的《秦王破阵乐》、谢阿蛮的《凌波舞》、杨贵妃的《霓裳羽衣舞》、公孙大娘的"剑舞"、江采萍的《惊鸿舞》，等等。宋代宫廷舞继承唐代燕乐发展而成队舞，分为"小儿队"与"女弟子队"，表演时，在舞蹈之前还要再加上许多歌功颂德的"致语"或歌唱段落。明初，宫廷宴乐舞蹈主题多为安抚"四夷"，平定天下，如《平定天下之舞》《车书会同之舞》《抚安四夷之舞》，等等。后来，皇族朱载堉恢复了周代的"六乐"，包括《云门》执帗而舞，《咸池》徒手而舞，《大韶》执龠而舞，《大夏》执羽而舞，《大濩》执旄而舞，《大武》执干而舞。影响所及，清代祭祀乐舞也按这种模式编制。清代统治者对乐舞十分重视，祭祀、朝会、宴享无不参照前朝汉族传统乐制而制定了新乐舞，代表性有《圜丘大祀乐舞》《卤簿大乐》《中和韶乐》《丹陛大乐》，等等。

民间舞蹈 民间舞蹈相对于宫廷舞蹈来说，更注重娱乐性。先秦时期的民间舞蹈以郑国舞最为出名，一直到汉代，郑舞都是一个感性娱乐的品牌，张衡《南都赋》中说："于是齐僮唱兮列赵女，坐南歌兮起郑舞。"另外，从汉至唐，中国民间舞蹈一直有着多民族融合的趋势。西汉张骞开通西域后，中亚、西亚、天竺的乐舞陆续传入中原。南北朝时期，北朝的统治核心多是少数民族。在这种情况下，北方多好戎（羌族）、胡（匈奴）之舞。北魏时期，鲜卑歌舞又盛行一时。北齐时，各种少数民族舞蹈逐渐融为一体，出现了《安乐》《拔（钵）头舞》等曲调复杂，配有道具，表演性极强的舞蹈。隋唐时期，因为统治者发迹于北朝，所以胡舞备受重视。唐代舞蹈有软舞、健舞两种，健舞如"柘枝""剑器""胡旋""胡腾"，软舞如"屈柘枝"等。唐诗中有很多描写"柘枝舞"的佳句，如"平铺一合锦筵开，连击三声画鼓催"，"鼓催残拍腰身软，汗透罗衣雨点花"等，表明"柘枝舞"是在鼓声伴奏下出场、起舞，其舞蹈具有节奏鲜明、气氛热烈、风格健朗的特点。张祜《观杨瑗〈柘枝〉》有"缓遮檀口唱新词"之句，可知"柘枝舞"表演间有歌唱的段落。这些舞蹈，大多源自西域。杨玉环、安禄山等权贵都是舞"胡旋"高手。唐代有很多外来舞蹈家，来自安国的安叱奴还曾因善舞被封为散骑侍郎，来自康国的"胡旋女"，更是广布民间。由于他们的热情参与，唐代乐舞极其繁盛。正如储光羲《长安道》所写："西行一千里，暝色生寒树。暗闻歌吹声，知是长安路。"宋代的民间舞蹈见于记载的有《舞旋》《舞蛮牌》《舞判》和《扑旗子》等瓦舍舞蹈，以及《耍大头》《花鼓》《旱龙船》等社火表演。其中对后世影响最大的是社火表演。宋代范成大说："民间鼓乐，谓之社火。"社火表演，并不是只限于歌舞，还包括杂技、武术等多种技艺，人们一面游行，一面表演，特别是在元宵节期间。这一传统为明、清所沿袭，清代称走会。在这种表演队伍中，舞蹈如落子、秧歌、跑旱船、跑竹马、大头和尚、狮子舞、龙舞、霸王鞭、高跷等表演占有重要地位，是汉族最具代表性的民间舞蹈。

此外，我国的各少数民族也均有自己独具特色的民族舞蹈，如藏族的锅庄、蒙古族的萨满舞、壮族的火猫舞、侗族的芦笙舞、傣族的孔雀舞，等等，丰富多彩，各具风情。

五　意余象外的雕塑

雕塑是雕、刻、塑三种创制方法的总称，中国古代的雕塑大体可分为石雕和泥塑两大类，艺术成就以四大石窟为代表。"四大石窟"指的是以佛教雕塑造像为特色的敦煌莫高窟、大同云冈石窟、洛阳龙门石窟和天水麦积山石窟。将中国佛教造像的人物雕塑与西方国家相比，可以发现与西方追求自然写实不同，中国古代雕塑更加追求物象的"神韵"。

离形得象 汉代以来，佛教传入中国。作为是一种通过形象来教化世人的"像"教，佛像很快就成为中国雕塑的主体。早期佛像多保存在敦煌、麦积山、云冈、龙门等石窟中，犹有印度、犍陀罗艺术余韵；到北魏后期，受到南朝风气影响，面容清瘦，身躯修长，微露笑意的"秀骨清相"大行于世；北朝晚期又趋丰厚，至唐不变。

石雕、铜铸之外，佛像大多先用木材、稻草、棉花、断麻等制成"胎"，再依次用粗泥、细泥包裹，待干透后修补、打磨，再裱上一层棉纸并涂白，最后是上色、涂油。这种"金玉其外，败絮其中"的模式，塑造出来的不是真实的形象，而是心中的形象。支撑它的，是讲究"象者所以存意，得意而忘象"的传统思维方式。

西汉名将霍去病墓前有一组大型动物石刻，其主体"马踏匈奴"是一匹立马，长1.90米，高1.68米，马身、马头的外轮廓雕得非常准确，马腿却只是浅浅刻出的几条线，但与马身连成一体，马腿间的空白则由一个象征匈奴的仰面持弓箭武士填充。它虽然粗糙笨拙，却在简练概括中透出一股灵动雄强之势。汉代另一名作说唱俑成功表现了一个表演进入高潮，不知不觉间手舞足蹈起来的民间说唱艺人形象。他上身光赤，下身著长裤，赤脚，左臂抱一扁鼓，右脚翘起，右手扬起，握一鼓椎槌；头戴软小冠，并以长巾围绕一匝，前额上打一花结，额前满布皱纹，双眼眯缝，嘴巴张开，诙谐憨厚之态呼之欲出。没有超越形象的意识与能力，这些作品不可能如此成功。

夸张变形 佛教造像中，菩萨一般作为侍从出现在佛身旁，观音、文殊等大菩萨有时单独出现。菩萨的形象最初按古印度王子形象设计，佩饰琳琅，头戴宝冠，系以代表王权的宝缯，颈肩饰项圈、挂璎珞，戴臂钏和腕钏，袒上身，肩绕帔帛，斜披络腋，下穿羊肠大裙。传入中国后，由于中国人不习惯赤膊露体，因此渐渐换上华服，从此天衣飘扬，脚踏莲台，潇洒之极。更有甚者，观音菩萨还由男性形象转变为女性。

观音与文殊、普贤、地藏合称四大菩萨，而居于首位，是中国人最崇奉的菩萨。古印度佛教中，观音菩萨像既有男相也有女相。传入中国后，由于女信徒增加，从南北朝时期开始，观音逐渐变为女性形象。南宋以后，观音的女性菩萨形象已深植人心，出现了很多以观音为主题的雕塑作品。正定隆兴寺内的摩尼殿始建于宋代，殿内内槽九间全是佛坛，供奉佛祖、迦叶、阿难、文殊、普贤及梵王、帝释等。内槽北壁背面通壁塑五彩悬山，长15.7米，高7.5米，以雕塑、绘画相结合的壁塑艺术形式，微缩表现观音道场——普陀珞伽山。观音菩萨踞坐画面正中，高3.4米，头戴花冠，微右侧，身稍前倾；上身除斜披络腋外大部裸露，下身着镶饰花边的红裙；肌肤润泽，五官娟秀，佩饰华丽；左腿下垂，足踏朵莲，右腿自然斜压于左腿之上，右手绕膝轻搭于左手腕部，姿态优雅端庄，神情恬静闲适，俨然气质不凡的世间美人。根据所处环境，人们称之为"山中观音"或"海岛观音"，又因其坐南面北，与大殿坐向相背，而称之为"背坐观音"或"倒坐观音"。总之，作者以丰富的想象力和高超的技艺，将虚幻的"神"与现实生活中的原型完美地统一在一起。

附 录

中华传统文化推荐阅读书目

（注：书名前有▲者为重点推荐书目）

一 古籍译注类

1. 班固：《汉书》，张永雷、刘丛译注，中华书局 2009 年版。
2. 《楚辞》，林家骊译注，中华书局 2010 年版。
3. 陈寿：《三国志》，文强译注，中华书局 2007 年版。
4. 曹雪芹：《红楼梦》，人民文学出版社 1982 年版。
5. 陈继儒：《小窗幽记》，成敏评注，中华书局 2013 年版。
6. ▲《大学中庸译注》，王文锦译注，中华书局 2008 年版。
7. 董仲舒：《春秋繁露》，张世亮等译注，中华书局 2012 年版。
8. 《管子》，李山译注，中华书局 2009 年版。
9. 《鬼谷子》，许富宏译注，中华书局 2012 年版。
10. 《国语》，陈桐生译注，中华书局 2013 年版。
11. 《韩非子》，高华平等译注，中华书局 2010 年版。
12. 《黄帝内经》，姚春鹏译注，中华书局 2009 年版。
13. 《淮南子》，顾迁译注，中华书局 2009 年版。
14. ▲慧能：《坛经》，尚荣译注，中华书局 2013 年版。
15. 洪迈：《容斋随笔》，冀勤评注，中华书局 2007 年版。
16. ▲洪应明：《菜根谭》，韩希明评注，中华书局 2008 年版。
17. ▲《近思录》，朱熹编，中华书局 2011 年版。

18. 纪昀：《四库全书总目提要》，河北人民出版社 2000 年。
19. 纪昀：《阅微草堂笔记》，中华书局 2013 年版。
20. 《孔子家语》，王国轩译注，中华书局 2011 年版。
21. ▲《论语译注》（简体字本），杨伯峻译注，中华书局 2006 年版。
22. 《列子》，叶蓓卿译注，中华书局 2011 年版。
23. 《吕氏春秋》（两册），陆玖译注，中华书局 2007 年版。
24. 刘义庆：《世说新语》，朱碧莲等译注，中华书局 2011 年版。
25. 郦道元：《水经注》，陈桥驿译注，中华书局 2009 年版。
26. 刘勰：《文心雕龙》，王志彬译注，中华书局 2012 年版。
27. 《乐府诗集》，郭茂倩译注，中华书局 1979 年版。
28. 罗贯中：《三国演义》，人民文学出版社 1953 年版。
29. 李渔：《闲情偶寄》，杜书瀛评注，中华书局 2007 年版。
30. ▲《孟子译注》（简体字本），杨伯峻译注，中华书局 2008 年版。
31. 《墨子》，方勇译注，中华书局 2011 年版。
32. 蒲松龄：《聊斋志异》，人民文学出版社 1956 年版。
33. ▲《千家诗》，张立敏注，中华书局 2009 年版。
34. ▲《孙子兵法》，陈曦译注，中华书局 2011 年版。
35. 《诗经》，刘毓庆、李蹊译注，中华书局 2011 年版。
36. ▲《三字经·百家姓·千字文·弟子规》，李逸安译注，中华书局 2009 年版。
37. 《山海经》，方韬译注，中华书局 2012 年版。
38. ▲司马迁：《史记》，韩兆琦译注，中华书局 1984 年版。
39. ▲司马光：《资治通鉴》（全四册），中华书局 2009 年版。
40. 沈括：《梦溪笔谈》，张富祥译注，中华书局 2009 年版。
41. 施耐庵：《水浒传》，人民文学出版社 1975 年版。
42. ▲《宋词三百首》，吕明涛编注，中华书局 2009 年版。
43. 沈复：《浮生六记》（外三种），金性尧、金文男注，上海古籍出版社 2000 年版。44. ▲《唐诗三百首》，胡平生译注，中华书局 2009 年版。
45. 魏徵编：《群书治要》，黄占英校，吉林大学出版社 2013 年版。

46. ▲王阳明：《传习录》，凤凰出版社 2013 年版。
47. 吴承恩：《西游记》，人民文学出版社 1985 年版。
48. 吴敬梓：《儒林外史》，人民文学出版社 1985 年版。
49. 王永彬：《围炉夜话》，徐永斌评注，中华书局 2008 年版。
50. ▲吴楚材：《古文观止》，钟基等译注，中华书局 2011 年版。
51. 吴乘权：《纲鉴易知录》（上下册），中华书局 2009 年版。
52. 《荀子》，方勇、李波译注，中华书局 2011 年版。
53. ▲《孝经·礼记》，胡平生、陈美兰译注，中华书局 2011 年版。
54. 萧统：《文选》，李善注，上海古籍出版社 1986 年版。
55. 许慎：《说文解字》（注音版），岳麓书社 2006 年版。
56. 徐霞客：《徐霞客游记》，中华书局 2009 年版。
57. ▲颜之推：《颜氏家训》，檀作文译注，中华书局 2007 年版。
58. 《元曲三百首》，解玉峰编注，中华书局 2013 年版。
59. 《周易译注》，周振甫译注，中华书局 1991 年版。
60. ▲《老子译注》，辛战军译注，中华书局 2008 年版。
61. ▲《庄子》，方勇译注，中华书局 2010 年版。
62. 《左传》，郭丹等译注，中华书局 2012 年版。
63. 《战国策》，缪文远等译注，中华书局 2012 年版。
64. 《朱子语类》，黎靖德编，黄坤等注评，凤凰出版社 2013 年版。
65. 赵翼：《廿二史札记》，董文武译注，中华书局 2008 年版。
66. 章学诚：《文史通义》，罗炳良译注，中华书局 2012 年版。
67. 张之洞：《书目答问》，范希曾补正，上海古籍出版社 2008 年版。
68. 曾国藩：《曾文正公嘉言钞》，梁启超辑录，金城出版社 2013 年版。
69. ▲曾国藩：《曾国藩家书》（上下册），东方出版社 2014 年版。
70. ▲《中华传世家训经典》（全四卷），郭齐家、李茂旭主编，人民日报出版社 2009 年版。

二　现代著述类

1. 蔡元培、罗家伦、李定一：《国民素养三书》（《中国人的修养》《中国人的品格》《中华史纲》）（套装三册），中国长安出版社 2013 年版。

2. 陈勤建：《中国民俗学》，华东师范大学出版社 2007 年版。

3. 蔡英俊：《中国文学的情感世界》，黄山书社 2012 年版。

4. 蔡英俊：《中国文学巅峰之境》，黄山书社 2012 年版。

5. ▲杜正胜：《中国式家庭与社会》，黄山书社 2012 年版。

6. ▲冯友兰：《中国哲学简史》，涂又光译，北京大学出版社 2013 年版。

7. 方朝晖：《儒家修身九讲》（第二版），清华大学出版社 2011 年版。

8. 傅佩荣：《孔子辞典》，东方出版社 2014 年版。

9. ▲傅佩荣：《逍遥之乐：傅佩荣谈庄子》，东方出版社 2013 年版。

10. ▲傅佩荣：《乐天知命：傅佩荣谈易经》，东方出版社 2013 年版。

11. ▲傅佩荣：《止于至善：傅佩荣谈大学中庸》，东方出版社 2013 年版。

12. ▲傅佩荣：《人能弘道：傅佩荣谈论语》，东方出版社 2012 年版。

13. ▲傅佩荣：《人性向善：傅佩荣谈孟子》，东方出版社 2012 年版。

14. ▲傅佩荣：《究竟真实：傅佩荣谈老子》，东方出版社 2012 年版。

15. 费孝通：《乡土中国》，上海人民出版社 2013 年版。

16. ▲[美] 费正清：《剑桥中国晚清史》（上下卷），中国社会科学出版社 1985 年版。

17. [美] 费正清：《中国的思想与政治》，世界知识出版社 2008 年版。

18. 郭继生：《中国艺术之特质》，黄山书社 2012 年版。

19. ▲顾随：《顾随诗词讲记》，中国人民大学出版社 2010 年版。

20. 胡朴安：《中华全国风俗志》，岳麓书社 2013 年版。

21. ▲黄仁宇：《万历十五年》，生活·读书·新知三联书店 1995 年版。

22. 黄仁宇：《中国大历史》，生活·读书·新知三联书店 2007 年版。

23. 黄仁宇：《现代中国的历程》，中华书局 2011 年版。

24. 黄俊杰：《中国人的理想国》，黄山书社 2012 年版。

25. ▲洪万生：《中国人的科学精神》，黄山书社 2012 年版。

26. 蒋勋：《写给大家的中国美术史》，生活·读书·新知三联书店

2008 年版。

27. 蒋勋：《蒋勋说唐诗》，中信出版社 2012 年版。
28. 蒋勋：《蒋勋说宋词》，中信出版社 2012 年版。
29. 蒋勋：《蒋勋说文学：从〈诗经〉到陶渊明》，中信出版社 2014 年版。
30. ▲蒋勋：《蒋勋说红楼梦》（共八册），上海三联书店 2012 年版。
31. ▲蒋廷黻：《中国近代史（未删节本）》，武汉出版社 2012 年版。
32. 梁启超：《中国近三百年学术史》，中国社会科学出版社 2008 年版。
33. 梁漱溟：《中国文化要义》，上海人民出版社 2011 年版。
34. ▲林语堂：《吾国与吾民》，湖南文艺出版社 2012 年版。
35. 林语堂：《生活的艺术》，湖南文艺出版社 2012 年版。
36. ▲李鍌：《中国文化基础读本》（全六册），广西师范大学出版社 2013 年版。
37. ▲蓝吉富、刘增贵：《中国人的精神生活与礼俗》，黄山书社 2012 年版。
38. 林庆彰：《中国人的思想历程》，黄山书社 2012 年版。
39. 刘石吉：《中国民生的开拓》，黄山书社 2012 年版。
40. ▲路甬祥：《走进殿堂的中国古代科技史》（上、下），上海交通大学出版社 2012 年版。
41. ▲梁思成：《中国建筑史》，生活·读书·新知三联书店 2011 年版。
42. 茅海建：《天朝的崩溃》，生活·读书·新知三联书店 2005 年版。
43. ［德］马克斯·韦伯：《儒教与道教》，江苏人民出版社 2008 年版。
44. ▲彭林：《中华传统礼仪概要》，高等教育出版社 2006 年版。
45. ▲钱穆：《国史大纲》（全二册），商务印书馆 1996 年版。
46. 钱穆：《中华文化精神》，九州出版社 2012 年版。
47. 钱穆：《中华历史精神》，九州出版社 2012 年版。
48. 钱穆：《民族与文化》，九州出版社 2012 年版。
49. 钱穆：《孔子传》，九州出版社 2011 年版。
50. 钱穆：《中华文化十二讲》，九州出版社 2012 年版。
51. ▲钱穆：《中国历代政治得失》，九州出版社 2013 年版。

附录　中华传统文化推荐阅读书目　207

52. 钱穆：《国学概论》，商务印书馆 1997 年版。
53. 唐浩明：《唐浩明评点曾国藩家书》（上下），华夏出版社 2011 年版。
54. 王力：《诗词格律》，中华书局 2012 年版。
55. ▲王国维：《人间词话》，上海古籍出版社 2014 年版。
56. [美] 谢和耐：《蒙元入侵前夜的中国日常生活》，北京大学出版社 2008 年版。
57. [美] 谢和耐：《中国社会史》，江苏人民出版社 2008 年版。
58. 徐复观：《中国艺术精神》，商务印书馆 2010 年版。
59. ▲许嘉璐：《中国古代衣食住行》，中华书局 2013 年版。
60. 邢义田：《中国文化源与流》，黄山书社 2012 年版。
61. ▲许倬云：《中国古代文化的特质》，北京大学出版社 2013 年版。
62. 许倬云：《万古江河》，上海文艺出版社 2006 年版。
63. 许倬云：《我者与他者：中国历史上的内外分际》，生活·读书·新知三联书店 2010 年版。
64. 许倬云：《许倬云说历史：大国霸业的兴废》，上海文化出版社 2012 年版。
65. 许地山：《道教史》，上海古籍出版社 1999 年版。
66. ▲杨善群、郑嘉融：《话说中国》（全十六册），上海文艺出版社 2005 年版。
67. ▲余英时：《朱熹的历史世界》，生活·读书·新知三联书店 2011 年版。
68. ▲叶嘉莹：《唐宋词十七讲》，北京大学出版社 2007 年版。
69. 叶嘉莹：《北宋名家词选讲》，北京大学出版社 2007 年版。
70. 叶嘉莹：《迦陵说词讲稿》，北京大学出版社 2007 年版。
71. 叶嘉莹：《南宋名家词选讲》，北京大学出版社 2007 年版。
72. 叶嘉莹：《迦陵讲演集：清代名家词选讲》，北京大学出版社 2007 年版。
73. 叶嘉莹：《唐五代名家词选讲》，北京大学出版社 2007 年版。
74. 叶嘉莹：《叶嘉莹说汉魏六朝诗》，中华书局 2007 年版。

75. 叶嘉莹：《叶嘉莹说陶渊明饮酒及拟古诗》，中华书局 2007 年版。
76. ▲朱自清：《经典常谈》，中华书局 2009 年版。
77. 张岱年、方克立：《中国文化概论》，北京师范大学出版社 1994 年版。
78. 张亮采、尚秉和：《中国风俗史》，中国社会科学出版社 2012 年版。
79. ▲郑钦仁：《中国古代制度略论》，黄山书社 2012 年版。

后　记

本书由河北省社会科学院组织专家编写。指导思想是围绕社会主义核心价值观（富强、民主、文明、和谐、自由、平等、公正、法治、爱国、敬业、诚信、友善）的要求，力求在普及中华传统文化基本知识概念的基础上，提炼出理论性的思想和观点，体现出中华传统文化的深厚积淀和精髓，使广大青年读者较为系统地了解中华优秀传统文化的博大精深，更好地接受优秀传统文化的教育，进而增强我们的文化自信、理论自信、道路自信和制度自信，系统地回答习近平总书记在全国宣传部长会议上提出的"四个讲清楚"。因此，编写中采用通俗流畅的叙述体书面语，注重通俗性、趣味性、普及性，用"大白话讲清大道理"。

本书大纲和编写计划由编写组成员多次反复讨论形成，编写组成员分别来自河北省社科院、河北大学、河北师范大学、河北经贸大学、石家庄市社科院等单位。初稿作者具体分工如下：

第一章概述：第一、二、三节冯金忠；第四节梁跃民。

第二章物质文化：第一、三节，第四节第二目默书民；第二节、第四节第一目杨淑红。

第三章伦理文化：第一、二节惠吉星；第三、四节梁世和。

第四章民俗文化：第一节梁勇；第二、三、四节把增强。

第五章制度文化：第一、二节陈瑞青；第三、四、五节倪彬。

第六章精神文化：第一、三节宋坤；第二节梁世和；第四节张志军；第五节韩田鹿；第六节赵生泉。

全书的通稿、修改和校订主要由孙继民、冯金忠、梁世和、陈瑞青、倪彬和宋坤等负责，梁勇、梁跃民和王彦坤等也承担了部分任务。

  在本书即将出版之际，谨向所有支持、关心的领导和专家表示衷心的感谢。感谢河北省委宣传部领导戴长江、武鸿儒和文艺处领导王振儒、孙雷给予的关心指导；感谢河北省作协王力平副主席，河北师范大学邢铁、秦进才、董丛林三位教授的审稿和评议。感谢省社科院原领导周文夫的支持和科研处诸同志付出的辛劳。感谢中国社会科学出版社的赵剑英社长、郭沂纹副总编辑等领导慧眼识珠，才最终促成本书付梓。

  由于编写时间紧、任务重，出自众手，成书仓促，本书难免存在错漏，诚恳地希望广大读者批评指正。

编写组

2015 年 3 月 10 日